교사 교육과정,
**어떻게 만들고
운영할까**

교육 전문가를 위한
교사 교육과정-수업-평가-피드백 일체화의 모든 것

교사 교육과정,
어떻게 만들고
운영할까

이은총 지음

푸른칠판

2019년 12월 중국 후베이성 우한시에서 처음 발견된 바이러스가 팬데믹의 시작이 될지 아무도 예측하지 못했다. 잠시 머물다 사라질 것이라고 생각했던 코로나19는 '위드 코로나'가 되었다. 방역, 백신, 치료제라는 인류의 수비에 변이라는 공격을 계속해서 시도하는 이 바이러스로부터 언제쯤 벗어날 수 있을지 섣불리 예측하지 못하겠다.

팬데믹 이후로 시대의 변화 속도는 더욱 가속되고 있고, 이 변화에는 절박함이 담겨 있다. 코로나19를 비롯해 전 세계적으로 나타나고 있는 이상기후 현상의 증가는 기후변화가 더 이상 손쓸 수 없는 급변점Tipping Point에 가까워졌다는 전 지구적인 우려를 낳고 있다. 탄소중립은 인류가 꼭 도달해야 할 목표가 되었고, 더 중요한 문제는 이 시기를 얼마나 앞당길 수 있는가이다.

필*환경의 물결과 함께 전염병 확산을 막기 위해 지구라는 현실 공간은 메타버스라는 디지털 신대륙으로 확장되었으며, 우리 삶의 많은 부분이 온라인 공간에서 이루어지고 있다. 디지털 신인류인 포노 사피엔스*Phono sapiens*는 스마트폰을 활용해 메타버스에서 디지털 문명을 적극적으로 활용하고 있으며 AI, 친환경 자율주행 모빌리티, 블록체인 등 4차 산업혁명의 기술도 더욱 발전하고 있다.

미래사회를 살아갈 아이들에게 환경·생태교육, 디지털교육은 선택이 아닌 필수가 되었고, 교육부에서 추진하는 '그린스마트 미래학교'라는 사업의 이름에서는 시대의 변화를 교육에 담아내고자 하는 의지를 읽을 수 있다. 여기에 더해 표준화된 학교 공간을 바꾸기 위한 학교 공간 혁신, 개별 학생의 실태, 특성, 수준, 요구를 반영하기 어려웠던 표준화된 교육과정을 학생 개별화 맞춤형 교육과정으로 혁신하기 위한 변화도 이루어지고 있다.

시대가 변화하면서 새로운 교육 내용과 교수·학습 방법이 쏟아지고 학생에게 요구되는 배움과 성장의 목표도 계속해서 달라지고 있다. 미래의 방향성이 무엇인지 고민하고 나아가는 것은 꼭 필요하고 중요한 일이지만, 너무 미래에만 초점을 맞추다 보면 정말 중요한 현재를 놓칠 수 있다. 미래란 바람직한 현재가 모여서 만들어지는 것처럼, 미래교육도 교육의 본질에 대해 고민하고 교육의 본질을 추구하기 위해 노력하는 현재의 시간이 쌓여 만들어지게 된다. 20대 대선 특집으로 경제 전문 유튜브 채널 〈삼프로TV〉의 대선 후보 토론 동영상이 업로드되고 나서 "삼프로TV가 나라를 구했다"는 말이 밈Meme처럼 유행어가 되기도 했다. 기존의 전통적인 TV 토론에서는 각 후보가 발언할 수 있는 시간을 제한하고, 준비된 의제를 나열식 질의응답을 통해 다루다 보니 후보의 깊이 있는 생각과 철학을 확인하기 어려웠다. 하지만 〈삼프로TV〉의 대선 후보 토론은 각 후보자별로 1명씩 진행자 3명이 차분하게 질문을 던지고 후보자의 답변에 재질문, 재답변을 이어 가면서 후보자의 역량을 유권자들이 판단할 수 있는 근거를 제시해 주었다. 혁신이란 이처럼 과거의 관행을 관성에 의해 답습하는 것이 아닌, 진정성을 가지고 더 나은 방향으로 한 걸음 더 나아가는 것이라고 생각한다. 2년 남짓 혁신학교를 경험하면서 교육혁신이란 '학생을 위한 진심으로 지금보다 한 걸음 더 나아가는 것'임을 같은 학교에 근무하는 선생님들을 통해서 배우고 있다.

학교교육은 모든 학생의 질 높은 배움과 성장을 추구하며, 교육과정-수업-평가의 연결고리를 통해 실행된다. 새로운 교육 내용과 교수·학습 방법을 학습해서 학생을 가르치고 수업에 활용하는 것도 중요하다. 하지만 정말 중요한 것은 교사의 교육철학을 기반으로 학생에게 적합하고 질 높은 배움과 성장을 촉진할 수 있는 교육과정-수업-평가를 설계하고 실행할 수 있는 역량이다.

그렇다면 좋은 수업은 무엇일까? 교사마다 가지고 있는 생각은 다 다르고 정답은 없겠지만, 개인적으로 학생이 관심과 흥미를 지니고 배움의 주체로 적극적으로 참여하면서 의미 있는 배움과 성장이 일어나는 수업이 좋은 수업이라고 생각한다. 수업을 잘하고 싶다는 마음을 가지고 노력하다 보니 처음에는 단위 차시에 활용할 수 있는 다양한 교수·학습 방법에 관심을 가지게 되었고, 이러한 관심이 서서히 교육과정으로 옮겨 가게 되었다. 국가 수준 교육과정, 지역 수준 교육과정, 학교 수준 교육과정만으로는 교사가 학급에서 만나는 학생들의 실태, 특성, 수준, 요구를 담아낼 수 없다는 것을 깨달았고, 교사와 학생의 고유한 빛깔이 담긴 교육과정을 만들고 싶다는 마음과 노력은 교사 교육과정으로 연결되었다. 모든 학생의 질 높은 배움과 성장을 위해서는 교육과정-수업-평가의 유기적 연결이 중요하다는 것을 알게 되었고, 코로나19로 인한 온라인수업을 경험하며 평가와 피드백의 중요성을 절실히 깨달았다. 학생의 배움과 성장을 지원하는 질 높은 평가가 실행되기 위해서는 평가와 피드백의 연결이 중요하다는 것을 강조하기 위해 교육과정-수업-평가 일체화에 피드백을 명시했다.

책은 크게 두 부분으로 나누었다. 전반부에서는 '교사 교육과정-수업-평가-피드백 일체화'의 의미는 무엇이고, 왜 필요한지에 대해 고민하고 연구한 내용을 담았다. 특히 코로나19로 인한 온라인수업에서 교사는 가르치기 어렵고 학생은 배우기 어려웠던 경험을 토대로 깨닫게 된 평가와 피드백의 중요성을 서술했다. 후반부에서는 '교사 교육과정-수업-평가-피드백 일체화'를 현장에서 효과적이고 효율적으로 설계하고 실행할 수 있는 방법과 실천 사례를 담았다. 교사의 철학을 기반으로 학생의 실태, 특성, 수준, 요구를 반영한 교사 교육과정, 백워드 설계를 기반으로 한 교육과정-수업-평가 설계, 일상 수업의 질을 높이기 위해 구안한 수업 루틴, 평가와 피드백 중심의 수업 방법과 효과적인 피드백을 위해 필요한 조건, 배움과 성장을 지원하기 위한 평가 기록 및 활용 방법이 제시되어 있다. 결국 모든 학생의 배움과 성장이라는 변하지 않을 교육의 목표를 위해 교사와 학생의 고유한 빛깔이 담긴 교육과정-수업-평가를 어떻게 설계하고 실행할 것인지 고민하고 실행했던 현장 교사의 이야기이다. 부족함이 많겠지만 좋은 수업을 위해 연구하고 실행하면서 한 걸음 더 나아가기 위해 노력한 교사의 성장 기록으로 읽고 공감해 주면 좋겠다.

"수업을 잘하고 싶다."

교사로서의 삶이 시작된 이후로 늘 품고 있는 바람이다. 이 책을 펼친 교사들도 아마 같은 마음일 것이다. 경력이 쌓이고 열정을 다해 노력하면 수업을 잘할 줄 알았다. 하지만 여전히 수업은 어렵고, 수업 전문가가 되기 위해 걸어가야 할 배움의 길은 요원하다. 그동안 교내외 전문적 학습공동체를 통해 만난 선생님들과 함께 공부하고 따뜻한 피드백을 주고받을 수 있었기에 이만큼이라도 수업에 대한 역량이 커질 수 있었다. 함께 연구하고 고민을 나누었던 선생님들께 감사의 인사를 전한다. 두 아이의 육아로 정신없는 와중에도 책을 쓰는 데 온전히 집중할 수 있도록 배려해 주고, 책을 쓰면서 나의 부족함을 느끼며 고군분투하고 있을 때 '할 수 있다'는 성장 마인드셋을 불어넣어 준 사랑하는 지연이, 책을 쓴다는 핑계로 많은 시간을 함께하지 못한 사랑하는 지후와 지안이에게 미안함과 고마움을 전한다. 부족함이 많은 사위를 늘 응원과 격려로 지지해 주시는 장인어른, 장모님에게도 감사함을 전한다. 무엇보다 퇴직 이후에도 열정을 다해 꿈을 일궈 나가시는 아버지, 늘 헌신과 사랑으로 온 가족의 뒤를 든든히 지원해 주시는 어머니에게 가장 큰 감사와 사랑을 전한다.

세상에 단 하나뿐인 교사 교육과정을 만들고 싶은 선생님, 교육과정-수업-평가를 유기적으로 설계하고 실행하고 싶은 선생님, 어렵게만 느껴지는 평가와 피드백을 효과적으로 실행하고 싶은 선생님들께 이 책이 조금이나마 보탬이 되고 기여할 수 있기를 바란다.

Part 2 How ✏

교사 교육과정-수업-평가-피드백 일체화, 어떻게 설계하고 실행할 것인가

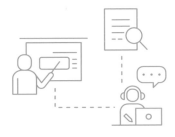

Part 1
What & Why

교사 교육과정-수업-평가-피드백 일체화는
무엇이고 왜 필요한가

어떤 일이든 실행해 나가기 위한 동력을 얻기 위해서는 내가 하는 일이
무엇이고 왜 필요한지에 대한 이해와 공감이 필요하다. 교사 교육과정-
수업-평가-피드백 일체화는 무엇인지, 모든 학생의 질 높은 배움과 성장
을 위해 교사 교육과정-수업-평가-피드백 일체화가 왜 필요한지 이야기
하며 책을 시작하고자 한다.

CHAPTER 1

교사 교육과정은 무엇인가

교육과정을 개발하고 실행하는 주체가 누구인가의 문제는 교육과정이 실제 운영되는 모습에 지대한 영향을 미친다. 교육과정은 결정 방식에 따라 국가 수준 교육과정, 지역 수준 교육과정, 학교 수준 교육과정, 교사 수준 교육과정으로 구분할 수 있다.

'국가 수준 교육과정'은 국가에서 고시한 교육과정의 공통적 · 일반적인 기준으로 2015 개정 초 · 중등 교육과정 총론과 2015 개정 교육과정 총론 해설서가 이에 해당한다. '지역 수준 교육과정'은 국가 수준 교육과정에 따라 지역별로 그 지역의 특성과 역사, 전통, 자연, 산업, 사회, 문화 및 주민 · 학부모의 요구, 의견 등을 충분히 고려하여 교육청에서 만든다. 시 · 도 교육청별로 개발하는 교육과정 편성 · 운영 지침이 해당한다. '학교 수준 교육과정'은 국가 수준 교육과정 및 지역 수준 교육과정을 바탕으로 각 학교의 실정 및 학생의 실태, 학교 환경, 교원 실태를 고려하여 각 학교에서 매년 새롭게 개발하고 있다. 국가, 지역, 학교 수준 교육과정은 「초·중등교육법」 제23조를 통해 법적 근거가 명시되어 있고, 2015 개정 교육과정 총론 해설에서도 설명하고 있다.

마지막으로 법적 근거가 마련되어 있지 않고 2015 개정 교육과정 에서도 명확하게 언급되어 있지 않지만 국가, 지역, 학교 수준 교육과 정을 바탕으로 교사의 교육철학과 각 학급에서 만나는 학생들의 실태, 특성, 수준, 요구를 고려하여 교사가 개발하고 실행하는 '교사 수준 교 육과정'이 있다.

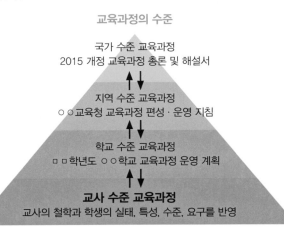

교육과정의 수준

국가 수준 교육과정
2015 개정 교육과정 총론 및 해설서

⬆⬇

지역 수준 교육과정
○○교육청 교육과정 편성·운영 지침

⬆⬇

학교 수준 교육과정
□□학년도 ○○학교 교육과정 운영 계획

⬆⬇

교사 수준 교육과정
교사의 철학과 학생의 실태, 특성, 수준, 요구를 반영

국가가 무엇을 가르치고 어떻게 평가할 것인지 모두 결정하는 중앙 집권적 방식인 국가 수준 교육과정은 높은 수준의 교육과정 개발이 가

능하고, 교육과정의 연계성과 체계성을 강화할 수 있다. 하지만 국가 수준 교육과정은 변화의 속도가 느리고, 지역과 학교의 특성, 학생의 필요와 요구를 반영하지 못하는 획일화된 교육과정이라는 한계를 지닌다.

빠르게 변화하는 사회에 맞추어 교육도 변화를 요구받고 있으며, 모든 학생의 배움과 성장을 위해 개별화 맞춤형 교육과정의 필요성이 커지고 있다. 변화에 유연하고 학생에게 적합한 교육과정을 운영하기 위해서는 교육의 다양화 · 지역화 · 자율화가 필요하다. 우리나라는 5차 교육과정까지는 국가 주도의 교육과정 결정 방식이 적용되었지만, 교육과정 결정의 분권화 및 자율화가 확대되면서 제6차 교육과정 이후 2015 개정 교육과정에 이르기까지 초 · 중등 교육의 다양화 · 지역화 · 자율화를 위해 교육과정 결정 방식의 분권화를 시도하고 있다.

국가 수준 교육과정에서 교사의 역할은 부여받은 교육과정을 단순히 실행하는 역할로 한정되고, 국가가 제시한 교육과정을 어떻게 하면 잘 가르칠 것인가에 국한되었다. 하지만 교육과정 결정의 분권화, 자율성이 지속적으로 확대되어 오면서 교사의 역할은 교육과정의 최종 결정자, 실행자, 개발자로 자리매김하게 되었다. 현재 교육과정 결정 방식의 가장 밑단에 위치하는 학교 수준 교육과정도 교사가 교실에서 만나는 학생들의 실태, 특성, 수준, 요구를 모두 반영하기 어렵다. 학생에게 적합한 교육과정 운영은 교사 수준에서 가능하다. 2022 개정 교육과정은 역량 함양 교육 및 학생 맞춤형 교육과정을 위해 학교 · 교사의 자율성을 강화하는 방향으로 개정을 추진하고 있는데 교육과정의 최종 결정자, 실행자, 개발자로서의 교사의 역할은 더 확대되고 강화될 것으로 보인다.

그렇다면 교사 교육과정이란 무엇일까? 교사 교육과정을 정책적으로 추진하고 있는 몇몇 교육청에서 규정하고 있는 정의를 살펴보면 교사 교육과정에 대한 이해를 높일 수 있다. 경기도교육청[1]에서는 '학생의 삶을 중심으로 국가, 지역, 학교 수준 교육과정을 공동체성에 기반하여 교사가 맥락적으로 해석하고 개발하여 학생의 성장 발달을 촉진하는 교육과정'이라고 정의하고 있으며, 경상남도교육청[2]에서는 '국가 · 지역 수준의 교육과정을 기준으로 학교 교육과정에서 제시하는 요구 및 교육 환경 등을 반영하여 학급(학년)별로 편성 · 운영하는 실천 중심 교육과정'이라는 에듀쿠스(2018)의 정의를 소개하고 있다. 마지막으로 전라북도교육청[3]은 교원이 교육과정 문해력을 바탕으로 학생의 삶을 중심에 두고 국가, 지역, 학교 교육과정의 기반 위에 학교 공동체의 철학을 담아 계획하고 실천하면서 만들어 가는 교육과정으로 정의하고 있다.

교사 교육과정은 문서화 여부, 교사의 의식 여부와 관계없이 현장에서 자연스럽게 실행되고 있는 교육과정이다. 교사 교육과정은 교사가 교육과정을 바라보는 관점에 따라 운영되는 모습이 달라진다. 교육과정을 교과서 중심으로 수동적으로 운영하기도 하고, 교과서를 벗어나 교사의 교육철학을 기반으로 삶과 배움이 연결되며 학생에게 적합한 교육과정을 창조적으로 만들어 가기도 한다. 창조적 관점의 교사 교육과정도 성취기준 사용 방식에 따라 세분화할 수 있다.

첫째, 성취기준을 변경하지 않고 교사의 교육목표와 관련하여 성취기준을 활용해 교육 내용과 방법을 재구성하는 단계가 있다. 현장에서 가장 많이 활용하고 있는 방식이다.

둘째, 한 걸음 더 나아가 성취기준을 재구조화하거나 개발하여 교사의 교육목표와 관련된 교육 내용과 방법을 적극적으로 결정하고 개발하는 단계이다.[4]

교사 교육과정의 수준

단계	교육과정 운영 방식	교사의 역할
수동적	교육과정=교과서	교육과정 수동적 실행자
창조적	성취기준 활용 (성취기준 변경 X)	교육과정 창조적 실행자
	성취기준 재구조화	교육과정 결정자, 개발자
	성취기준 개발	

이 책에서는 창조적 관점을 반영한 교사 교육과정에 대해 이야기하고자 하며, 교사 교육과정을 다음과 같이 정의하고자 한다. 또한 교사 교육과정을 교육과정의 결정 방식에 따른 피라미드의 가장 아래에 위치한 위계적 개념이 아닌, 교사 교육과정을 중심으로 나머지 교육과정이 지원하는 형태의 구조로 바라보고자 한다.

교사 교육과정이란 교사의 철학을 기반으로 학생의 실태, 특성, 수준, 요구를 반영하여 삶과 배움을 연결하고 모든 학생의 배움과 성장을 촉진하기 위해 국가, 지역, 학교 수준의 교육과정을 기반으로 창조적으로 개발하여 실행하는 실천 중심 교육과정이다.

교사 교육과정의 새로운 위치

CHAPTER 2

교사 교육과정, 왜 필요한가

변화의 열쇠는 교사에게 있다

자율주행 모빌리티를 타고 어제 마무리하지 못한 수업 준비를 하며 학교에 도착한다. 나를 학교에 태우고 온 자율주행 모빌리티는 내가 학교에 근무하고 있는 동안 도시 곳곳을 돌며 차량 공유 서비스를 제공한다. 학교에 도착한 학생들은 인공지능을 활용한 개별화 맞춤형 수업을 진행한다. 개별화 맞춤형 수업을 진행하며 어려움을 호소하거나, 학업성취 수준이 낮은 학생에게는 교사가 직접적인 지도와 피드백을 제공한다. 개별화 맞춤형 수업 이후에는 학습한 내용과 관련된 주제로 토의 · 토론을 하여 생각을 공유하고 정교화시킨다. 점심 식사 후에는 메타버스에 접속해서 다른 지역의 학생 및 전문가와 함께 기후 위기 관련 프로젝트 수업을 경험한다. 오늘 건강상의 문제로 가정에 머물렀던 학생, 개인적인 사정으로 다른 지역에 있는 학생도 메타버스에 접속해서 프로젝트 수업에 함께 참여한다. 하루 일과를 마무리하니 차량 공유 서비스를 마무리한 자율주행 모빌리티가 시간에 맞추어 학교에 도착했다. 돌아가는 자율주행 모빌리티에서 WEB3.0 기반의 SNS를 통해 달 여행이 성공적으로 실행되었다는 소식을 전해 들으며 내일 있을 메타버스 해외 교류 수업을 준비한다.

먼 미래에나 가능하거나 영화 속에서나 가능하다고 생각했던 일들이 성큼성큼 다가오고 있다. 사회는 급변하고 있고 교육도 빠른 속도로 변화하기를 요구받고 있다. 미래교육의 전환을 위해 그린스마트 미래학교, 블렌디드 러닝 같은 다양한 정책과 교수·학습 방법이 시도되고 있다. 하지만 어떠한 정책이든 아무리 좋은 의미를 가지고 추진하더라도 현장에서 실행하는 교사들이 적극적으로 참여하지 않으면 무용지물이다. 정책의 성패는 현장의 교사들이 정책에 얼마나 의미를 느끼고 참여하는가에 달려 있다. 또한 새롭게 소개되는 교수·학습 방법은 교사들이 필요성과 효과에 대한 공감대를 형성할 때 확산의 속도가 빠르다. 위에서 아래로의 변화보다는 아래에서 위로의 변화가 힘이 있다. 교사가 변화를 주도하는 역할을 할 수 있도록 교육과정에서 교사의 자율성과 권한은 확대하는 방향으로 진화하고 있다. 교사가 교육과정의 주인이 되어 개발하고 실행하는 교사 교육과정은 의미 있는 교육의 변화를 이끌어 낼 수 있다.

빠르게 변화하는 시대에 유연한 대처가 가능한 것도 교사 교육과정이다. 물론 큰 변화의 흐름에서는 중앙에서 총체적으로 대응하고 지침을 내려주는 것이 현장에서의 혼란을 최소화할 수 있다. 하지만 코로나19를 경험하며 학교마다 혹은 학급마다 원격수업이 실행되는 모습이 모두 달랐던 것처럼 지역, 학교, 학급의 특성을 고려하여 신속하고 유연하게 교육과정을 수정하고 운영할 수 있는 것은 교사 수준에서 가능하다. 미래교육을 위한 변화의 열쇠는 교사가 가지고 있다. 바람직한 미래교육을 만들어 가기 위해서는 교사가 변화에 유연하고 민감한 태도를 지니고 교육과정에 교사의 철학을 적극적으로 담아내고 학생에게 적합한 교육과정을 개발하고 실행할 수 있는 전문성을 발휘해야 한다.

현재와 미래를 잇는 교사 교육과정

"19세기 학교에서 20세기 교사가 21세기 학생들을 가르친다."

교육의 변화가 시대의 변화를 반영하지 못한다는 것을 비유할 때 자주 인용되는 앨빈 토플러Alvin Toffler의 글이다. 21세기 학교의 모습은 여전히 19세기 학교의 모습과 크게 다르지 않다. 학교의 공간과 교육과정은 대량생산 체제를 갖춘 공장과 닮아 있다. 획일화되고 표준화된 학교 공간과 교육과정은 학생의 다양성을 존중하지 않고 학생의 삶과 목소리를 담아내지 못했다. 틀에 찍어 낸 듯 어딜 가나 같은 모습과 구조를 가진 학교 공간에 대한 비판의 목소리와 함께 미래를 위한 학교 공간에 대한 고민이 더해지면서 학생과 공동체가 함께 만들어 가는 학교 공간 혁신 사업이 전국적으로 추진되고 있다. 학교 공간 혁신 사업은 단순히 노후화된 학교 시설을 개선하는 사업이 아니라, 학교 구성원이 공간과 운영의 주체로 참여하는 과정을 통해 공간 주권을 실현하며 새로운 학교문화를 만들어 가는 것을 추구한다.

공간 혁신과 더불어 정말 중요한 것은 교육과정 혁신이다. 하지만 학교의 교육과정은 여전히 획일화되고 표준화되어 있다. 자동차 부품이 컨베이어 벨트에 올려진 채로 정해진 절차에 따라 조립되어 자동차로 완성되는 것처럼 학생들은 학년제라는 컨베이어 벨트에서 1년 단위로 학년이 올라가며 표준화된 교육과정에 따라 이동한다. 우리나라 국민이라면 누구나 초등학교, 중학교, 고등학교로 이어지는 학제에 따라 교육을 받는다. 이러한 제도는 효율적이고 평등한 교육의 기회를 제공한다는 장점이 있지만 문제점도 상당히 존재한다.

첫 번째는 개별 학생의 학습 수준, 학습 속도, 학생의 필요나 요구를 반영하지 못한다는 점이다. 표준화된 교육 내용과 목표를 지향하는 현행 학년제는 학습 속도가 빠르거나 느린 학생 모두 소외되고, 학생에게 필요하거나 학생이 배우고 싶은 것을 원하는 시간과 공간에서 배우기 어렵다.

두 번째는 모든 학생의 질 높은 배움과 성장을 담보하지 못한다는 것이다. 앞서 언급한 것처럼 표준화된 교육과정은 학생의 개인별 차이 (학습 수준, 학습 속도 등)를 고려한 수업을 진행하기 어렵다. 또한 학습 수준과는 관계없이 나이에 따라 학년이 올라가는 구조이기 때문에 표준화된 교육과정 목표에 도달하지 못한 학생의 경우 학습 결손이 계속해서 누적될 수 있다. 반대로 표준화된 교육과정 목표에 빠르게 도달하거나 뛰어난 재능을 지닌 학생도 더 높은 단계의 교육과정을 경험하는 데 제한이 있다.

2020년 비비고 만두가 단일품목으로 연 매출 1조를 돌파하는 기염을 토했다. 코로나19로 가정 간편식HMR이 인기를 끌었던 이유도 있지만 치밀한 국가별 현지화 전략이 성공의 비결로 꼽힌다. 국내에서 판매하는 비비고 만두에는 한국인이 좋아하는 부추가 들어가고, 미국에서 판매하는 만두에는 고수가 들어간다고 한다. 또한 한국에서는 돼지고기가 만두소의 재료지만 닭고기를 선호하는 미국 현지 식성을 반영해 '치킨 만두'를 개발했다고 한다.[5] 비비고 만두의 성공 사례는 소비자의 특성과 요구를 반영한 제품이 얼마나 강력한 힘을 발휘할 수 있는지 알려 준다. 현지화 전략이 비비고 만두를 성공으로 이끈 것처럼 모든 학생의 배움과 성장을 위해서는 학생 개별화 맞춤형 전략이 필요하다.

교육과정은 보통 집단을 대상으로 이루어지지만 배움은 학생 개개인에게 일어난다. 저마다의 세계를 품고 있는 학생에게 적합한 교육과정을 실행하는 것은 표준화된 중앙 집권적 교육과정으로는 불가능하고, 교사 수준에서도 쉽지 않다. 학생 개개인의 배움을 이끌어 내기 위해서는 개별 학생의 학습 수준에 따른 적절한 교수·학습과 이에 따른 평가와 피드백이 연결되어야 한다. 미래교육의 방향으로 학생 개별화 맞춤형 교육과정이 강조되고 있는 것도 학생 개별화 맞춤형 교육과정이 학생 개개인의 배움과 성장에 있어서 효과적이기 때문이다. 2022 개정 교육과정에서 학생의 적성과 진로에 맞는 학습자 맞춤형 교육을 강조하고 고등학교에서 고교학점제를 시행하려는 것도 개별화 맞춤형 교육과정을 위한 시도라고 볼 수 있다. 인공지능과 에듀테크를 교육에 활용하려는 노력도 교사의 한계를 넘어 학생 개별화 맞춤형 교육과정을 실행하는 것을 효과적으로 지원하기 위해서이다. 원격수업으로 인한 학력 저하가 심화되며 학급당 학생 수를 20명 이하로 법제화하려는 요구와 노력이 이어지고 있는데, 학급의 학생 수가 적을 때 학생 개별화 맞춤형 교육과정이 조금이나마 더 가능해지고 수업의 질을 높일 수 있는 가장 효과적이고 현실적인 방법이라고 생각한다.

학생 개별화 맞춤형 교육과정은 「교육기본법」 제2장 제12조 제2항에도 규정되어 있는 먼 미래가 아닌 현재 지금 추구해야 하는 중요한 과제이기도 하다.

교육 내용·교육 방법·교재 및 교육 시설은 학습자의 인격을 존중하고 개성을 중시하여 학습자의 능력이 최대한으로 발휘될 수 있도록 마련되어야 한다.

교육과정은 교사를 통해 실행되고, 학생의 배움과 성장에 가장 큰 영향을 미치는 것은 교사이다. 교사는 학생들의 실태, 특성, 수준, 요구를 반영하여 학생에게 적합한 교육과정을 설계하고 실행할 수 있으며, 교수·학습 과정 중에 적절한 평가를 통해 피드백을 효과적으로 제공할 수 있는 위치에 있다. 하지만 교사 혼자 각각의 특성과 요구를 지닌 다수의 학생을 대상으로 개별화 맞춤형 교육과정을 실행하는 것은 불가능하기 때문에 AI 기술이 발전한다면 개별화 맞춤형 교육과정을 실행하는 데 큰 도움이 될 것으로 기대된다. AI의 역할이 커지면 교사의 역할이 줄어들 것으로 염려하지만, 오히려 교사의 역할은 더 중요해진다. 먼저 배움과 성장을 촉진하는 교육과정-수업-평가를 설계하는 것은 교사 고유의 영역이다. 수업에서는 단순히 지적인 상호작용만 관여하는 것이 아닌 정서적 상호작용도 중요한 역할을 하고 있다. 또한 단순히 지식을 이해하고 기억하는 것을 위한 수업은 AI가 대신할 수 있겠지만 지식을 분석, 적용, 평가, 창조하는 높은 수준의 사고력을 기르고자 하는 수업은 AI가 사람을 대신할 수 없다. 마지막으로 평가에서 구조적인 평가와 피드백은 AI로 가능하겠지만 비구조적인 평가와 피드백에서는 AI가 사람을 대신할 수 없다.

교사 교육과정은 개별 학생의 실태, 특성, 수준, 요구를 반영하기 어려운 표준화된 현재 교육에서 학생 개별화 맞춤형 교육과정을 추구하는 미래교육으로 연결하는 중요한 가교 역할을 할 수 있다. 이를 위해서는 교육과정 운영에 대한 교사의 자율성과 권한 확대, 교사가 교육과정 운영에만 집중할 수 있는 환경 조성, 학급당 학생 수 감축이 꼭 필요할 것이다.

Why에 집중하는 교사 교육과정

교육과정-수업-평가 일체화, 과정중심평가, 온작품 읽기, 프로젝트 수업, 학생 참여형 수업, 수업놀이, 토의·토론, 비주얼씽킹, 그림책 수업, 블렌디드 수업, 에듀테크, AI 교육, 환경·생태교육 등 최근 현장에서 한 번은 들어 보았을 교육 내용 및 교수·학습 방법이다. 최근 유튜브 및 블로그 등의 SNS, 연수, 교육정책을 통해 교육 현장에 수많은 교육 내용과 교수·학습 방법이 쏟아진다.

교사의 전문성은 수업에 있고, 교사의 가장 중요한 업무는 수업이다. 수업을 잘하고 싶다는 마음으로 교육의 변화에 관심을 가지고 SNS, 연수, 책, 전문적 학습공동체 활동을 통해 알게 된 다양한 교수·학습 방법을 습득하고 실행했다. 하지만 철학이 뒷받침되지 않고 교수·학습 방법의 습득에만 초점을 맞췄던 노력은 쉽게 무너져 버렸다. 매일 수업을 준비할 때마다, 매년 3월이 될 때마다 모든 것을 처음부터 다시 시작하는 것 같았다.

왜 애플은 매년 창조적이고 혁신적일 수 있을까? 왜 마틴 루터 킹 목사는 인권운동을 이끌 수 있었을까? 세계의 훌륭하고 영감 있는 조직과 리더에게는 같은 패턴이 있는데, 사이먼 시넥Simon Sinek[6]은 그 패턴을 Golden Circle이라고 부른다.

모든 조직과 사람들은 자신이 하는 일What에 대해선 100%로 알고 있다. 몇몇은 어떻게 하는지 알고 있다. 하지만 아주 극소수의 조직과 사람들만이 자신이 왜Why 그 일을 하는지에 대해서 알고 있다. 여기서 Why는 단순한 결과가 아니라 목적, 이유, 신념을 말한다.

Golden Circle

왜
아는 사람이 거의 없다

어떻게
일부는 알고 있다

무엇을
누구나 알고 있다

세계의 훌륭하고 영감 있는 리더에게 있는 패턴

시넥은 대부분의 사람들이 Why가 아닌 What과 How에 초점을 맞춘다고 말한다. 이를 나의 초임 시절 수업 장면으로 가져와 설명해 볼 수 있다. 초임 시절 수업을 준비하고 실행할 때 교사의 교육철학은 무엇인지, 수업을 통해 어떤 배움과 성장을 이끌어 내고 싶은지 깊이 있게 고민^{Why}하기보다 교과서의 단위 차시 내용^{What}을 어떤 교수·학습 방법^{How}을 통해 가르칠지 고민하는 데 대부분의 시간을 할애했다. 조금 더 경력이 쌓이니 성취기준^{What} 도달을 위해 어떻게 교육과정-수업-평가를 설계^{How}할지에 대해 고민하게 되었다. 교육과정-수업-평가 설계에 관심을 갖기 시작했을 때 수업 전문성이 더욱 신장했지만 교사로서 크게 성장했다고 느끼기 시작한 것은 교사의 교육관, 학생관, 교육목표를 설정^{Why}하고 학생의 실태, 특성, 수준, 요구를 반영한 교사 고유의 창조적 교육과정을 만들어 가기 시작했을 때였다. '무엇을 어떻게 가르칠 것인가?'에 초점을 맞추었을 때는 교육과정의 내용과 온작품 읽기, 프로젝트 수업, 토의·토론, 비주얼씽킹 등 교수·학습 방법이 주요 관심사였다. 하지만 교육철학에 대한 고민이 선행되면서 교수·학습 방법은 교육목표를 달성하는 데 필요한 수단이기 때문에 이전처럼 중요한 것이 되지 않았다. 이후에는 매년 새롭게 쏟아지는 교육 내용과 교수·학습 방법을 여유 있게 바라보고, 교육목표 도달에 적합한 교수·학습 방법을 선택해서 활용하게 되었다.

교육을 통해서 어떤 목표를 달성하고 싶은지에 대한 고민은 꼭 필요하다. 뚜렷한 목적은 나아가야 할 방향을 결정할 수 있게 하고 갈림길에서 어떤 방향으로 나아가야 할지 생각하게 한다. 프랭클린 플래너에서 가장 먼저 사명서를 작성하게 하는 것도 삶의 계획을 세우기에 앞서 삶의 의미와 목표를 고민하는 것이 무엇보다 중요하기 때문이다. 교사의 교육철학을 토대로 만들어 가는 교사 교육과정은 새로운 교육 내용과 교수·학습 방법의 파도가 밀려와도 무너지지 않고 차곡차곡 단단하게 교사의 수업 전문성을 쌓아 갈 수 있게 해 준다. 교사가 국가 수준의 교육과정을 수동적으로 운영하는 것보다[What, How] 교사의 교육 철학[Why]을 토대로 지역과 학교, 학생의 실태, 특성, 수준, 요구를 반영하여 교육적 상상력을 통해 만들어 가는 교사 교육과정은 더 의미 있는 배움과 성장을 학생뿐만 아니라 교사에게도 선물한다.

어린이다움의 특성을 가꾸어 가는 교사 교육과정

OECD(경제협력개발기구)는 DeSeCo 프로젝트를 통해 21세기 성인이 갖추어야 할 핵심역량과 하위 요소를 제시하며 역량 중심 교육과정으로의 패러다임 변화가 시작되었다. 우리나라도 2015 개정 교육과정에서 이를 반영하여 창의융합형 인재를 기르기 위한 인재상을 구현하기 위해 6가지 핵심역량을 규정했다. 2022 개정 교육과정에서도 역량 중심 교육과정은 중요한 개정의 한 방향으로 강조되고 있다. 아는 것을 넘어 할 수 있는 힘을 키우는 것을 추구하는 역량 중심 교육과정은 현장에 빠르게 확산되고 자리를 잡았다. 하지만 역량 중심 교육과정에 대한 비판의 목소리도 커지고 있고, 이 중 역량 중심 교육과정이 교육을 도구주의적 시선으로 바라본다는 비판의 목소리에 대해서 살펴보고자 한다.

역량은 경제 발전과 무역 촉진을 위해 만들어진 OECD에서 제안된 개념이다. 교육을 통해 길러 내고자 하는 인간상이 국가의 경제 발전 또는 기업에 필요한 인재에게 필요한 능력을 중시한다는 비판에 공감하게 되는 이유 중 한 가지이다. 하지만 OECD Education 2030 프로젝트를 살펴보면 2030년을 살아갈 학생들이 개인과 사회의 '웰빙'을 추구할 수 있는 역량을 길러 주는 것을 목적으로 제시하고 있기에 위와 같은 비판은 다소 과한 것 아닌가 하는 생각이 들기도 한다.

현재까지도 교육에 큰 영향을 미치고 있는 서양의 전통적인 사유 체제인 '형식도야이론'과 '능력심리학'은 아동을 성인의 축소판으로 바라보며 성인의 교과를 쉽고 단순하게 적용하는 것이 아동에게 걸맞은 교육 내용이라고 바라보았다.[6] 형식도야이론은 지식의 습득이 아닌 교과의 내용을 접하는 가운데 도야되는 인간의 정신적 능력을 소중한 것으로 보고, 교육을 통해 지식을 지닌 사람이 아닌 합리적으로 사고할 수 있는 이성이나 정신 능력의 소유자를 기르는 것을 추구한다. 능력심리학은 형식도야이론의 이론적 근거로 인간의 마음 또는 정신이 몇 가지 능력으로 구성되어 있고, 연습 및 훈련을 통해 마음의 근육이 단련 가능하다고 본다. 능력심리학에 따르면 인간은 누구나 동일한 마음의 능력을 소유하고 있고, 아동은 미성숙한 마음의 능력을 지닌 것으로 생각한다. 형식도야이론과 능력심리학이라는 사유 체제는 아동을 성인의 축소판으로 바라보게 하기 때문에 아동이 지니는 고유한 특성이 무엇인지 고민하고 이에 적합한 교육 내용과 교육 방법을 적용하기보다, 성인이 되었을 때 이해하기를 바라는 교육 내용과 교육 방법을 쉽고 단순하게 바꾸는 것일 수밖에 없다. 아동의 발달단계와 특성을 최우선으로 고려하지 않고 단순히 성인들의 교과와 교육 방법을 쉽게 적용하는 교육은 아동의 배움에 대한 흥미와 관심을 잃게 만들 수 있다. 듀이John Dewey는 능력심리학을 기반으로 한 교육을 "교육의 근본적인 문제는 아동의 마음과는 부합하지 않는 성인의 교과와 교육 방법을 거의 그대로 아동에게 제공하는 데에 있다."고 비판했다.[8]

미래사회를 행복하고 성공적으로 살아가는 데 필요한 능력인 역량도 인간의 능력을 도야하는 것을 추구하며, 학생이 성인이 되어 필요하다고 규정한 능력이기 때문에 형식도야이론과 능력심리학이 뿌리를 잡고 있다고 볼 수 있다. 그렇기 때문에 역량 중심 교육과정에서의 역량이 정말 현재 아동의 발달단계와 특성에 적합한 것인지 깊이 고민하고 실행해야 한다. 2015 개정 교육과정의 교육과정 내용에도 교육에 대한 도구주의적인 시각과 형식도야이론 및 능력심리학의 흔적을 찾아볼 수 있다. 2015 개정 교육과정에서는 전체 목표를 제시하고 각 학교급별 목표는 표현의 정도만 달리하고 있다. 더 나아가 핵심역량은 학교급에 따라 구분하지 않고 역량의 종류와 개념만 제시하고 있다.

교육과정 운영의 중요한 목표이자 평가 기준의 역할을 하는 성취기준을 개발하는 데 기반이 되는 내용체계표도 학교급의 특성과 본질은 깊이 고려되지 않고 각 교과의 핵심 개념, 일반화된 지식, 내용 요소, 기능을 중심으로 내용의 수준 및 난이도만 달리하여 제시되고 있다.

능력심리학이 기저에 깔린 교육의 도구주의적 관점은 아동을 미성숙한 존재로 바라보고 성숙한 성인으로 길러 내고자 하는 생각과도 연결된다. 듀이는 '미성숙immaturity'을 성장할 가능성이라는 적극적 의미로 읽어 내고, 미성숙한 어린이가 지닌 특성으로 여기는 어린이다움(의뢰심, 유연성, 놀이 성향, 호기심 어린 흥미)을 성인에게는 부적절하고 떨쳐야 할 특성이 아니라 지속적 성장의 밑거름으로서 평생토록 잘 가꾸고 보존해야 할 가치라고 제안한다.[9] 어린이가 지닌 특성을 성장에 있어 평생토록 잘 가꾸고 보존해야 할 가치라는 듀이의 생각은 교사가 교육과 학생을 바라보는 관점을 바꾸어 주고, 학생과의 만남을 이어 가는 교사에게도 새로운 성장의 길을 열어 준다.

교과에 제시된 지식을 학습하고 미래사회에 필요한 역량을 함양하는 것 모두 중요한 교육목표이다. 다만 이러한 교육을 무비판적으로 수용하고 실행할 경우 학생에게 지식과 역량은 채워 넣어 줄 수 있어도 배움에 대한 흥미와 관심, 지속적 성장의 밑거름인 어린이다움의 특성은 잘 가꾸어 가지 못하게 될 수 있다. 비옥한 토양에서 튼실한 과실이 자란다. 현명한 농부라면 씨앗을 뿌리고 나무를 심기 전에 토양을 비옥하게 하는 데 더 많은 시간을 쏟아부을 것이다. 배움과 성장의 과실이 튼튼하게 열매 맺을 수 있도록 비옥한 토양의 밑거름이 될 학생들의 배움에 대한 관심과 흥미, 어린이다움의 특성을 잘 가꾸어 가도록 교사가 섬세하게 관심을 가지고 교육과정에 녹여 내기 위한 고민과 실행이 필요하다. 불확실한 미래를 준비하는 보이지 않는 역량을 함양하는 것보다, 현재의 삶을 충분히 경험하고 탐구하며 학생들에게 풍성하게 보이는 어린이다움의 특성을 잘 가꾸어 가도록 하는 데 집중하는 것이 더 현실성 있고 중요한 과제일 수 있다.

초등교사로서 초등교육의 본질은 무엇인지, 교사가 학생들을 어떤 존재로 바라보는지에 대한 교사의 철학은 눈에 보이는 교육과정과 눈에 보이지 않는 교육과정 모두에 자연스럽게 녹아들게 된다. 교육에 단단하게 뿌리 내리고 있는 능력심리학을 기반으로 한 도구주의적 관점의 문제점을 인식하고, 단순히 성취기준 도달을 통한 역량 함양에만 집중하기 이전에 어린이다움의 특성을 잘 가꾸어 가도록 하기 위해서는 교사가 이러한 문제의식과 철학을 지니고 교육과정을 창조적으로 개발하고 실행해 가는 과정이 필요하다.

삶과 배움을 연결하는 교사 교육과정

교육과정에 제시된 교육 내용을 삶과 유리된 채 수동적으로 학습하는 것보다 삶과 배움이 연결될 때 학생들은 높은 흥미와 관심을 토대로 수업에 적극적으로 참여하며, 배움의 주체로 거듭난다. 삶과 배움이 연결되는 수업은 삶의 맥락에서 배우는 수업, 삶에 필요한 것을 배우는 수업, 학생들이 배우고 싶은 것을 배우는 수업, 배운 것을 삶에서 적용하거나 활용하는 수업으로 나눌 수 있다. 삶과 배움을 연결하기 위해 실제 실행해 본 수업 사례는 다음과 같다.

삶과 배움을 연결한 수업 사례

구분	실제 수업 사례
삶의 맥락에서 배우는 수업	• 삶에서 마주한 문제를 해결하는 수업: 학교에서 발생한 분리수거 문제해결을 위한 프로젝트 수업 • 삶을 바꾸는 수업: 교실 공간 혁신 프로젝트 수업 • 사회적 이슈 및 논쟁 관련 수업: 코로나19 확진자 동선 공개 관련 토의·토론 • 학급, 학년, 학교 행사 관련 수업 • 계기교육 • 계절을 느끼는 수업
삶에 필요한 것을 배우는 수업	• 사회적 기술 익히기: 경청, 의사소통 등
학생이 배우고 싶은 것을 배우는 수업	• 행복 수업: 강점 수업, 친구와 만드는 행복 등
배운 것을 삶에서 적용 또는 활용하는 수업	• 비주얼씽킹을 활용해 여름철 안전수칙 가정통신문을 제작하여 배부하는 프로젝트 수업

삶과 배움이 연결되는 교육과정은 획일화된 교육과정 운영이 아닌 삶의 맥락, 교사의 관심사와 철학, 학생들의 실태, 특성, 수준, 요구에 따른 각양각색의 실천 중심 교육과정 운영을 통해 가능하다. 이를 위해서는 삶의 변화와 이슈를 교육과정에 가장 빠르게 반영하고, 학급의

학생들을 가장 잘 파악할 수 있는 교사가 교육적 상상력을 발휘해 적극적으로 개발하고 실행하는 교사 교육과정이 필요하다.

교육과정-수업-평가를 더 단단하게 연결하는 교사 교육과정

과거에는 교육과정-수업-평가가 모두 교과서를 중심으로 연결되었다. 교과서가 곧 교육과정, 수업, 평가였다. 교육과정과 수업은 교과 전문가와 일부 교사가 개발한 교과서로 단단히 연결되었고, 학생들의 삶과 유리된 구조화된 교과서의 지식을 학생들에게 채워 넣는 데 교육과정 운영의 초점이 맞춰졌다. 교육과정은 2월에 배움의 주체이자 목적인 학생과의 만남도 갖지 않은 상황에서 학생의 실태, 특성, 수준, 요구도 파악하지 못하고 교과서 차시 내용을 교육과정 운영 시수와 범교과 학습 주제 의무 이수 시수에 퍼즐 맞추듯 끼워 넣어 완성했다. 이렇게 만들어진 교육과정은 실제 교육과정 운영에는 도움이 되지 않고 문서로만 존재하는 경우가 허다했다. 수업은 교과서에 제시된 내용을 학생에게 주입하는 데 초점이 맞춰졌다. 평가는 학생의 배움과 성장을 지원하기보다는 일제식 정기 고사를 통해 산출된 성적을 토대로 학생을 등급이나 서열로 줄 세우는 역할을 주로 수행하며 입시 경쟁 교육을 부채질했다.

교사에게 교육과정의 자율성과 권한이 확대되면서 교사가 교육과정,

수업, 평가를 연결하는 고리로 존재할 수 있게 되었고, 교과서는 교육과정을 설계하고 실행하는 데 참고하는 양질의 교수·학습 자료로서 자리를 대신하게 되었다. 교사는 학년 초에 일반적인 발달단계 특성, 학부모·학생과의 상담, 다양한 검사 도구, 관찰 등의 자료를 통해 학생의 실태, 특성, 수준, 요구를 파악한다. 이러한 자료를 토대로 학생의 목소리와 삶을 교육과정에 담아내기 위해 고민하여 삶과 배움이 연결되고 학생에게 적합한 고유의 교육과정을 만들어 간다. 학생에게 적합한 수업은 의미 있는 배움과 성장을 촉진하며, 학생을 수업에 적극적으로 참여하게 함으로써 배움의 주인으로 바로 서게 한다. 평가는 학생을 줄 세우는 것이 아닌 학생의 배움과 성장을 지원한다는 평가 본연의 목적에 충실할 수 있도록 하며, 교사가 의도한 배움과 성장을 학생에게서 이끌어 냈는지 평가를 통해 확인하고 피드백하는 선순환을 가능하게 한다.

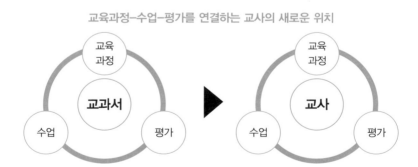

교육과정-수업-평가를 연결하는 교사의 새로운 위치

CHAPTER 3

교육과정-수업-평가 일체화는 무엇인가

2015 개정 교육과정에서는 교육과정 구성의 중점으로 "모든 학생의 학습 경험의 성장을 위해 교과의 교육목표, 교육 내용, 교수·학습 및 평가의 일관성 강화"를 명시하고 있다. 교육목표와 교육 내용은 교육 과정으로, 교수·학습은 수업으로 용어를 바꾸면 2015 개정 교육과정에 제시된 위 문구는 교육과정-수업-평가 일체화의 의미를 담고 있음을 이해할 수 있다.

> 모든 학생의 학습 경험의 성장을 위해 교육과정(교과의 교육목표, 교육 내용), 수업(교수·학습)-평가의 일관성을 강화한다.

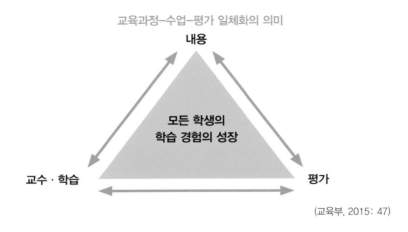

내용

모든 학생의
학습 경험의 성장

교수 · 학습

평가

(교육부, 2015: 47)

  교육과정 내용은 교육목표와 관련되어야 하고, 교육 내용을 효과적으로 학습하기 위해서는 적절한 교수 · 학습 방법이 필요하다. 또한 학생의 현재 학습 수준이 교육목표와 비교하여 얼마나 도달했는지 평가를 통해 확인하고 교육목표에 도달할 수 있도록 적절한 피드백을 제공해 주어야 한다. 이처럼 학생의 배움과 성장을 위해 교육과정-수업-평가가 유기적이고 통합적으로 연결되어야 하는 것은 너무나 당연하다. 하지만 과거에는 교육과정, 수업, 평가를 분리해서 접근하는 경향이 강했다. 교육과정은 법정 교육과정 시수를 토대로 문서로만 존재하는 교육과정을 만드는 것, 수업은 교과서 진도를 나가는 것, 평가는 중간고사 또는 기말고사와 같은 일제식 정기 고사를 통해 학생들의 성적이나 등급을 산출하는 것으로 바라보는 인식이 일반적이었다. 교육과정-수업-평가 일체화는 새로운 이론이기보다는 그동안 잘못된

방법으로 운영되었던 교육의 모습을 바로잡고 정상화하기 위한 실천적 관점으로 바라보아야 한다.[10]

아래 제시된 교육과정-수업-평가 일체화의 정의를 살펴보면 교육의 모습을 바로잡고 정상화하기 위해 교육과정-수업-평가를 유기적으로 연결하는 것과 더불어 교육과정-수업-평가 각각의 패러다임의 변화도 요구하고 있는 것을 확인할 수 있다.

> • 교사가 재구성한 교육과정을 기반으로 배움 중심 수업의 전개와 과정중심평가를 통해 학생의 전인적 성장과 역량의 신장을 도모하는 일련의 과정이다.
> (경기도교육청, 2016)
> • 교육과정, 수업, 평가의 일체화는 조작적으로 결합하여 이루어진 용어로, 이는 성취기준을 중심으로 교과 교육과정을 재구성하고, 그것만을 중심으로 학생 중심 수업을 실천하고, 수업 활동 과정을 관찰하여 평가하고 그 평가 과정을 기록하고 그것이 자연스럽게 피드백 자료로 사용되는 것을 의미한다.
> (김덕년, 2017)

변화한 교육과정-수업-평가의 패러다임은 다음 표와 같이 정리할 수 있다.

구분	과거	현재
교육 과정	• 지식 습득에 초점 • 교과서 중심의 교육과정 운영	• 역량 함양에 초점 • 삶과 배움을 연결하기 위한 성취기준 중심의 교육과정 재구성
수업	• 교사의 가르침에 초점 • 교사 주도의 일방적 강의식 수업	• 학생의 배움에 초점 • 학생 주도의 협력하고 소통하는 참여형 수업
평가	• 학생의 성적 및 등급 산출 목적 • 결과중심평가 • 지필평가(일제식 정기 고사)	• 학생의 배움과 성장을 지원하는 것이 목적 • 과정중심평가 • 지필평가, 수행평가(다양한 평가 시기 및 방법 활용)

　현재 규정되고 있는 교육과정-수업-평가 일체화의 의미에 더해 '교사 교육과정-수업-평가-피드백 일체화'라는 용어를 통해 알 수 있듯이 이 책에서 강조하고 싶은 것을 교육과정, 수업, 평가의 측면으로 나누어 설명하면 다음과 같다.

　'교육과정'에서는 삶과 배움을 연결하는 교육과정과 더불어 교사의 철학과 학생의 실태, 특성, 수준, 요구를 고려하며 교사 교육과정을 만들어 가는 것을 의미한다. '수업'은 지식교육과 역량교육의 조화, 가르침과 배움의 조화를 추구하는 것을 의미한다. '평가 및 피드백'은 수업의 시작이자 끝이라고 볼 수 있는 평가를 '학습으로서의 평가, 학습을 위한 평가'의 관점으로 실행하고 학생의 배움과 성장에 핵심적인 역할을 수행하는 피드백을 효과적으로 활용하기 위해 평가와 피드백 중심의 교육과정을 설계하고 실행하는 것을 의미한다.

교사 교육과정-수업-평가-피드백 일체화

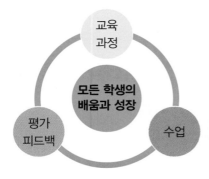

교육과정: 교사 교육과정
- 삶과 배움이 연결된 교육과정
- 교사의 철학과 학생의 실태, 특성, 수준, 요구를 반영
  하여 함께 만들어 가는 교육과정

수업: 지식교육과 역량교육의 조화, 가르침과 배움의 조화
- 지식교육과 역량교육의 조화
- 가르침과 배움의 조화를 추구하는 학생 중심 수업

평가 및 피드백: 배움과 성장을 지원하는 과정중심평가
- 학습을 위한 평가, 학습으로서의 평가
- 평가와 피드백 중심의 교육과정 설계 및 실행

CHAPTER 4

교육과정-수업-평가 일체화, 왜 필요한가

미래교육은 무엇일까? 코로나19를 겪으며 미래교육에 관한 논의가 활발하게 오가고 관련된 정책이 적극적으로 추진되고 있다. 변화하는 시대에 맞추어 빠르게 사업의 방향을 전환하는 기업이 살아남고 크게 성장한 것처럼 교육도 시대의 변화에 맞추어 변화하는 것이 중요하다는 것에 공감한다. 하지만 미래라는 낱말은 불확실성을 내포하고 있기에 미래에 초점을 맞추면 정말 중요한 본질을 놓치게 된다. 미래기술로 주목받는 인공지능도 결국 양질의 데이터를 모으는 것이 핵심이기 때문에 현재를 떠날 수 없는 것처럼 미래라는 것도 현재가 켜켜이 쌓여 만들어지는 것이고, 바람직한 현재가 모여 바람직한 미래가 만들어지게 된다. 미래교육은 학교교육의 본질이 무엇인지 고민하고 본질을 추구하며, 현재 마주한 어려움과 한계를 극복해 가는 과정을 통해 만들어지게 된다.

그럼 교육의 본질은 무엇일까? 교육과정을 설계하고 실행하는 데 중요한 이정표가 될, 정답이 없고 깊은 사유가 요구되는 어려운 질문이다. 교사로서 평생을 안고 깊이 고민해야 할 질문이고, 교단을 나서면서도 이 질문에 대한 생각은 계속해서 바뀌게 될 것이다. 현재까지 개인적으로 생각하는 교육의 본질은 모든 학생의 배움과 성장이다.「교육기본법」제2조와 2015 개정 교육과정 총론 초등학교 교육목표를 살펴보더라도 교육을 통해 배움과 성장을 추구하고 있다는 것을 확인할 수 있다.

- 교육기본법 제2조: 교육은 홍익인간弘益人間의 이념 아래 모든 국민으로 하여금 인격을 도야陶冶하고 자주적 생활능력과 민주시민으로서 필요한 자질을 갖추게 함으로써 인간다운 삶을 영위하게 하고 민주국가의 발전과 인류공영人類共榮의 이상을 실현하는 데에 이바지하게 함을 목적으로 한다.
- 2015 개정 교육과정 총론 초등학교 교육목표: 초등학교 교육은 학생의 일상생활과 학습에 필요한 기본 습관 및 기초 능력을 기르고 바른 인성을 함양하는 데에 중점을 둔다.

학교에서의 교육활동은 모든 학생의 배움과 성장을 추구하며, 학교 교육은 교육과정-수업-평가의 연결고리를 통해서 실행된다. 교육과정-수업-평가의 유기적 연결은 모든 학생의 배움과 성장을 위해서 필수적이다.

교사가 수업을 통해 도달하고자 하는 목표는 국가·지역·학교 수준 교육과정을 기반으로, 지역 및 학교의 특성, 교사의 철학, 학생의 실태, 특성, 수준, 요구를 복합적으로 고려하여 설정하게 된다. 교육목표는 다음과 같이 세분화할 수 있다.

교육목표의 구분 및 관계

구분	진술 형태	
전체 교육과정 목표 (지향점, 교육상, 비전)	• 국가 수준 교육과정: 인간상, 핵심역량, 학교급별 교육목표 • 지역 수준 교육과정 지향점 • 학교 교육과정 교육목표 • 교사 교육과정 교육목표	↑
단원·주제·프로젝트 목표	• 교육과정 성취기준	
수업 목표	• 단위 차시 수업 목표	

교육목표 간의 관계는 단위 차시의 수업 목표 도달, 성취기준 도달, 전체 교육과정 목표 도달의 흐름으로 구조화할 수 있다. 교사가 교육과정 운영의 초점을 맞추기에 가장 효과적이고 명확한 기준은 성취기준이고, 국가 수준 교육과정에서도 교사는 총론에서 제시하는 교수·학

습 지침에 따라 학생들이 성취기준에 도달할 수 있도록 지도해야 함을 명시하고 있다. 교육과정에 제시된 성취기준에 학생들이 도달할 수 있도록 하기 위해서는 차시 단위의 수업이 아닌 성취기준을 중심으로 한 단원 또는 주제 통합 수업 및 프로젝트 수업 단위로 가능하다. 성취기준에 따라 긴 호흡으로 1~2년에 걸쳐 꾸준히 지도해야 온전히 도달할 수 있는 성취기준도 있다. 과거에는 단위 차시의 수업을 설계하고 실행하는 교사의 역량이 중요했지만, 성취기준 단위로 수업을 접근하게 되면서 전체적인 교육과정-수업-평가를 설계하는 교사의 역량도 강조되고 있다. 교육과정 성취기준을 도달하는 데 필요한 지식·기능·태도를 학습하고 삶의 맥락 또는 다른 학습의 맥락에서 적용 및 활용할 수 있도록 성취기준을 중심으로 교육과정을 설계하고, 학생들이 흥미와 호기심을 가지고 주도적으로 학습을 이끌어 가며 의미 있는 교육적 경험과 소통의 과정을 통해 더 큰 배움을 이끌어 낼 수 있도록 수업을 설계해야 한다. 마지막으로 학생들이 얼마나 배웠는지 확인할 수 있는 평가의 기회를 수업 전·중·후에 제공하고 평가에 따른 적절한 피드백을 교사-학생, 학생-학생이 주고받을 수 있도록 하여 모든 학생의 배움과 성장을 지원해야 한다. 더 나아가 이러한 일련의 과정(교육과정-수업-평가-피드백)이 유기적으로 연결되어야 한다.

CHAPTER 5

교육과정-수업-평가-피드백 일체화?
문제는 평가와 피드백이야!

BC&AC 교육격차와 학력 저하

코로나19는 학교 현장에 많은 혼란을 가져왔다. 그중 가장 큰 문제로 지적된 것은 교육격차와 학력 저하 문제이다. 사실 교육격차와 학력 저하 문제는 코로나 이전^{Before Corona}에도 이미 대두되고 있었다.

교육부에서 발표한 PISA 2018 결과에 따르면 우리나라 학생들의 읽기, 수학, 과학 점수는 2000년 이후로 전체적으로 하락하는 추세이다. 전체적인 평균 점수가 하락하고 있지만 교육부에서는 우리나라 학생들은 여전히 전 영역 모두 상위 수준의 성취를 보이고 있다고 발표했다. 하지만 결과를 구체적으로 살펴보면 몇 가지 주목해야 하는 문

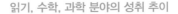

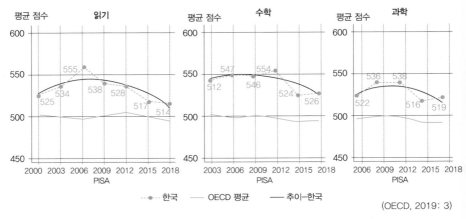

(OECD, 2019: 3)

제를 발견할 수 있다.

첫 번째는 읽기 점수의 하락이다. 읽기 점수는 2000년 이후 지속적으로 하락하고 있고, 하락하는 그래프의 기울기 곡선이 OECD 평균보다 가파르다.[11]

읽기 점수의 하락은 곧 문해력의 하락으로도 해석할 수 있다. 문해력은 학습을 위한 기본 역량이며 일상의 삶을 영위하는 데 있어서 꼭 필요한 기초적인 능력이다. 2015 개정 교육과정에서는 단순히 지식을 습득하는 것을 넘어서 지식을 활용하여 무엇인가를 할 수 있는 역량 중심 교육을 강조하고 있는데, 지식과 정보가 담긴 글을 읽고 이해하지 못하고 생각과 지식을 글로 표현할 줄 모른다면 역량을 함양하

는 데 기초적인 지식을 습득할 수 없고, 역량을 발휘할 수 없다. 현대
사회는 정보의 양이 폭발적으로 증가하고 있으며, 우리는 수많은 정보
와 상호작용하며 살아가고 있다. 이러한 흐름은 더 가속화되고 있다.
2016 세계경제포럼World Economic Forum에서 '교육의 새로운 비전'을 선포
하고 기초 문해, 역량, 인성 자질 등 3그룹으로 나누어 '21세기 인재가
갖춰야 할 16가지 핵심 능력'을 발표했다.[12]

21세기에 학생들에게 필요한 16가지 핵심 능력

21세기 핵심 능력		
기초 문해 학생들이 일상 과제에 핵심 기술을 적용하는 방법	**역량** 학생들이 복잡한 과제를 해결하는 방법	**인성 자질** 학생들이 변화하는 환경에 접근하는 방법
1. 문식성 2. 수리력 3. 과학 리터러시 4. ICT 리터러시 5. 금융 리터러시 6. 문화 및 시민 　 리터러시	7. 비판적 사고력/ 　 문제해결력 8. 창의성 9. 의사소통 10. 협력	11. 호기심 12. 주도성 13. 일관성/열정적 끈기 14. 적응력 15. 리더십 16. 사회문화적 인식

평생학습

(World Economic Forum, 2016: 4)

문해력은 학습에 있어서 기초적인 역량임과 동시에 미래사회를 살아가기 위해 학생들이 갖추어야 할 핵심역량이다. 문해력이 없으면 질 좋은 정보에 접근하지 못하고 높은 수준의 정보를 얻을 수 없다. 부자는 더 부자가 되고 가난한 사람은 더 가난해지는 빈익빈 부익부 현상을 '매튜 이펙트 Matthew Effect'라고 하는데, 문해력은 매튜 이펙트가 나타나는 영역으로 잘 읽는 아이는 더 잘 읽게 되고, 못 읽는 아이는 점점 더 뒤처진다.[13] 문해력이 적합하게 발달하지 못한 학생은 학습의 기회를 잃고, 이는 학습에 대한 의욕 저하, 학생이 읽는 글의 양과 질의 저하로 이어지며, 더 나아가 학생이 살아갈 삶에도 부정적인 영향을 미치게 된다. 읽기 점수의 하락에 경각심을 가지고, 문해력 향상을 위해 높은 관심을 가져야 한다.

두 번째는 하위 수준 학생들의 비율이 큰 폭으로 증가했다는 것이다. PISA 결과에 따르면 2012년에서 2015년까지 읽기, 수학, 과학에서 모두 하위 수준에 해당하는 2수준 미만 학생들의 비율이 2배 가까이 증가했다(읽기: 7.6%→13.6%, 수학: 9.1%→15.4%, 과학: 6.7%→14.4%). 수학 및 과학은 PISA 2015에 비해 PISA 2018에서 하위 성취수준 비율이 감소했지만, 읽기는 상위 성취수준 비율과 하위 성취수준 비율이 모두 증가했다. 학생들 간의 '학교 내 격차' 및 '학교 간 격차'를 나타내는 읽기 점수 분산에서 학생 간 성취수준 차이에 의한 '학교 내 분산 비율'과 학교 간 성취수준 차이에 의한 '학교 간 분산 비율'도 우리나라가 OECD 평

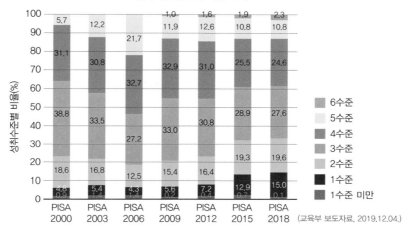

'읽기' 성취수준별 비율 추이

(교육부 보도자료, 2019.12.04.)

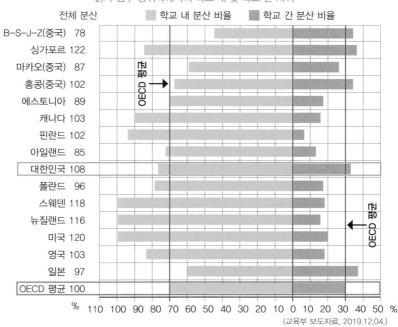

읽기 점수 상위국에서의 학교 내 및 학교 간 차이

(교육부 보도자료, 2019.12.04.)

균보다 높은 것으로 나타났다. 결국 코로나19 이전에도 교육격차와 학력 저하 문제가 대두되고 있었다는 사실을 확인할 수 있다.

코로나19 이전에도 확대되고 있던 교육격차와 학력 저하 문제는 코로나19로 인한 원격수업으로 인해 심화되었다. 현장 교사들도 원격수업으로 인해 학생 간 교육격차와 학력 저하가 커지고 있다고 인식했다. 「COVID-19에 따른 초·중등학교 원격교육 경험 및 인식 분석」[14] 조사에 의하면 교사들의 약 79%(매우 커졌다 32.67%, 커졌다 46.33%)는 원격수업으로 인해 학생 간 학습 격차가 커졌다고 응답했다.

교사들의 인식뿐만 아니라 실제 평가 결과도 교육격차 및 학력 저하가 커진 것으로 드러났다. 코로나19 이후의 교육격차와 관련하여 국회 교육위원회 소속 강민정 의원이 한국교육과정평가원과 EBS의 6월 모의평가 3개년(2019~2021학년도) 성적 분석 자료를 토대로 발표한 자료에 따르면 코로나19 이후 국어, 수학, 영어 등 주요 영역에서 중위권의 비율은 줄어들고 상위권과 하위권의 비율은 모두 증가해 학력 양극화가 심화된 것으로 나타났다.[15] 특히 국어에서 이러한 현상이 더 두드러지게 나타났는데, 국어의 2021학년도의 90점 이상 비율이 전년도에 비해 2배 넘게 증가(2.64% → 7.15%)되어 시험 난이도가 대체로 쉽게 출제된 것으로 해석할 수 있음에도 불구하고 40점 미만의 저득점 비율(24.73% → 26.23%)도 확연히 증가해 학력 양극화 현상이 나타나고 학력 중산층이 줄어들고 있음을 확인할 수 있었다.

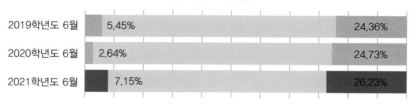

(강민정 의원실 보도자료, 2020.07.28.)

　서울시교육청 서울교육정책연구소[16]는 「코로나19 전후, 중학교 학업성취 등급 분포를 통해 살펴본 학교 내 학력 격차 실태 분석」 연구 보고서를 통해 전체 학생 수준에서 학력 격차가 발생했는지 표준화된 시험 점수를 활용해 분석할 필요가 있지만 학교 내 학력 격차는 코로나19 발생 전부터 있었으나 대체로 코로나19 이후 그 정도가 심해진 것으로 나타났다고 지적했다. 연구진이 서울 시내 중학교 382곳의 2018~2020년 1학기 학업성취 등급을 분석했는데, 2019년 중2 학생들과 2018년 중2 학생들이 중3으로 변화할 때의 지니계수와 중위권 비율 감소의 정도를 살펴본 결과 학년 진급에 따라 학교 내 학력 격차는 대체로 증가하고 있었지만, 코로나19를 겪은 2019년 중2 학생들이 2018년 중2 학생들보다 학업성취 분포의 불평등 정도와 중위권 비율 감소도 더 크게 나타나 코로나19 이후 학력 격차가 심화된 것으로 밝혔다. 코로나19를 경험한 2019년 중2의 1학기 성적에 비해 2020년 중3의 1학기 성적의 중위권 비율이 국·영·수 평균 12.2% 줄어든 반면에 비교군인 2018년 중2의 경우 2019년 중3의 1학기 성적이 평균 3.8% 감소했다.

학교 수준 중위권 비율 차이 검증 결과

대상	교과	중위권 비율(%)		t검증
		중2 1학기	중3 1학기	
관심군 (2019년 기준 중2)	국어	56.49	43.54	22.614***
	수학	43.59	28.68	27.905***
	영어	42.56	33.72	20.610***
비교군 (2018년 기준 중2)	국어	58.24	54.28	8.331***
	수학	44.44	38.99	11.893***
	영어	44.13	42.26	4.856***

주1. 중위권 비율: 학교 내 학업성취 등급(A–E) 중 B~D등급인 학생 비율(%)
주2. 대응표본 t검증: 동일 학교에서 두 시점 간 중위권 비율(%) 차이 유무
주3. *** $P\langle 0.001$

(서울교육정책연구소, 2021 : 12)

코로나19 이후에 심화되고 있는 교육격차 및 학력 저하는 대면 수업에 비해 원격수업이 가르치고 배우기 어렵다는 것을 여실히 드러냈다. 코로나19 이후의 교육격차 및 학력 저하는 원격수업이 지닌 한계때문이라면, 코로나19 이전의 교육격차와 학력 저하가 나타나고 있었던 문제의 원인은 무엇일까? 2015 개정 교육과정 이후로 현장에서 실행되고 있는 교육과정-수업-평가의 패러다임인 역량 중심 교육과정과 교육과정 재구성, 배움 중심의 철학이 반영된 학생 참여형 수업, 과정중심평가에는 문제가 없는지 돌아볼 필요가 있다. 또한 원격수업에

서 배움이 일어나기 어려운 이유는 무엇인지에 대해서도 차근차근 살펴보고자 한다.

BC 코로나, 교육에서의 흑백논리 벗어나기

과거 지식을 중시하는 교육과정, 교사의 가르침에 초점을 맞춘 교사 주도의 수업, 교과서 중심 수업, 지필평가(일제식 정기 고사)에 대한 비판과 더불어 시대의 변화에 따른 교육의 변화가 요구되면서 역량 중심 교육과정, 삶과 배움을 연결하기 위한 교육과정 재구성, 학생의 배움에 초점을 맞춘 학생 참여형 수업, 과정중심평가에 따른 수행평가와 형성평가가 강조되고 확산했다. 그러다 보니 과거의 교육과정-수업-평가의 패러다임과 현재의 교육과정-수업-평가의 패러다임을 선악의 대립이라는 흑백논리로 바라보는 관점을 가져오기도 했다. 다른 교사가 아닌 나의 이야기이다.

　모든 문제를 선과 악, 흑과 백으로 구분하고 바라보는 이분법적 사고는 논리적으로 보이지만 현실성이 없다. 또한 양쪽에 모두 있는 장점을 간과하고 경직된 사고로 인해 새롭고 창의적인 생각이 제한되고 잘못된 판단을 가져올 위험이 크다. 절대적으로 옳고 그른 교수·학습 방법은 존재하지 않는다. 도달하고자 하는 교육목표, 학생의 학습 수준, 수업이 이루어지는 맥락에 따라 교사의 강의식 수업이 효과적일 수도 있고, 학생 참여형 수업이 효과적일 수 있다. 평가 또한 무엇을 확인하고자 하는가에 따라 효과적인 평가 시기와 방법은 달라진다. 역량교육과 지식교육, 교육과정 재구성과 교과서 중심 수업, 배움과 가르침, 결과중심평가와 과정중심평가 어느 한쪽도 완벽한 방법이 아니다. 학력 저하의 원인으로 역량 중심 교육과정, 학생 참여형 수업이 지적받고 수행평가의 공정성 문제가 자주 도마 위에 오르내리고 있다. 그렇다고 과거의 교육과정, 수업, 평가로 회귀해야 한다는 생각은 터무니없고 비합리적이다. 어떻게 교육과정을 설계하고, 어떤 수업 방법과 평가 방법을 선택할 것인지는 수업 전문가인 교사가 결정해야 하는 문제이고, 이를 위해서는 교사가 교육에 대한 통합적 균형 감각을 갖추어야 한다. 개인적으로 가지고 있었던 교육에 대한 이분법적 사고에 대해서 살펴보며 학력 저하의 원인 탐구와 더불어 교육에서의 흑백논리에서 벗어나고자 한다.

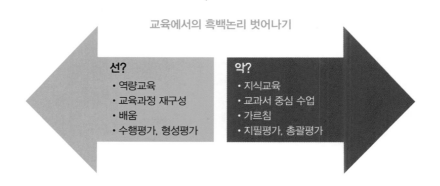

역량교육 vs. 지식교육

1997년 시작된 OECD DeSeCo 프로젝트는 21세기 미래사회를 살아갈 학생들과 성인이 갖추어야 할 핵심역량과 하위 요인을 제시하며 역량 중심 교육과정으로 패러다임의 변화가 시작되었다. 'DeSeCo 프로젝트에서 제시했던 역량이 2030년에도 적합할 것인가?'라는 질문에서 출발한 OECD Education 2030 프로젝트에서는 2030년을 살아갈 학생들에게 필요한 역량은 무엇인지 다시 규명하고, 개인과 사회의 '웰빙'을 추구하기 위한 교육과정 체계(학습 프레임 워크)를 개발하고 있다. OECD가 제시한 역량을 학교교육에서 받아들이기 시작했고, 우리나라에서도 2015 개정 교육과정을 통해 창의 융합형 인재를 기르기 위한 인재상을 구현하기 위해 중점적으로 기르고자 하는 핵심역량을 제시했다. 2022 개정 교육과정에서도 중요한 개정의 한 방향으로 역량 함양 교육과정을 제시했다는 점에서 역량 중심 교육과정은 앞으로도 계속 강조될 것으로 보인다.

하지만 최근 역량 중심 교육과정이 학력 저하를 가져온다는 비판에 직면해 있다. 데이지 크리스토둘루Daisy Christodoulou[17]가 쓴 『아무도 의심하지 않는 일곱 가지 교육 미신』에서는 지식보다 역량이 중요하다는 생각은 미신이라고 규정하며, 영국에서 실행(1999~2012)되었던 역량 중심 교육과정과 학생 중심 활동형 수업이 학생들의 학력 저하를 가져왔으며, 역량보다 지식을 강조하고 수업 주도권을 교사에게 환원했더니 학생들의 학력이 향상되고 공부에 대한 자신감이 제고되었다고 주장한다. 비슷한 맥락으로 우리나라의 혁신교육 정책과 비슷했던 일본의 '유토리 교육'을 일본 정부가 실패한 교육으로 인정하여 학력을 강화하는 정책으로 선회하고, 2000년대 초반 모범적인 공교육 모델로 주목받았던 핀란드가 2012년 이후 PISA 전체 순위와 평균 성적이 지속적으로 하락하는 원인에 대한 분석이 필요하다는 주장이 역량교육과 지식교육을 흑백논리로 바라보는 것을 비판하는 근거로 제시되고 있다.[18]

학력 저하의 원인을 쉽게 단정 지을 수 없다. 하지만 역량 중심 교육과정이 지식교육과 역량교육을 분리해서 생각하고, 지식교육에 대한 경시를 가져왔기 때문이라는 주장은 주목할 만하다. 역량의 개념은 지식의 이해에 초점을 맞춘 학문 중심 교육과정이 학생들이 미래사회에 살아가는 데 필요한 역량을 충분히 길러 주지 못해 그 대안을 모색하는 과정 중에 등장했다. 즉 '아는 교육'만으로는 할 수 있는 힘을 길러 주지 못한다는 것을 알게 되면서 '할 수 있는 교육'에 대한 중요성을 깨닫게 된 것이다. 또한 복잡하고 빠르게 변화하는 미래사회에서는 지식과 정보가 넘쳐나고 쉽게 접근할 수 있기 때문에 모든 지식을 다 배울 필요가 없고, 그보다는 역량이 더 중요하다는 공감대가 커졌다.

과거 학문 중심 교육과정의 한계와 미래사회에 필요한 역량 중심 교육과정에 대한 공감대의 확산은 자연스럽게 지식교육의 경시를 가져왔다. 하지만 지식의 습득 없이는 역량의 함양이나 발휘가 불가능하다는 것을 삶의 경험을 통해서 충분히 이해할 수 있다. 운전에 대한 기본적인 지식과 기능 없이 운전할 수 있는 역량을 기를 수 없고, 음악가의 작곡과 연주 역량은 음악 기초 이론에 대한 이해와 악기 연주에 대한 기능이 숙달되었을 때 발휘가 가능하다.

역량의 개념을 살펴보아도 역량교육과 지식교육은 밀접한 관련이 있음을 확인할 수 있다. 교육부[19]는 2015 개정 교육과정 총론(일반) 연수 자료에서 핵심역량을 "미래사회 시민으로서 성공적이고 행복한 삶을 살아가기 위해 필요한 핵심적인 능력으로 지식·기능·태도·가치가 통합적으로 작용하여 발현되는 능력"으로 규정했다. 2015 개정 교육과정에서 핵심역량뿐만 아니라 교과 역량도 제시했는데, 교과 역량은 "교과 학습의 결과로 지식·기능·태도 등을 통합적으로 운용하여 문제를 해결할 수 있는 능력"을 의미한다. 교과 역량과 더불어 이를 함양하는 데 필요한 핵심 개념, 일반화된 지식, 기능을 제시하고 이를 바탕으로 성취기준을 개발했다. 성취기준은 교과 학습을 통해 학생들이 알아야 하고 할 수 있어야 하는 것을 나타내고 수업의 목표이자 평가 기준의 근거가 된다. 2015 개정 교육과정은 성취기준의 도달이 교과 역량과 핵심역량에 도달하도록 구조화되었는데, 성취기준의 도달을 위해서는 성취기준을 구성하는 요소인 핵심 개념, 일반화된 지식, 기능의 학습, 즉 지식교육이 꼭 필요하다는 것을 이해할 수 있다.

DeSeCo 프로젝트에서 제시한 역량을 새롭게 규정한 OECD Education 2030 프로젝트에서 제시한 OECD 학습 나침반 2030에서도 역량은 지식, 기능, 가치, 태도가 통합적으로 발현되는 것으로 구조화되어 있다. OECD 학습 나침반 2030에서 역량을 구성하는 것으로 제시된 지식·기능·태도·가치의 구성 요소를 살펴보면 어떤 지식·기능·태도·가치 학습이 필요하다고 규정했는지 확인할 수 있고, 2015 개정 교육과정에서 규정한 핵심 개념, 일반화된 지식, 기능보다 범위가 넓다는 것을 확인할 수 있다.

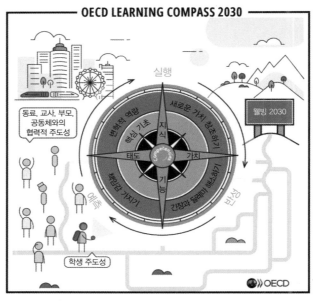

(https://www.oecd.org/education/2030-project)

2015 개정 교육과정에서 규정하는 핵심 개념, 일반화된 지식, 내용 요소, 기능, 성취기준의 의미[20]

구분	의미
핵심 개념	• 교과에 기반하는 학문의 가장 기초적인 개념이나 원리를 포함하는 교과의 근본적인 아이디어
일반화된 지식	• 핵심 개념을 배우기 위해 학생들이 학습해야 할, 학교급을 관통하는 핵심적인 원리 및 지식
기능	• 지식을 습득할 때 활용되는 탐구 및 사고 기능이면서, 동시에 학습의 결과로서 학생들이 '할 수 있어야 하는' 능력을 의미

OECD 2030 프로젝트 학습 프레임 워크에서 규정하는 지식, 기능의 종류와 의미[21]

지식	학문적 지식	• 학문적 지식은 핵심 개념, 빅 아이디어, 세부 내용 지식으로 나뉠 수 있는데, 핵심 개념은 세부적인 것을 잊어버린다고 해도 오랫동안 간직하게 될 개념으로서 모든 맥락에서 활용될 수 있는 지식을 의미
	간학문적 지식	• 학문 영역을 가로지르는 지식을 의미 • 실생활 문제, 현상, 이슈 등을 여러 학문의 관점에서 볼 수 있는 능력을 제공
	인식적 지식	• 학생의 동기 유발에 영향을 미침. • '나는 무엇을 배우고 있고, 왜 배우는가?', '이 지식을 실생활에서 무엇을 위해 사용할 수 있는가?', '전문가는 어떻게 생각하는가?' 등에 대하여 고민하는 것을 포함
	절차적 지식	• 사고 패턴이나 프레임 워크에 대한 지식을 의미 • 절차적 지식은 무엇인가를 행하거나 만드는 방법을 이해함으로써 발달
기능	인지적 · 초인지적 기능	• 언어, 숫자, 추론, 습득한 지식의 사용을 가능하게 하는 사고 전략을 의미 • 이 기능은 언어적, 비언어적 기능, 고차원 사고 기술, 실행 기능의 효과적인 사용, 문제해결 등으로 구성 • 메타인지 기능(초인지적 기능)은 자신의 지식 · 기능 · 태도와 가치를 인식하는 능력을 포함
	사회적 · 정서적 기능	• 사고, 감정, 행동이 일관성 있는 패턴으로 표현될 수 있는 개인의 역량
	신체적 · 실천적 기능	• 물리적 도구, 작업, 기능을 사용하는 능력을 의미 • 생활 기술(새로운 ICT 장치와 새로운 기계 사용, 악기 연주, 공예, 스포츠, 자전거 타기), 전문 기술(수술), 신체 능력(근력, 유연성) 등

2015 개정 교육과정에서 제시하는 핵심 개념, 일반화된 지식은 OECD 학습 나침반 2030에서 지식의 한 종류로 구분한 학문적 지식에 해당하고, 기능은 OECD 학습 나침반 2030에서 제시하는 기능의 분류 중 인지적 기능에 해당한다고 볼 수 있다. 결국 교육과정 성취기준 중심의 교육과정 설계 및 실행은 좁은 의미의 지식과 기능교육에만 초점을 맞추게 되어 학생이 제대로 된 역량을 함양할 수 있을지 의문이 든다. 2015 개정 교육과정에서 규정한 역량이 현재에도 적합한지에 대한 검토와 함께 역량의 개념과 구성 요소가 무엇인지 명확하게 규정할 필요성이 느껴진다.

역량 중심 교육과정은 기존의 '아는 교육'에서 '할 수 있는 교육'으로의 패러다임의 전환을 가져왔다. 하지만 할 수 있기 위해서는 알아야 한다. 미래사회 핵심역량으로 항상 손꼽히는 '창의적 사고 역량'의 의미도 폭넓은 기초 지식을 바탕으로 다양한 전문 분야의 지식, 기술, 경험을 융합적으로 활용하여 새로운 것을 창출하는 역량으로 정의되어 있다.[22] 역량의 함양을 위해서는 '아는 교육'과 '할 수 있는 교육'이 모두 필요하다.

교육과정 재구성 vs. 교과서 중심 수업

교과서가 절대적 권위를 차지하던 시절의 수업은 많은 문제가 있었다. 교과서에 제시된 내용은 학생이 모두 학습해야 하는 것처럼 여겨졌고, 교사는 주어진 교육과정 시수에 교과서에 제시된 모든 내용을 학생에게 가르치기 위해 노력했다. 교과서에 제시된 수업의 흐름이 각 단원과 연결된 성취기준에 도달하는 데 적합하지 않아도 각 교과의 최고 전문가들이 집필한 교과서에 재구성이라는 도전장을 내밀지 못했다. 수업에서 마주한 질문에 대해 깊이 고민하는 수업, 토의·토론을 통해 생각과 지식의 폭과 깊이를 더하는 수업, 학습한 내용을 삶의 맥락 또는 다른 학습의 맥락에 적용해 보거나 활용해 보는 수업, 삶에서 만나는 문제를 해결하는 수업, 교과의 벽이 사라진 융합 수업 등의 수업은 시도하기 어려웠다. 교과서 중심 수업은 학생들이 실제 경험하는 삶의 맥락과 괴리감이 컸고, 학생들은 수업을 통해 학습한 내용이 삶과 어떻게 연결되는지 경험하지 못했다. 과도한 학습량으로 인해 학습의 속도가 빠르고 선행학습을 한 학생은 수업 내용을 소화할 수 있었다. 하지만 학습의 속도가 느리고 선행학습을 하지 않은 학생은 수업을 따라가기 벅찼다. 배움이 주는 즐거움과 성취감은 소수 학생만 누리는 전유물이었다.

절대적 권위를 차지하고 있는 교과서 중심 수업에 대한 문제점과 부정적 인식, 교육과정 운영에 대한 교사의 자율성 및 권한 확대, 성취기준 중심의 교육과정 운영이 만나며 삶과 배움을 연결하고 학생에게 적합한 교육과정을 운영하기 위한 교육과정 재구성은 큰 반향을 일으켰고, 수업 혁신의 한 방향으로 현장에서 활발하게 실행되고 있다. 교육과정 재구성을 통한 주제 통합 수업이나 프로젝트 수업은 삶의 경험과 문제를 배움과 연결하면서 학생들이 수업에 재미와 의미를 느끼게 하고, 교과서 지식이 삶과 만나고 활용되는 과정을 통해 지식이 살아 숨 쉬게 만든다. 또한 교과 단위의 수업이 아닌 하나의 주제나 프로젝트를 중심으로 연결된 수업은 학생에게 분절된 지식이 아닌 통합된 지식이 어떻게 적용되고 활용되는지 경험하게 해 준다. 무엇보다 교사가 재구성한 교육과정을 운영할 때 학생들이 수업에 흥미와 관심을 가지고 적극적으로 참여하는 것을 현장에서 수없이 경험했다.

교육과정 재구성이 수업 혁신의 한 방향으로 자리 잡으며 개인적으로 교육과정 재구성을 한 수업은 좋은 수업이고, 교과서 중심 수업은 나쁜 수업이라고 생각했다. 수업의 목표는 모든 학생의 배움과 성장에 있고 성취기준의 도달이라는 다소 편협한 목표에만 초점을 맞추더라도 과거 내가 실행했던 교육과정 재구성이 적절한 방향으로 설계 및 실행되지 못하는 경우가 많았다. 주제와 관련된 성취기준을 백과사전식으로 나열해 놓고 성취기준 도달을 위한 교수·학습 활동이 아닌 주제와 관련된 교수·학습 활동만 나열하여 수업의 목표를 흐릿하게 만들기도 했고, 재구성에 활용하기 좋거나(국어과의 토의·토론 관련 성취기준 또는 독서 관련 성취기준 등) 교사가 설계한 주제 통합 수업이나 프로젝트 수업과 관련된 성취기준은 자주 활용되고 나머지 성취기준은 소외되어 관련된 수업이 충분히 이루어지지 못하는 경우도 자주 일어났다.

좋은 수업에 대한 기준은 학생의 배움과 성장이 되어야 한다. 교육과정 재구성을 통한 수업이든 교과서 중심 수업이든 수업을 통해 모든 학생의 의미 있는 배움과 성장을 이끌어 냈다면 둘 다 좋은 수업이다. 과거 교과서 중심 수업이 문제가 되었던 가장 큰 이유는 교과서를 교수·학습 자료가 아닌 절대적 권위를 지닌 교육과정 그 자체로 바라보았기 때문이다. 교과서는 각 교과의 전문가들이 개발한 우수하고 신뢰성 있는 교수·학습 자료이고, 교사가 수업을 설계하고 실행하는 데 많은 도움이 된다. 교육과정 재구성에 활용한 성취기준과 관련된 교과서 내용을 살펴보면 교육과정을 설계하고 실행하는 데 필요한 아이디어와 자료를 얻어 갈 수 있다. 결국 중요한 것은 교사가 수업에 대한 전문성을 가지고 성취기준 도달에 있어 교육과정을 재구성하는 것이 효과적일지, 교과서 중심 수업을 하는 것이 효과적일지 판단하고 결정해 가면서 모든 학생의 배움과 성장을 이끌어 내는 질 높은 교육과정을 설계하고 실행하는 것이다.

가르침(교사 주도형 수업) vs. 배움(학생 참여형 수업)

수업은 교사의 가르침과 학생의 배움이 동시에 일어나는 행위이다. 과거에는 교사의 수업 전문성 신장을 위해 교사의 가르침에 집중했다. 수업을 공개하거나 다른 교사의 수업을 참관할 때 관찰하고 논의하는 주제는 교사의 교수·학습 행위와 학습목표 달성을 위한 교수·학습 활동의 적절성 및 유기적 연계였다. 교사의 우수한 교수·학습 행위와 학습목표 달성에 적합하고 유기적으로 연결된 교수·학습 활동은 학생들의 배움에 큰 영향을 미친다. 하지만 교사의 가르침이 학생의 배움의 필요조건이지만 충분조건은 아니다. 교사는 열심히 가르쳤지만 학생의 배움으로 이어지지 않는 경우를 수없이 경험하고, 반대로 교사가 생각지 못한 지점에서 학생의 의미 있는 배움이 일어나기도 한다.

현장의 교사들을 중심으로 교사의 가르침보다 학생의 배움에 초점을 맞춰야 한다는 공감대가 형성되면서 배움 중심 수업이 빠르게 확산되었다. 배움 중심 수업은 학계의 연구를 통해 나온 개념이 아니고 학교 현장 교사들의 실천과 성찰을 통해서 등장한 개념인데, 배움 중심 수업의 의미는 학습의 일반 원리와 학습자의 내적 조건들을 고려하는 개별화 원리를 적용하여 학생들의 학습을 최적화하는 교수 활동으로 정의되고 있다.[23]

배움 중심 수업이 확산하며 현장에서는 교사 주도의 강의식 수업은 지양하고 수업의 주인인 학생의 적극적 참여를 이끌어 내고 교사-학생, 학생-학생 간 활발한 상호작용을 기반으로 지식·기능을 습득 및 탐구하고 협력적으로 문제를 해결해 가는 학생 참여형 수업을 지향하고 있다. 2015 개정 교육과정에서도 교과 특성에 맞는 다양한 학생 참여형 수업의 활성화를 교육과정 구성의 중점으로 제시했다. 이러한 흐름에서 하브루타, 토의·토론 수업, 거꾸로수업, 놀이 수업, 프로젝트 수업 등 많은 학생 참여형 수업 방법이 현장에 소개되고 유행했다.

학생 참여형 수업의 효과성을 근거하는 자료로 많이 활용되는 '학습 피라미드 이론'이 있다. 이 이론은 참여형 교수·학습 방법(토의, 연습, 서로 가르치기)을 통해 학습했을 때 수동적 교수·학습 방법(듣기, 읽기, 듣고 보기, 시연하기)을 통한 학습에 비해 두뇌에 기억되는 비율, 즉 학습 효율성이 높다는 것을 피라미드를 활용하여 직관적으로 나타낸다. 학습 피라미드 이론은 EBS에서 방영한 〈우리는 왜 대학에 가는가?〉라는 다큐멘터리에 소개된 이후 학생 참여형 수업의 당위성을 뒷받침하는 자료로 널리 활용되었다. 학습 피라미드 이론이 널리 퍼지며 많은 교사가 강의식 수업은 학습 효율성이 낮은 비효과적인 교수·학습 방법으로 인식하고, 토의·토론, 하브루타 등의 학생 참여형 수업은 학습 효율성이 높은 교수·학습 방법으로 인식하게 되면서 학생 참여형 수업의 확산과 더불어 현장에서 실행되는 수업의 모습이 많은 부분 바뀌었다. 학생 참여형 수업이 적극적으로 현장에 받아들여지며 수동적으로 교사의 강의를 듣기만 하던 학생들이 배움의 주체로 거듭나고 적극적으로 참여하는 모습을 보여 주었다. 하지만 효과적인 학습을 위해 교사의 설명과 개입은 최소화하는 것이 좋을까? 학생이 적극적으로 참여하고 주도하는 수업이 교사가 주도하고 설명하는 수업보다 학생들의 배움과 성장에 있어서 효과적일까?

EBS 다큐프라임 〈다시, 학교〉에서는 최근 현장의 교육 패러다임인 역량 중심 교육과정과 학생 주도 활동형 수업으로 대표되는 새로운 교육의 패러다임이 정말 효과적인지 질문을 던진다. 600여 명이 참여한 수업 실험을 통해 강의형 수업과 학생 주도 활동형 수업 중 어떤 것이 학생들이 더 잘 배우고 있는지 확인한다. 실험 결과는 다소 충격적인데 학생 주도 활동형 수업을 하고 사전, 사후 성취도를 평가한 결과 대부분의 학생들이 수업 후에 성취도가 높아졌지만 최하위 학생들의

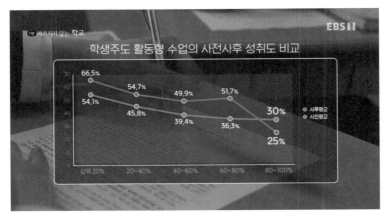

(EBS 다큐프라임 〈다시, 학교〉, 2020)

학업성취도는 낮아졌다. 이는 PISA 결과에서 하위 성취수준 비율이 지속적으로 증가하는 원인이 '학생 참여형 수업에 있는 것은 아닌가?'라는 합리적인 의심을 가능하게 한다.

학생 참여형 수업의 근거로 활용되는 학습 피라미드 이론에 대해서도 몇 가지 문제점이 지적되고 있다. 첫 번째는 학습 피라미드 이론의 과학적 근거가 부족하다는 것이다.[24] 두 번째는 학습 피라미드 이론에서 제시된 방법이 다른 방법보다 일관되게 우월하지 않고 특정 상황에서 모두 효과적이라는 것이다.[25]

EBS 다큐프라임 〈다시, 학교〉의 학생 주도 활동형 수업의 사전·사후 성취도 비교 결과가 보여 주듯이 학생 참여형 수업의 효과는 학생의 학습 수준에 따라 달라질 수 있다. 예를 들어, 학습 피라미드 이론에서 효과적인 교수·학습 방법으로 제시된 서로 가르치기나 토의·토론 수업의 경우 활동에 참여하는 학생들의 생각이나 지식 수준에 큰 영향을 받게 된다. 활동에 참여하는 학생들의 생각과 지식 수준이 높을 때 의미 있는 대화가 오가며 수업에 참여하는 학생들의 생각과 지식의 폭을 넓히고 깊이를 더하는 좋은 수업이 된다. 학생 참여형 수업은 학습 수준이 낮은 학생들보다 학습 수준이 높은 학생을 대상으로 했을 때 훨씬 효과적이다. 학습 수준이 낮은 학생의 경우 학생 참여형 수업에 참여했을 때 오히려 수업에서 소외되거나 오개념이 생기는 경우를 자주 접하게 된다. 학생의 학습 수준이 낮을수록 교사의 직접적인 지도와 피드백을 제공하는 직접 교수법이 훨씬 효과적인 경우가 많다. 절대적으로 옳고 어떤 상황에서도 높은 효과를 발휘하는 교수 · 학습 방법은 없다. 모든 학생의 배움과 성장을 이끌어 내기 위해서는 학생의 학습 수준 및 학습 맥락에 적합한 다양한 교수 · 학습 방법이 적용되어야 한다.

1920~1930년대 학생의 실제 삶과 유리된 채 생기 잃은 형식적 교과를 기계적으로 학습하는 등 전통학교 관행이 심각한 것에 대한 비판으로 시작된, 낭만주의적 아동 중심 철학을 기반으로 한 진보주의 교육운동은 개인적으로 실천해 왔던 교육의 모습에 그대로 오버랩되는 부분이 많다. 학생의 실제 삶과 연결되지 않은 형식적 교과를 기계적으로 학습하는 수업을 비판하며 학생 참여형 수업이라는 수업 혁신의 슬로건 아래 재미와 흥미 위주의 파편화된 교육과정을 운영하기도 했고, 교사의 직접적인 지도와 설명을 위주로 한 교사 중심 수업을 부

정적으로 바라보며 수업에서의 교사의 역할을 최소화하는 것이 좋은 수업이라는 잘못된 편견을 가지기도 했다.

학생의 학습 수준을 고려하지 않고 섬세하게 설계되지 않은 수업은 학생들의 배움과 성장을 이끌어 내기 어렵다. 모든 학생의 질 높은 배움과 성장을 위해서는 삶과 배움이 연결되도록 하는 교육과정, 의미 있는 교육적 경험과 소통이 일어나는 수업, 평가를 통해 학생들의 배움과 성장을 확인하고 피드백을 주고받아야 한다. 이를 위해서 교사는 섬세한 교육과정-수업-평가 설계는 물론 수업에서의 적극적인 가르침과 피드백이 필요하다.

듀이 또한 아동 중심의 진보학교라는 이유로 교사가 보다 성숙한 관점에서 어린이들의 활동을 안내하는 책임과 관여에 소극적이 되고, 심지어 어른이 강제하는 것에 두려움을 느끼는 문제를 지적하며 어린이의 지적·정서적·사회적 습관이 재구성됨으로써 자아의 성장으로 이끌려면 교사의 안내와 지도가 필수적임을 강조하고 있다.[26] 메이어 Richard E. Mayer는 교사가 얼마나 개입해야 가장 학습에 효과적인가에 대한 기존의 연구들을 고찰하고 다음과 같은 결론을 내린다.[27]

교사가 완전히 주도하는 설명식 교수보다, 그리고 학생이 완전히 주도하는 순수한 발견학습보다 교사가 힌트와 방향을 제시하면서 학생이 주도적으로 학습하도록 할 때 지식의 보유 및 전이에 최선의 효과가 나타난다.

코로나19 이전부터 존재했던 교육격차 및 학력 저하가 코로나19를 겪으며 더 심화되었다. 코로나19 이전에 존재했던 학력 저하의 원인은 무엇이었을지 고민해 보기 위해 최근 현장의 교육과정 패러다임인 역량 중심 교육과정과 교육과정 재구성, 학생 참여형 수업에 대해 돌아보았다. 전술한 내용에 대해 다시 정리하면, 역량 중심 교육과정, 학생 참여형 수업으로 대표되는 최근 교육과정과 수업의 패러다임은 여러 비판에 직면해 있지만 잘못 실행되었던 역량 중심 교육과정, 학생 참여형 수업이 문제이지 그 자체가 문제는 아니라는 것이다.

감염병의 확산을 위해 불가피하게 시작하게 된 원격수업은 교육의 새로운 가능성을 열어 주었다. 원격수업의 장점은 시공간의 한계를 극복할 수 있다는 것이다. 코로나19 이전에는 학교라는 정해진 공간과 시간표로 고정된 시간 외에 수업을 한다는 생각을 하지 못했다. 하지만 원격수업은 학습자가 선택할 수 있는 공간과 시간에 언제든 수업에 참여할 수 있다는 것을 경험하게 해 주었다. 다른 지역 학생들과 화상수업을 통해 얼마든지 교류할 수도 있고, 거리와 시간상의 문제로 평소에 만나기 어려웠던 각 분야 전문가와의 만남도 실시간 화상수업을 활용한다면 가능하다. 또 개인적인 사정으로 등교하지 못하는 학생도 원격수업을 통해서 수업에 참여할 수 있다. 최근 사회적으로 많은 관심을 받고 있는 메타버스(게더타운, 제페토 등)를 활용한 수업은 실시간 화상수업보다 훨씬 더 실제감 있고 효과적인 상호작용을 제공할 수 있다. LMS^{Learning Management System}를 통해 학생의 학습 진행 과정을 효과적으로 관리하고, 인공지능을 활용한 수업을 통해 학생들의 학습 수준을 정확하게 진단하고 확인하며 피드백을 효과적으로 주고받을 수도 있다.

코로나19 이전부터 원격수업을 실시했던 미네르바 스쿨과 웹 기반 수업 도구인 칸 아카데미는 새로운 교육의 가능성을 보여 주었다. '하버드보다 들어가기 힘든 대학'이라는 수식어를 가진 미네르바 스쿨은 코로나19 이전부터 성공적인 원격수업 또는 블렌디드 수업 모델로 관심을 받아 왔다. 미네르바 스쿨은 캠퍼스가 없고, 학생들은 4년간 기숙사가 있는 도시(샌프란시스코, 베를린, 부에노스아이레스, 한국, 하이데라바드, 런던, 타이베이)를 돌면서 지역 기반 과제^{Location Based Assignment}와 머물고 있는 도시에 있는 기업이나 단체와 협업을 진행하는 시빅 프로젝트^{Civic Project}를 통해 수업에서 배운 것을 적용하고 다양한 문화를 접하게 된다. 또한 모든 수업은 원격수업으로만 진행이 되는데, 수업 전에 영상 강의를 미리 듣거나 논문이나 책을 읽고 토론식 수업을 한다.[28]

칸 아카데미는 2006년 살만 칸^{Salman Khan}이 만든 비영리 교육 서비스로 세계적인 기업 및 재단의 후원을 받고 있는 것으로 유명하다. 초등부터 성인 수준의 수학, 과학, 금융, 역사, 예술 등 동영상 강의를 제공하며 전 세계적으로 많은 학생과 교사가 사용하고 있다. 2016년 한국어 버전이 오픈되었으며, 초등부터 고등학교 2학년까지의 정규 수학 교육과정이 연결되어 있다. 칸 아카데미는 우수한 평가와 LMS을 갖추어 현장의 교사들이 학생 개개인의 수학 학습 성취수준을 정확하게 진단 및 확인하고 그에 맞는 적절한 피드백을 제공할 수 있도록 도움을 주고 있다.

문제는 평가와 피드백

원격수업은 가능성과 더불어 한계도 분명하게 드러내고 있다. 코로나 19 이후 원격수업이 일상이 되고, 원격수업과 대면 수업을 결합한 블렌디드 러닝이 현장에 자리 잡을 것으로 기대했다. 하지만 교육격차 및 학력 저하 우려가 커지기 시작했고, 실제 평가 결과도 학생들의 교육격차가 커지고 학력이 저하되고 있음을 증명하고 있다.

원격수업에서 교사는 왜 가르치기 어려웠을까? 학생은 왜 배우기 어려웠을까? 「COVID-19에 따른 초중등학교 원격교육 경험 및 인식 분석」[29]에 따르면 교사들이 인식하는 학습 격차 심화 이유는 학생의 자기 주도적 학습 능력 차이(64.92%), 학부모의 학습 보조 여부(13.86%), 학생-교사 간 피드백(소통) 한계(11.26%), 학생의 사교육 수강 여부(4.86%), 학습 환경 변화에 대한 적응력 차이(2.95%), 질 높은 원격교육 콘텐츠 부족(1.43%), 기타(0.75%) 순으로 나타났다.

분명 자기 주도적 학습 능력을 갖추고, 학부모가 가정에서 학습을 보조해 주는 학생은 원격수업에서도 잘 배울 수 있었을 것이다. 하지만 학생이 자율적으로 학습하기 위해서는 높은 자제력과 학습에 대한 동기가 필요하다. 온라인에서 높은 자제력을 가지고 학습하는 것은 성인에게도 어려운 일이다. 온라인을 통해 누구나 어디서든 우수한 양질의 강좌를 무료로 들을 수 있는 온라인 교육 플랫폼을 표방하는 K-MOOC의 낮은 이수율은 계속해서 문제점으로 지적되고 있다. 이수율이 낮은 이유가 K-MOOC의 강좌가 강제성이 없고 교수자의 지식과 이론을 일방향으로 전달하는 방식으로 진행되기 때문이라는 의견이 있다.[30] 하지만 K-MOOC의 낮은 이수율은 온라인에서 자율적으로 학습한다는 것이 학습에 대한 동기와 의지를 가지고 강좌를 신청한 성인에게도 쉽지 않다는 것을 보여 준다.

K-MOOC 강좌 신청 건수와 강좌 이수율 현황

구분	2015년	2016년	2017년	2018년	2019년	2020년 7월
수강 신청 건수	55,559	126,092	263,756	330,619	392,262	309,979
이수율	3.2%	11.9%	12.7%	14.0%	23.9%	23.9%

자료: 국가평생교육진흥원, 「국회입법조사처 제출자료」, 2020.6.
(오명호, 2020)

학생의 자기 주도적 학습 능력과 학부모의 학습 보조 여부는 교사의 노력으로 쉽게 바꿀 수 있는 요인이 아니다. 많은 교사들이 원격수업을 실행하며 학생의 학습 동기를 부여하고 참여를 유도하는 데 어려움을 호소했는데, 자기 주도적 학습 능력이 낮은 학생에게 학습 동기를 부여하고 참여를 이끌어 내는 것은 비대면에서 훨씬 더 어려운 일이다. 하지만 수업 실패의 원인을 학생이나 수업 외적인 측면에서 찾게 되면 수업의 개선은 멀어지게 된다. 교사가 노력할 수 있는 것에 집중해야 하고, 이러한 이유로 교사들이 학습 격차의 심화 이유로 지적한 학생-교사 간 피드백(소통) 한계에 주목했다. 학생-교사 간 피드백(소통)의 한계는 학습 격차의 심화뿐만 아니라 원격수업을 어렵게 하는 원인이 되었다.「COVID-19에 따른 초중등학교 원격교육 경험 및 인식 분석」

교사

지난 1학기 동안 원격수업의 어려운 점(2개 선택)

교사는 지난 1학기 동안 원격수업의 어려운 점에 대해 학생의 학습 동기 부여 및 참여 유도(24.17%), 수업 자료 제작 등 수업 준비 부담(20.76%), 학생과의 소통 및 피드백 제공(14.99%), 학생 출결, 평가 등 학사관리 운영의 어려움(14.19%), 콘텐츠 저작권 침해 우려(7.66%) 순으로 응답함.

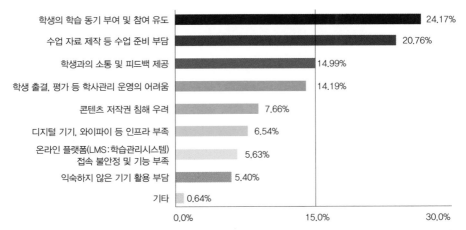

(계보경 외, 2020: 12)

학생

지난 1학기 동안 원격수업의 어려운 점(2개 선택)

초등학생은 원격수업이 어려웠던 점에 대해 온라인수업 시 집중 저하(34.03%), 선생님 혹은 친구들과의 소통 부족(32.57%) 순으로 나타남.
중·고등학생은 원격수업이 어려웠던 점에 대해 온라인수업 시 집중 저하(30.36%), 디지털 기기를 활용한 학습에 대한 피로도 증가(19.67%) 순으로 나타남.

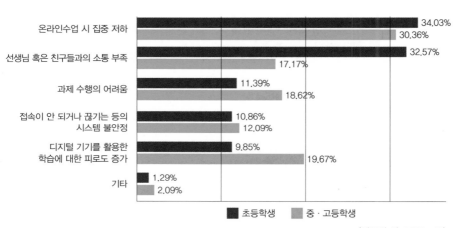

(계보경 외, 2020: 13)

에 따르면 교사와 학생 모두가 원격수업에서의 소통과 피드백이 어렵다고 응답했다.

교사-학생, 학생-학생과의 소통과 피드백은 학습 내용의 이해나 학습 과제 실행에 어려움을 겪는 학생에게 적절한 도움을 제공하고, 모든 학생이 잘 배울 수 있도록 교사가 수업을 즉각적으로 수정하는 데 중요한 역할을 한다. 대면 수업에서는 교사가 학생의 학습 수준을 지필평가, 수행평가를 통한 구조적 평가뿐만 아니라 관찰, 질문과 응답,

비언어적 소통(얼굴 표정, 눈빛, 몸짓), 교실 분위기 등을 종합적으로 분석하여 적절한 피드백을 제공한다. 교사의 설명이 어려워 학생들의 표정과 눈빛이 어려워하는 것 같으면 설명을 조금 더 쉽게 바꾸어 보기도 하고, 활동이나 과제를 제시한 후 교실을 순회하며 머뭇거리는 학생에게 즉각적인 도움을 제공하기도 한다. 계획한 수업의 활동이 예상한 것과 다른 방향으로 흘러가는 경우에 수업을 즉각적으로 수정하기도 한다. 대면 수업에서 이루어졌던 이러한 일련의 소통과 피드백 과정을 교사들은 의식하든, 하지 않든 자연스럽게 실행해 왔다.

하지만 원격수업에서는 학생들의 배움을 확인하고 피드백하는 것이 자연스럽지 않고 어렵다. 과제 제시형 수업이나 콘텐츠 활용 수업의 경우 학생들이 교사가 제시한 과제를 수행하는 데 어려움은 없는지, 콘텐츠를 통해 듣고 있는 수업의 내용을 이해하고 수행할 수 있는지 확인할 수 없고 결과물을 통해서만 유추할 수 있다. 하지만 결과물을 학생 스스로 수행한 것인지 확인하기 어렵고, 수행이 학습의 충분조건이 아니다. 학생의 수행에 대한 교사의 피드백도 과정 중에 이루어지지 못하고 수업 이후 댓글 위주로 이루어지기 때문에 큰 효과를 발휘하지 못했다. 과제 수행을 하면서 어려움을 겪는 경우 교사 또는 친구들과의 소통과 피드백을 통해서 해결하는데, 원격수업에서는 이러한 소통과 피드백에 분명한 한계가 있었다. 결국 교사가 원격수업의 어려움으로 꼽았던 '학생의 학습 동기 부여 및 참여 유도', '학생과의 소통 및 피드백 제공'과 학생이 원격수업의 어려움이라고 선택한 '선생님 혹은 친구들과의 소통 부족', '과제 수행의 어려움' 모두 소통과 피드백의 한계가 중요한 이유였다는 것을 이해할 수 있다. 소통과 피드백의 어려움이 있었다는 것은 학생들이 잘 배웠는지 확인하고 피드백을 주고받기 위한 소통에 어려움이 있었다는 것으로 해석할 수 있다. 학생들이 잘 배웠는지 확인하는 역할을 하는 것이 평가이기 때문에, 원격수업에서 교사가 가르치기 어렵고 학생들이 배우기 어려웠던 이유는 결국 '평가와 피드백'에 있다고 볼 수 있다.

그렇다면 실시간 쌍방향 수업은 어땠을까? 분명 과제 제시형 수업, 콘텐츠 중심 수업보다는 효과적인 평가와 피드백이 가능하다. 하지만 현장에서 경험한 실시간 쌍방향 수업도 많은 한계가 존재했다.

첫째, 시스템 불안정으로 수업에 온전히 집중하기가 어렵다.

실시간 쌍방향 수업을 실행하며 많은 교사들이 어려움을 겪었던 것은 접속 지연, 접속 중 튕김, 끊김 현상 등 시스템 불안정 문제였다. 실시간 쌍방향 수업에 다소 안정적인 플랫폼을 선택하더라도 교사의 접속 기기나 인터넷 환경, 학생이 접속하는 가정 내 기기의 성능과 인터넷 환경에 따라 불편함을 겪는 모습이 가지각색이고, 학생들이 수업 중 겪는 물리적 어려움에 빠르게 대처해 줄 수 없었다. 시스템 불안정으로 인해 교사와 학생이 수업 외적으로 고려해야 할 요소가 많아지면서 교사와 학생 모두 수업에 온전히 집중하지 못하는 상황이 만들어졌다. 수업 자체의 진행에도 어려움이 큰데 학생이 잘 학습하고 있는지 효과적으로 평가하고 피드백하는 것은 대면 수업에 비해 훨씬 더 많은 에너지를 소진하게 되고, 그 효과도 훨씬 적을 수밖에 없다.

둘째, 실시간 쌍방향 수업에 대한 피로감과 거부감이 크다.

앞에서 언급한 시스템 불안정으로 인한 피로감도 크지만, 온라인 화상회의 자체가 주는 피로감도 크다. 코로나19로 재택근무가 확산되고 온라인 화상 플랫폼을 통한 회의와 수업이 일상이 되면서 정신·신체적 피로감을 호소하는 사람들이 많아지며 '줌 피로감^{Zoom Fatigue}'이라는 신조어가 생기기도 했다. 미국 스탠퍼드대 인지심리학과 제러미 베일런슨^{Jeremy Bailenson} 교수팀은 『비언어적 부담: 줌 피로 원인에 대한 이론적 논의』란 논문을 통해 '줌 피로'의 원인이 한꺼번에 너무 많은 시선을 받고, 서로의 표정과 말에만 집중해야 하는 줌의 특성상 다양한 신체 언어를 활용하지 못해 의사소통이 어려워진다고 발표했다.[31] 한꺼번에 너무 많은 시선을 받고, 자신의 얼굴을 화면을 통해서 계속해서 확인하게 되는 실시간 쌍방향 수업의 특성상 외모에 대한 관심이 많고, 가정환경의 노출을 꺼리는 학생들은 거부감으로 인해 카메라를 끄는 경우가 있었다. 카메라를 켜 놓아도 학생들이 온전히 수업에 집중하는지 확인하기가 어려운데 카메라를 꺼 버리면 이를 확인하는 것이 불가능하기 때문에 실시간 소통을 통해 학생의 학습 과정을 확인하며 적절한 피드백을 제공할 수 있는 실시간 쌍방향 수업의 장점이 사라져 버린다.

셋째, 실시간 쌍방향 수업도 대면 수업에 비해 소통의 한계가 분명하다.

앞서 언급했던 것처럼 실시간 쌍방향 수업에서는 비언어적 의사소통의 한계로 대면 의사소통만큼 자연스럽지 못하다. 대면 수업에서는 한눈에 들어오는 학생들의 수업 참여 모습을 실시간 쌍방향 수업에서는 파악하기 힘들다. 특히 화면공유 시에는 한 번에 확인할 수 있는 학생 수가 적어지는데, 듀얼 모니터를 사용해도 공유된 화면과 학생들의 수업 참여 모습을 동시에 확인하는 것은 쉽지 않다. 학급당 학생 수가 많은 경우 실시간 쌍방향 수업의 어려움은 가중될 수밖에 없다.

또한 대면 수업에서 이루어지는 소통은 원격수업의 소통에 비해서 다양하고 자연스럽다. 대면 수업에서는 교사-학생, 학생-학생 간 소통이 다양한 방법으로 이루어질 수 있다. 교사가 전체 학생과 질문과 응답을 주고받기도 하고, 교실을 순회하며 개인적인 도움이 필요한 학생에게 조용히 다가가 적절한 피드백을 제공할 수 있다. 학생과 학생 사이의 소통도 필요에 따라 짝과의 소통, 모둠 구성원과의 소통 등 다양한 방법으로 가능하다. 소통과 협력을 기반으로 한 토의 · 토론 수업 기법이 무수히 많은 것도 대면 수업에서는 소통이 자연스럽고 효과적이기 때문이다. 하지만 실시간 쌍방향 수업에서는 교사-학생, 학생-학생 간 활용할 수 있는 소통의 형태가 제한적이다. 실시간 쌍방향 수업의 주된 소통은 일대다一對多로 이뤄진다. 교사 1명이 학생 전체에게 설명을 하고 질의응답을 받거나, 학생 1명의 질문과 생각을 전체와 공유하는 형태가 가장 일반적이다. 소그룹 회의를 지원하는 플랫폼의 경우 소그룹 활동도 가능하지만, 교사가 각 소그룹의 활동이 잘 진행되는지 확인하고 지원하기 위해서는 여러 대의 스마트 기기를 각 소그룹에 접속시키거나 소그룹 전체를 이동해서 확인해야 한다. 한 소그룹에 접속하면 다른 소그룹의 활동을 확인할 수 없는 어려움도 있다.

원격수업은 분명 대면 수업에 비해 평가와 피드백 측면에서 어려움이 있다. 그렇다면 앞에서 언급한 미네르바 스쿨과 칸 아카데미가 원격수업의 한계를 뛰어넘고 효과적으로 학생들의 배움을 이끌어 낼 수 있었던 이유는 무엇일까?

첫째, 학생들이 기술적인 문제로 원격수업 참여에 어려움을 겪지 않도록 섬세하게 배려했다.

미네르바 스쿨은 원격수업을 실시간 쌍방향 수업으로 진행을 하는데 자체 개발한 포럼Forum 프로그램을 사용한다. 이 프로그램은 고사양의 컴퓨터가 필요한데 컴퓨터 사양에 대한 내용을 사전에 안내하고, 문제가 생겼을 때 학교 테크 서포터가 원격 도움을 제공한다.

둘째, 평가와 피드백에 효과적이다.

미네르바 스쿨의 포럼 프로그램은 평가와 피드백에 효과적으로 개발되었는데, 수업 중 다른 화면으로 넘어가는지 파악이 가능하고, 학생들의 발언량에 따라 배경의 색이 달라져 학생들이 수업에 얼마나 참여하고 있는지 확인이 가능하다. 말 그대로 딴짓을 하는 것이 불가능한 시스템을 갖추고 있다.

칸 아카데미는 강력한 평가 및 LMS 시스템을 갖추고 있다. LMS는 온라인으로 평가 결과, 진도, 출석 등을 관리해 주는 시스템을 의미하는데, 칸 아카데미는 학생들의 수학 학습 성취에 관한 자료를 다양하고 직관적으로 제공하고, 학습자의 수준에 맞춰서 보충 심화 자료를 자동으로 제공해 준다. 교사는 LMS를 통해 학생들이 수학 학습에서 어느 부분에 어려움을 겪고 있는지 구체적으로 확인하고 효과적인 피드백을 제공할 수 있으며, 칸 아카데미 자체에서도 학생의 학업 성취 수준에 따라 보정 자료를 자동으로 제공해 주기 때문에 평가와 피드백을 효과적으로 실행할 수 있다.

(디지털 인사이트 기사, 2021.02.26.)

결국 원격수업의 어려움은 평가와 피드백에 있었다. 하지만 평가와 피드백이 효과적으로 이루어진다면 원격수업에서도 얼마든지 잘 배우고 잘 가르칠 수 있다.

CHAPTER 6

평가와 피드백 바르게 이해하기

과정중심평가는 무엇인가

코로나19로 인한 원격수업은 교육격차 및 학력 저하 심화라는 커다란 돌덩이를 학교 현장에 남겨 두었다. 하지만 그와 동시에 평가와 피드백의 중요성을 깨닫게 해 주었고, 코로나19 이전에도 심화되고 있던 교육격차 및 학력 저하 문제를 해결할 수 있는 열쇠도 결국은 평가와 피드백에 있다는 것을 알게 해 주었다.

평가는 교육활동에 꼭 필요한 중요한 구성 요소이다. 평가를 통해 학생이 학습한 결과를 확인할 수 있고, 학생의 배움과 성장을 돕거나 교육의 질을 개선하는 데 활용할 수 있다. 과거의 평가 패러다임은 선발적 평가관에 따라 학습 결과에 대한 평가를 통해 학생들의 등급 또는 성적을 제공하거나, 성적에 따라 줄 세우는 것이 주된 목적이었다. 성적에 따른 서열화는 학생들의 진학과 진로에 절대적 영향을 미치기에 평가의 신뢰성과 공정성에 관심을 가졌고, 평가는 엄격한 감독 아래에서 치러졌다.

평가는 수업과 분리된 채 교육과정 또는 수업이 종료되는 시점에 실시되었고, 학생들이 교과서에 제시된 지식을 얼마나 정확하게 알고 있는지, 어려운 문제를 빠르게 잘 풀 수 있는지 확인하는 선택형 문항(선다형, 진위형, 연결형)과 서답형 문항 중 단답형, 서술형 문항 위주의 평가가 중심이 되었다. 흔히 객관식·주관식 평가, 서술형 평가로 불리는 이러한 평가는 학생이 학습한 내용을 얼마나 기억하고 이해하고 있는지 확인할 수 있다. 하지만 학생이 학습한 내용을 적용, 분석, 종합, 평가할 수 있는 고차원적 사고 능력 및 역량을 확인하거나 이끌어내기 어렵다. 수업의 목적은 학생의 전인적 성장과 미래사회에 필요한 역량을 함양하는 것이 아닌 시험 성적을 올리는 것에 초점이 맞춰져 있었고, 평가에 대비하기 위해 수업은 주로 교사 주도의 지식 전달 위주로 운영되어 평가를 대비한 문제 풀이식 수업으로 파행 운영되는 경우도 많았다. 이러한 수업에서 학생들은 수동적으로 교사가 전달하는 지식을 이해하고 암기하거나 문제 풀이 역량을 키우는 데 집중했다. 평가는 수업과 분리된 채 교육과정 또는 수업이 종료되는 시점에 성적 산출을 위한 평가만 주로 실시되었고, 평가 이후에 학생에게 제공되는 피드백은 점수 또는 석차가 전부였다. 오답에 대한 설명이 피드백으로 제공되기도 했지만 피드백의 내용이 교육목표와 관련된 정보를 제공하는 것이 아닌 오답에 대한 정답을 알려 주거나, 해결하지 못한 문항에 대한 풀이를 제공하는 것이었기 때문에 학습목표 도달을 위한 의미 있는 피드백이 되지 못했다.

피드백의 내용도 문제였지만 피드백이 제공되는 시기도 수업이 종료된 시점과의 간격이 길어 효과는 적었다. 무엇보다 교육과정 및 수업이 종료되었다고 생각하고 점수와 등급을 확인한 학생들에게 오답과 관련된 피드백을 제공하는 것은 무의미한 일이었다. 시험 점수와 등급이 높은 학생들은 성취감, 안도감, 우월감, 높은 성적을 계속 유지해야 하는 부담감을 느꼈고, 시험 점수와 등급이 낮은 학생들은 불안감과 패배감을 느꼈다. 경쟁을 부추기는 평가로 인해 친구들을 시험이라는 전쟁에서 싸워 이겨야 하는 존재로 여기기도 했다. 1~2회의 평가 결과로 학생들을 선별하고 줄 세우는 평가는 학생, 학부모, 교사 모두에게 큰 스트레스가 되었고, 입시 경쟁 위주의 교육을 부채질하며 사회적으로도 큰 비용과 부작용을 발생시켰다.

평가가 학생의 배움과 성장 및 교사의 교수·학습 개선을 돕는 데 활용되어야 한다는 요구가 커지며 발달적 평가관을 기반으로 한 '과정중심평가'가 도입되었다. 과정중심평가는 '학습 결과에 대한 평가'에서 '학습으로서의 평가'와 '학습을 위한 평가'를 강조하며 새로운 평가의 패러다임으로 자리 잡았다. 2015 개정 교육과정 총론에서도 교육과정 구성의 중점 사항으로 "학습의 과정을 중시하는 평가를 강화하여 학생이 자신의 학습을 성찰하도록 하고, 평가 결과를 활용하여 교수·학습의 질을 개선한다."고 명시하며 학생의 발달과 성장을 지원하는 역할로서의 평가를 강조하고 있다. 교육부와 한국교육과정평가원[32]에서는 과정중심평가의 의미를 "교육과정 성취기준에 기반한 평가 계획에 따라 교수·학습 과정에서 학생의 변화와 성장에 대한 자료를 다각적으로 수집하여 적절한 피드백을 제공하는 평가이다."라고 정의하고 있다. 과정중심평가의 특징은 다음과 같다.

- 성취기준에 기반을 둔 평가
- 수업 중에 이루어지는 평가
- 수행 과정의 평가
- 지식·기능·태도를 아우르는 종합적인 평가
- 다양한 평가 방법의 활용
- 학습자의 발달을 위한 평가 결과의 활용

과정중심평가는 평가의 여러 목적 중 학생의 배움과 성장을 지원하는 것에 초점을 맞추고 있다. 수업이 끝난 이후에 실시되는 총괄평가뿐만 아니라 수업 전에 학생들의 사전 지식·기능·태도를 점검하고 학생에게 적합한 교육과정 및 수업을 제공하기 위한 목적으로 실행되는 진단평가, 수업 과정 중에 학생에게 피드백을 제공하고 교육과정과 수업을 개선하는 목적으로서의 형성평가에도 관심을 가진다. 성취기준을 중심으로 수업 및 평가 계획을 수립하고, 수업의 전 과정에 학생의 배움과 성장을 지원하기 위한 목적으로 평가와 피드백을 실시하기 때문에 교육과정, 수업, 평가의 유기적 연결이 가능하다. 평가를 통해 성취기준을 토대로 학생들이 얼마나 배웠는지, 얼마나 더 배워야 하는지 확인하고, 이를 토대로 학습을 개선하는 데 필요한 정보를 제공하는 것이 중요하기 때문에 평가의 신뢰도와 공정성보다는 평가의 타당도와 적합성에 관심을 가진다.

평가 결과를 토대로 효과적으로 피드백을 제공하기 위해 교사 평가뿐만 아니라 동료평가, 자기평가도 강조하여 평가의 주체가 다양하다. 학생들이 학습한 지식 · 기능 · 태도를 삶의 맥락 또는 다른 학습의 맥락에서 얼마나 적용 및 활용할 수 있는지 관심을 가지기 때문에 역량 중심 교육과정에 더 적합한 평가 패러다임이다. 단순히 지식을 습득하고 이해하는 것을 넘어 지식 · 기능 · 태도를 적용 및 활용하는 과정을 평가하는 것을 추구하기 때문에 다양한 평가 방법을 활용하고, 학생의 수행 과정과 결과물을 평가하는 수행평가가 과정중심평가를 실행하는 데 가장 적합한 평가로 여겨지고 있다.

과정중심평가는 어떠한 절차를 통해 운영되어야 할까? 「과정중심평가 내실화를 위한 교사의 평가 전문성 신장 방안 연구」[33]에 제시된

'과정중심평가의 전반적인 운영을 위한 교사 자기 체크리스트'를 살펴보면 과정중심평가를 실행하는 데 있어서 어떤 절차와 요인이 필요한지 확인할 수 있다.

과정중심평가의 전반적인 운영을 위한 교사 자기 체크리스트

측면	운영 요인
과정중심평가 계획 수립	1. 성취기준의 의미를 이해하였는가? 2. 성취기준 분석을 통해 학교와 학생의 특성에 맞도록 교육과정을 재구성하였는가? 3. 성취기준—교수 · 학습—평가를 연계한 평가 계획을 수립하였는가? 4. 과정중심평가 계획 수립 시기 및 절차는 적절한가? 5. 과정중심평가를 위한 평가 방법은 적절하게 선정하였는가?
과정중심평가 도구 개발	6. 과정중심평가 내용 선정 및 구성은 적절한가? 7. 과정중심평가 과제의 설계 및 도구 개발은 적절하게 이루어졌는가? 8. 과정중심평가가 가능한 채점 기준 및 기록 방법을 개발하였는가? 9. 개발한 과정중심평가 도구의 적절성을 점검하고 보완하였는가?
과정중심평가 시행	10. 수업 전 교육과정, 학습자 분석을 통하여 과정중심평가를 준비하고 안내하였는가? 11. 과정중심평가의 취지에 부합한 평가 활동을 하였는가? 12. 학생의 학습에 대한 평가 과정과 결과를 기록하였는가? 13. 평가 과정에 학생이 참여하도록 하였는가? 14. 과정중심평가 시행을 위한 환경을 점검하였는가?
과정중심평가 활용	15. 과정중심평가 결과를 활용하기 위한 전략을 수립하였는가? 16. 평가 결과를 바탕으로 학생에게 적절한 피드백을 제공하였는가? 17. 과정중심평가 결과를 교수 · 학습 방법 개선을 위한 자료로 활용하였는가? 18. 과정중심평가 결과를 적절하게 제공하였는가?

(박지현, 진경애, 김수진, 이상아, 2018: 148-149)

어렵고 부담되는 과정중심평가?

과정중심평가가 현장에 도입된 지 많은 시간이 흘렀다. 하지만 여전히 현장에서는 과정중심평가의 개념과 실행 방법에 대한 논란이 이어지고 있다. 과정중심평가의 대표적인 실행 방법으로 여겨지는 형성평가와 수행평가는 과정중심평가가 추구하는 목적과 방법이 많은 부분 일치한다. 이로 인해 개인적으로 과정중심평가를 실행하는 것과 관련하여 많은 오해를 가지고 있었다. 형성평가와 수행평가의 실행을 과정중심평가와 동일시하기도 하면서 총괄평가와 지필평가는 지양해야 하는 평가로 여기기도 했다. 과정중심평가의 개념과 실행 방법이 명확하지 않아 교사들은 각자의 이해에 따라 과정중심평가를 실행하며 어려움을 호소하고 있다.

과정중심평가에 대한 혼란이 계속해서 이어지고 있는 상황에서 과정중심평가의 정책이 교사별로 과정중심평가를 실시하는 '교사별 과정중심평가'로 확대되고 있다. 수업은 교사별로 진행되면서 평가는 학년 전체로 실시되는 경우가 많았던 것이 과거 현장의 모습이었다. 각 학급의 학생들에게 적합하고 교사의 철학이 담긴 수업에서 학생들의 배움을 확인하고 촉진하는 평가의 역할을 다하기 위해서는 평가도 교사 수준에서 개발하고 실행해야 한다. 「교사별 과정중심평가에 대한 교사의 인식의 연구」[34]에 따르면 초·중학교 교사들이 인식한 교사별 과정중심평가 도입의 긍정적인 측면으로 수업-평가의 연계 강화, 개별 학생의 수준에 맞는 평가 시행의 용이성, 학생의 배움과 성장을 촉진하는 평가라는 점 등이 제시되었다. 하지만 교사별 과정중심평가를 도입하기에 어려운 점 및 부정적으로 인식하는 원인은 시간적·물리적인 교육환경(업무 과다, 시간 부족, 학생 수 과다), 평가의 공정성·객관성 확보 부재, 사회적 문제(평가에 대한 불신, 학부모와 학생의 혼란과 논란, 민원 증가)로 나타났다. 과정중심평가 실시와 관련해 교사들이 어려움을 느끼는 것은 평가 업무 과중 및 시간 부족, 평가의 공정성·객관성 확보에 있다는 것을 확인할 수 있다.

교사에게 평가 업무 과중 및 시간 부족을 초래하는 것은 평가 계획 및 도구 개발, 평가 실행 과정 중 평가 결과 기록 및 통지이다. 과정중심평가는 단순히 평가 계획만 수립하는 것이 아닌 성취기준에 학생들이 도달할 수 있도록 관련 수업 및 평가를 연계하여 계획하고 실행해야 한다. 다시 말해 각 성취기준에 따른 교육과정-수업-평가 운영 계획이 수립되어야 한다. 여기에 더해 양질의 평가 도구 개발이 요구되고 있는데 평가의 공정성, 타당성, 신뢰성, 객관성을 갖추고 성취기준 도달에 도움을 주고 확인할 수 있는 평가 과제와 평가 기준표를 개발하는 것은 기존의 객관식, 단답형 위주의 지필평가를 개발하는 것보다 훨씬 더 많은 전문성과 시간을 요구한다.

평가 횟수가 많아지며 평가 결과를 기록하고 통지하는 것과 관련된 업무도 늘어났다. 교사가 1년 동안 가르치는 성취기준의 개수를 생각하면 모든 성취기준과 관련된 평가 계획을 수립하고 각각의 성취기준과 관련된 평가 도구를 개발하고 실행하여 평가 결과를 기록하고 통지하는 것은 수업 외에도 많은 업무를 수행하고 있는 교사에게 평가 업무의 과중으로 인식될 가능성이 크다.

완벽한 계획이 완벽한 실행을 담보하지 못하며, 수업이 교사가 계획한 것과는 다른 흐름으로 진행되는 경우가 허다하다. 아무리 많은 계획을 세워도 수업 시간에 일어날 일을 모두 예측할 수 없다. 또한 수업에서 실행되는 평가는 지필평가, 수행평가 같은 구조화된 평가만 존재하는 것이 아니라 수업이 진행되는 동안 교사의 관찰, 질문과 응답, 수업 분위기를 통해서 확인하게 되는 비구조적 평가도 학생의 배움과 성장 및 교사의 수업을 개선하는 데 큰 영향을 미친다. 계획, 도구 개발, 기록 및 통지에 매몰되면 평가를 수업의 과정 중에 자연스럽게 실행하고 피드백을 제공하여 학생들의 배움과 성장을 지원하기 위한 과정중심평가의 가장 중요한 본질을 놓쳐 수업과 배움의 질을 떨어트릴 수 있다.

2019년 인기리에 종영한 드라마 〈SKY 캐슬〉은 학생부종합전형의 공정성 논란을 키웠고, 서울의 ○○여고 내신 조작 의혹과 맞물려 사회의 공감대를 이끌어 냈다. 학생부종합전형에 대한 불신은 대학 입시의 정시전형 비율의 확대로 귀결되었다. 학생과 학부모의 평가에 대한 불신이 커지면서 일선의 현장 교사들에게는 평가의 공정성과 신뢰성을 갖춘 평가 도구를 개발하고 채점하는 것에 대한 부담감이 더 커졌다. 학생들의 대학 합격 당락을 결정짓는 평가에서의 공정성과 객관성은 분명 담보되어야 할 것이지만, 평가는 선발의 역할만 하는 것이 아니고 학생들의 배움과 성장을 촉진하는 역할도 한다. 발달적 평가관에 기반한 과정중심평가는 평가 결과를 활용해 학생들의 배움과 성장을 촉진하는 것을 추구한다. 하지만 여전히 현장에서는 평가 방법만 수행평가로 바뀌었을 뿐 평가를 활용하는 모습은 학생들의 성적과 등급을 측정하고 기록하는 목적으로 활용되는 경우가 많다. 과정중심평가는 평가 방법의 전환이 아닌 평가 패러다임의 전환이다. 학생들을 줄 세우고 선발하기 위한 목적의 평가가 아니라면 평가의 공정성과 신뢰성보다 타당성과 적합성에 초점을 맞춰야 한다.

과정중심평가가 추구하는 목적을 달성하기 위해서는 과정중심평가의 개념과 실행 방법을 명확하게 이해할 필요가 있으며, 평가 계획 수립과 도구 개발에 대한 부담감을 내려놓고 다양한 평가를 통해 학생들의 배움과 성장을 확인하고, 이를 토대로 피드백을 제공하고 수업을 개선하는 것에 초점을 맞춰야 한다.

피드백은 왜 중요한가

평가 패러다임은 학습 결과에 대한 평가에서 학습으로서의 평가, 학습을 위한 평가로 변화했다. 평가 패러다임의 변화를 간단하게 정리하면 다음과 같다.

평가 패러다임의 변화

학습 결과에 대한 평가 (assessment of learning)	학습으로서의 평가 (assessment as learning) 학습을 위한 평가 (assessment for learning)
규준참조평가(상대평가)	준거참조평가(절대평가), 성장참조평가, 능력참조평가
학생의 선발, 분류, 배치 한 줄 세우기	학생의 배움과 성장 지원 여러 줄 세우기
교수 · 학습의 질 평가	교수 · 학습 개선
평가의 신뢰도에 관심	평가의 타당도에 관심
총괄평가	진단평가, 형성평가, 총괄평가
교사 평가	교사 평가, 자기평가, 동료평가
지필평가	지필평가, 수행평가
구조적 평가	구조적 평가, 비구조적 평가
교육과정–수업–평가의 불일치: 수업이 끝나고 별도의 평가 실시	교육과정–수업–평가의 일체화: 교육과정 성취기준에 기반한 수업 및 평가 계획에 따라 교수 · 학습의 전 과정에 평가 및 피드백 실시
결과중심평가	과정중심평가

과정중심평가는 평가가 지닌 다양한 목적과 기능 중 학생들의 배움과 성장을 지원하고, 더 나아가 교사의 수업을 개선하는 데 초점을 맞추고 있다. 평가 자체만으로도 학생에게 동기를 부여하고, 학생이 학습한 것을 인출하고 새로운 상황에 적용해 보도록 하면서 배움을 자기 것으로 만드는 역할을 할 수 있다. 교사는 평가 과정과 결과를 통해 학생이 어떤 부분에서 어려움을 겪고 있으며 학습목표와 비교하여 학

생이 얼마나 배웠는지 확인할 수 있고, 학생도 평가를 통해 내가 무엇을 얼마나 학습했는지 성찰할 수 있는 기회를 제공한다. 평가 자체만으로도 학습 효과가 있고, 평가 과정과 결과를 통해 교사와 학생 모두 배움에 있어서 유의미한 정보를 얻을 수 있다.

하지만 평가 자체만으로는 학생의 배움과 성장을 돕거나 교사의 수업을 개선하는 데 한계가 있고, 평가를 어떻게 활용하는가에 따라 평가의 목적과 기능이 결정된다. 수행평가를 실시해도 평가를 학생들의 성적과 등급을 판정하거나 학생을 선발하는 데 활용했다면 선발적 평가관에 의한 평가를 실시한 것이다. 반대로 지필평가를 실시해도 평가를 토대로 학생들의 학습 수준을 파악하고 원하는 교육목표에 도달할 수 있도록 적절한 피드백을 제공하거나, 교사의 수업 개선 및 다음 수업의 방향성을 결정하는 데 활용했다면 발달적 평가관에 따른 과정중심평가를 실시한 것이다. 과정중심평가를 결정짓는 여부는 평가를 어떤 목적으로 활용하는가에 달려 있고, 과정중심평가의 본질적인 목적을 성공적으로 달성하기 위한 핵심 요소는 피드백이다.

최근 연구되고 있는 인지진단모형Cognitive Diagnostic Model: CDM은 인지진단이론에 의거해, 마치 의사가 환자의 상태를 진단하여 그 결과를 처방에 활용하듯이 학생의 학력을 다양한 지식, 기술, 능력의 관점에서 진단함으로써 그 결과를 학습이나 교수 활동에 활용할 수 있도록 한다.[35] 인지진단모형이 진단평가 결과를 토대로 학생 맞춤형 학습 계획을 수립하는 것에 국한되어 수업의 전 과정 중에 이루어지는 평가와 피드백의 과정을 모두 설명하지는 못하지만, 과정중심평가에서 추구하는 평가와 피드백의 역할에 대한 직관적 이해를 돕는다. 과정중심평가는 의사가 병을 진단하고 치료하는 것에 빗대어 설명할 때 쉽게 이해할 수 있다. 의사는 다양한 진찰과 검사를 통해 환자의 병을 정확하게 진단하고 적절한 치료 방법으로 환자가 건강을 회복할 수 있도록 한다. 의사가 병을 진단하는 것은 다양한 평가 방법을 통해 학생들의 배움과 성장을 확인하는 평가의 역할과 같고, 진단 과정과 결과를 토대로 적절한 치료 방법을 강구하는 것은 평가 과정과 결과를 토대로 적절한 피드백을 제공하는 것과 같다. 이 비유를 토대로 과거 실시되었던 평가와 현재 현장에서 잘못 실행되고 있는 평가의 문제점도 확인할 수 있다.

과거 일제식 정기 고사는 평가 시기가 학생들의 학습이 종료된 이후에 실시되고, 평가 도구가 객관식 또는 단답형 위주의 평가로 실행되면서 학생들이 수업을 통해 무엇을 학습했고, 어떤 부분에서 어려움을 겪고 있는지 확인하는 것이 어려웠다. 의사는 다양한 진찰과 검사를 통해 환자의 병을 정확하게 진단하기 위해 노력하고, 환자의 병이 완치될 때까지 환자의 건강 상태를 꾸준히 확인하면서 적절한 치료를 제공한다. 이처럼 학생들이 수업을 통해 도달하고자 하는 학습목표와 비교하여 얼마나 배웠고, 무엇을 더 배워야 하는지 확인하기 위해서는 수업의 전 과정에서 다양한 평가가 실시되어야 한다.

과거의 평가뿐만 아니라 과정중심평가로의 패러다임의 전환 이후에도 잘못 실행되고 있는 평가의 모습은 평가 결과가 학생의 배움과 성장에 도움이 되는 피드백을 제공하거나 교사의 수업을 개선하는 데 활용되지 않고 학생들에게 점수, 등급을 제공하는 데 활용되고 있다는 점이다. 평가 이후에 제공되는 점수나 등급은 피드백이 아니다. 학생들의 배움을 촉진하고 학습목표 도달에 도움을 주기 위해서는 학생들이 어떤 목표를 향해 가고 있고, 현재 어느 수준에 머물고 있는지, 무엇을 잘하고 무엇을 더 배워야 하는지에 대한 정보를 제공해야 한다. 피드백은 교사의 구두나 서면으로 전달할 수도 있고, 동료 피드백을 통해 제공할 수도 있다.

2020년 코로나19로 인해 원격수업이 실행되면서 교육부에서 발표한 「코로나19 대응을 위한 원격수업 출결·평가·기록 가이드라인」은 원격수업에서 학습한 내용을 근거로 등교 이후 지필평가를 통해 성취도 등을 확인하도록 하고, 수행 주체가 관찰 및 확인이 불가능한 경우 평가와 학생부 기재가 불가능하다고 안내했다. 교육부에서 안내한 가이드라인에 따라 현장에서는 원격수업에서 실시하지 못한 평가를 대면 수업에 몰아서 실시하는 경우가 많았다. 하지만 평가 결과를 토대로 학생의 성취도를 학생부에 기재하는 것에만 초점을 맞추다 보니 제대로 배우지 못한 학생들에게 평가 결과에 따른 도움이 되는 피드백을 제공하지 못하고 학습 결손이 누적되는 경우가 많았다. 이 상황은 마치 원격진료로 정확한 병의 진단이 어려웠던 환자가 힘들게 병원에 와서 그동안 하지 못했던 검사를 몰아서 실시해서 병을 진단했는데,

정작 필요한 치료는 받지 못하고 다시 돌아가게 된 상황과 같다.

교육부의 가이드라인에서 언급한 평가는 학생부에 기록하기 위한 목적으로 실행되는 평가였다. 선발적 평가관의 관점에서 본다면 평가의 공정성과 신뢰성을 갖추기 위해 수행 주체를 확인했을 때 평가와 학생부 기재가 가능하다고 한 교육부의 가이드라인은 합리적이다. 하지만 이 가이드라인은 학습 결과에 대한 평가에만 초점이 맞춰져 있었고, 학습으로서의 평가, 학습을 위한 평가라는 관점은 배제되어 있었다. 대면 수업뿐만 아니라 특히 원격수업에서는 수업의 질을 높이기 위해 수업의 과정 중에 학생의 학습 수준을 파악하고 적절한 피드백을 제공하는 것이 필수적이다. 물론 학생들의 수행을 교사가 직접 관찰하고 확인해야 적절한 피드백을 전달할 수 있다. 하지만 원격수업 초기 코로나19로 교사와 학생이 모두 혼란스럽고, 여러 가지 이유로 실시간 쌍방향 수업이 아닌 콘텐츠 중심 수업과 과제 중심 수업이 주를 이루었던 상황에서 교육부의 가이드라인은 학습 결과에 대한 평가에만 초점을 맞추게 했고, 학습 결과에 대한 평가뿐만 아니라 학습을 위한 평가, 학습으로서의 평가까지도 불가능한 것처럼 해석할 여지를 만들어 원격수업의 질을 낮추고, 결과적으로 학생들의 학습 결손을 심화시키는 원인이 되었다고 생각한다.

피드백의 목적, 역할, 효과

과정중심평가의 핵심은 교수·학습 과정 중의 다양한 평가를 통해 학생들의 배움을 확인하고 피드백을 제공하는 것이다. 교육과정-수업-평가 일체화에서 더 나아가 교육과정-수업-평가-피드백 일체화를 만들어야 한다. 하지만 성취기준에 근거한 평가 계획을 수립하고, 교수·학습 과정에서 학생의 배움과 성장에 대한 자료를 수집하기 위한 평가 도구를 개발하며, 평가 결과를 학생부에 기록하는 것에 초점을 맞추면 과정중심평가의 어려움과 평가 업무 과중으로 인한 부담감을 느끼고 정말 중요한 피드백까지는 연결되지 못하는 경우가 많다. 피드백을 제공하기 위해서는 학생들이 학습목표와 비교하여 얼마나 학습했는지 평가를 통해 확인해야 한다. 하지만 교사가 평가를 통해 정보를 수집하는 것이 어렵고 부담스러운 일이 되어 버린다면 피드백에 필요한 정보를 얻고 피드백을 제공하는 것이 어렵게 된다. 지필평가 대신 수행평가가 강조되고 평가의 횟수가 많아졌지만 여전히 수업과 분리된 평가, 성적 및 등급을 기록하는 도구로만 활용되는 평가가 실행되고 있다. 학생의 배움과 성장을 지원하는 평가의 목적과 기능을 추구하기 위해서는 피드백의 역할이 중요하다.

피드백의 목적은 학생의 현재 학습 수준과 도달하고자 하는 학습목표 사이의 불일치를 줄이기 위한 것으로 학생의 배움에 가장 중요한 영향을 준다.[36] 현행 교육과정을 토대로 다시 서술해 본다면 결국 피드백의 목적은 학생들의 현재 성취기준 도달 수준과 학생들이 도달해야 할 성취기준의 차이를 줄이기 위한 것이다. 피드백은 학생의 배움과 성장을 지원하기 위한 교육활동으로, 평가와 연계하여 교수·학습 과정 중에 실행되어야 한다. 피드백의 역할은 교수·학습 과정과 결과에서 구조적·비구조적 평가 활동을 통해 학생의 다양한 학습에 대한 증거를 수집하고 분석 및 해석한 후, 교사와 학생에게 학습의 개선과 향상을 위한 정보를 제공하는 것이다.[37] 교사는 교수·학습 과정 중에 다양한 평가를 통해 학생들이 현재 얼마나 이해하고 수행할 수 있는지 확인하고, 교사와 학생, 학생과 학생 간의 다양한 상호작용을 통해 학습목표와 현재 학습 수준의 차이를 줄이기 위한 정보를 제공한다. 또한 학생들의 현재 학습 수준을 토대로 다음 단계의 수업을 어느 방향(재교육 또는 다음 단계의 교육)으로 이어 나갈지 결정하고 교사의 수업을 개선하는 데 활용한다.

학생은 평가를 통해 현재 내가 얼마나 이해하고 수행할 수 있는지 확인하고, 학습목표 도달을 위해 무엇을 어떻게 해야 하는지에 대한 정보를 얻고 학습을 조절해 갈 수 있다. 피드백의 궁극적 목적은 학생이 단순히 교사가 제공하는 피드백 정보를 통해 수동적으로 학습을 개선해 가는 것을 넘어 피드백 정보를 활용하여 자신의 배움과 성장을 위해 학습 수준을 모니터링하고 조절해 가는 자기 주도적 학습자로 성장시키는 것이다.

평가에서의 피드백의 중요성은 많은 학자가 강조하고 있다. 새들러 D. Royce Sadler는 피드백이 수반되지 않는 형성평가는 의미 없는 과정이 될 수 있다고 하였으며, 브라운 Sally Brown은 피드백이 교수 · 학습과 평가라는 톱니바퀴가 유연하게 맞물려 돌아가는 데 반드시 필요한 윤활유라고 하였다.[38] 였다. 폴록 Jane E. Pollock은 학생의 학력 신장을 위해 학교 효과보다 교사 효과의 영향력이 더 크다고 하였고, 교사 효과를 높이는 강력한 요인 중 하나로 교사의 피드백 기술을 뽑았다.

학습에 있어서 피드백이 갖는 힘은 몇 가지 사례를 통해서도 이해할 수 있다. 우리가 '1만 시간의 법칙'으로 알고 있는 10년의 법칙은 어떤 분야에서 전문성을 획득하기 위해서는 최소한 10년 이상의 부단한 노력과 집중력이 필요하다는 이론이다. 많은 사람들이 10년의 법칙에 대해 오해를 가지고 있는 것이 10년의 법칙을 그저 시간만 쌓아가는 단순 반복으로 오해하지만 10년 법칙의 창시자인 에릭슨 K. Anders Ericsson 교수가 말하는 연습은 다음 3가지 조건이 갖춰져야 한다.[39]

1. 특정 학습목표를 위해 정교하게 설계
2. 가르치는 선생님이 존재
3. 자기 수행에 대한 즉각적이고 피드백이 존재하는 계획된 훈련

축구 선수의 꿈을 꾸는 비슷한 재능을 지닌 2명의 학생이 있다. 한 학생은 10년 동안 나 홀로 운동장에서 축구 연습을 했고, 또 다른 학

생은 10년 동안 전문적인 코치의 훈련 프로그램을 통해 개별적인 지도를 받았다. 10년 뒤 두 학생의 모습은 많이 달라져 있을 것이다. 운동이나 악기 연주에 대한 전문성을 기르기 위해 전문 강사의 개별적인 지도를 받는 것이 혼자 연습할 때보다 큰 효과를 발휘하는 것은 강사가 수강생의 수행에 대한 즉각적인 평가와 피드백을 제공하기 때문이다. 피드백이 없는 노력이 무가치하다는 것으로 오해하면 안 된다. 아무리 훌륭한 피드백이 주어지더라도 노력하지 않는다면 성장할 수 없을 것이다. 배움과 성장을 위해 정성을 다해 노력하는 것의 가치는 분명히 위대하다. 노력 없이 이룰 수 있는 것은 없다. 하지만 전문성을 갖추기 위한 노력에 피드백이 더해진다면 배움과 성장에 더 큰 힘을 발휘할 수 있을 것이다.

2020년 전 세계적인 팬데믹 속에서 폭발적인 성장과 함께 OTT 시장의 리더로 자리매김한 넷플릭스는 피드백 원칙을 따로 두고 있을 정도로 피드백을 중요하게 생각한다. 그 이유는 인재들이 사심 없는 피드백을 주고받으면 회사의 업무 속도, 능률이 기하급수적으로 증가하기 때문이라고 한다.[40] 기업이 인재 간의 솔직한 피드백을 주고받을 수 있는 문화를 도입하기 위해 노력하고, 제품이나 서비스를 개선하기 위해 고객의 피드백을 중요시하는 것에서도 피드백이 가지는 힘이 얼마나 큰지 알 수 있다.

과정중심평가에 대한 오해 바로잡기

피드백의 중요성을 인식하면 과정중심평가에 대한 오해를 바로잡을 수 있다. 우선 개인적으로 과정중심평가에 대해 가져 왔던 여러 오해 중 2가지만 살펴보고자 한다.

첫째, 과정중심평가를 형성평가와 동일시하고 총괄평가는 잘못된 평가로 여기는 것이다.

평가가 실행되는 시기에 따라 진단평가, 형성평가, 총괄평가로 구분할 수 있다. 진단평가는 교수·학습을 시작하기 전에 학생의 사전 학업성취 수준, 흥미, 특성 등을 파악하기 위해 실행되는 평가이다. 형성평가는 교수·학습이 진행되는 과정 중에 학생의 이해와 수행의 수준을 확인하며 피드백을 제공하고 교수·학습 방법을 개선하기 위한 평가이다. 총괄평가는 학습이 종료되고 학습목표 도달 여부를 종합적으로 판정하는 목적으로 실행되는 평가이다. 형성평가는 교수·학습 과정에 학습을 극대화하는 평가로 새롭게 재정의되고 확장되고 있다.[41]

형성평가는 학습을 극대화하기 위해 교수·학습 장면에서 학생의 자료를 다각적으로 수집함으로써, 교사는 이에 근거하여 피드백하는 일련의 계획된 과정인 동시에 학생은 스스로 성찰할 수 있는 기회를 갖게 되는 교수-학습-평가의 통합된 활동이다. 형성평가에서 제공되는 피드백을 통해 교사는 의도한 목표를 달성할 수 있도록 교수 전략을 조정하며, 학생은 자신의 성취를 향상할 수 있도록 학습 방법을 수정한다.

재정의된 형성평가의 개념을 살펴보면 과정중심평가가 형성평가보다 큰 범위의 개념이지만, 학생의 배움과 성장을 다각적으로 수집하고 피드백을 제공하는 것을 강조한다는 점에서 거의 비슷한 개념이라는 것을 확인할 수 있다.

진단평가, 형성평가, 총괄평가는 평가 시기에 따른 구분이고, 모두 교수·학습 과정에서 이루어지는 평가이다. 각 과정에서 발달적 평가관을 토대로 피드백을 제공한다면 모두 과정중심평가의 패러다임에 부합한 평가이다. 진단평가를 통해 학생의 사전 학습 수준이 본 교육을 시작하기에 어려운 상황인지, 학원 및 가정에서 이미 학습했는지 확인할 수 있다. 또 학생의 특성과 요구를 확인하여 학생에게 적합한 교수·학습을 설계하는 데 필요한 정보를 얻을 수 있다. 10의 가르기와 모으기를 이해하지 못한 학생이 받아올림과 받아내림이 있는 덧셈과 뺄셈을 이해하고 수행할 수 없다. 반면에 받아올림과 받아내림이 있는 덧셈과 뺄셈을 완전히 이해하고 계산할 수 있다면 실생활 관련 과제를 해결하는 등의 더 높은 수준의 수업을 해야 한다. 총괄평가 이후에도 평가 결과를 토대로 학생들이 어려움을 자주 느끼는 부분을 보충지도하거나, 학생의 현재 학습 수준을 안내하고 향후 학생이 자기 주도적으로 학습을 이어 가는 데 필요한 정보를 제공할 수 있다.

둘째, 과정중심평가를 수행평가와 동일시하고 지필평가를 잘못된 평가로 인식하는 것이다.

교육부 훈령에서는 학생평가를 지필평가와 수행평가로 구분하고 있다. 교육부 문서[42]에 따르면 지필평가는 중간 또는 기말고사와 같은 일제식 정기 고사를 의미하고, 선택형과 서답형으로 구분한다. 초등학교에서의 서답형 평가는 수행평가에 포함된다. 수행평가는 교과 담당 교사가 교과 수업 시간에 학습자의 학습과제 수행 과정 및 결과를 직접 관찰하고, 그 관찰 결과를 전문적으로 판단하는 평가 방법이다.

교사는 수업 시간 중에 이루어지는 수행평가를 통해 학생의 과제 수행 과정 및 결과를 관찰하여 학생이 학습한 지식·기능·태도를 삶의 맥락이나 다른 학습의 맥락에서 얼마나 잘 적용 및 활용하는지 다양한 자료를 통해 관찰하고 성취수준을 판단하여 피드백을 제공할 수 있다. 교사 평가뿐만 아니라 학생이 평가의 주체가 되는 자기평가와 동료평가를 통해 학생의 자발적인 성찰과 성장을 이끌어 낼 수 있고, 다양한 유형의 평가를 통해 학습한 내용에 대한 심층적 이해 능력과 삶의 맥락에서의 적용 및 활용 능력을 평가할 수 있다.

수행평가는 과정중심평가가 추구하는 평가 패러다임에 가장 적합한 평가 방법이지만, 그렇다고 모든 평가를 수행평가에서 제시하는 유형(구술·발표, 토의·토론, 프로젝트, 실험·실습, 포트폴리오 등)으로만 실행하는 것은 비합리적이고 불가능하다. 성취기준 도달 여부를 확인하기 위해서는 학생이 성취기준과 관련된 핵심적인 지식, 기능을 학습했는지 확인하기 위한 평가와 학습한 지식, 기능을 활용하여 문제나 과제를 해결하거나 새로운 상황에 적용할 수 있는지 확인하는 평가가 필요하다. 지식, 기능의 학습 여부는 선택형 문항이나 서답형 문항에 의한 평가를 통해서도 효과적으로 확인할 수 있고, 학습한 지식, 기능을 활용할 수 있는지의 복잡하고 고차원적인 수행 능력을 확인하기 위해서는 수행평가에서 제시하는 유형의 평가가 필요하다.

절대적으로 옳고 그른 평가 방법은 없다. 교사가 평가를 통해서 확인하고자 하는 것이 무엇인가에 따라 적합한 평가 방법을 선택하는 것이 바람직하다. 선택형 문항 및 서답형 문항으로 구성된 지필평가도 평가의 목적이 학생의 배움과 성장을 지원하기 위한 것이고, 평가 이후에 피드백을 제공하여 학생의 배움과 성장을 지원했다면 과정중심평가로 보는 것이 타당하다. 반대로 수행평가를 실행했어도 평가 이후에 피드백이 제공되지 않고 평가 결과를 학생부에 기록하기 위한 용도로 활용했다면 과정중심평가라고 볼 수 없다. 많은 시·도 교육청에서 초등학교 학업성적관리지침을 통해 일제식 지필평가 또는 정기 고사를 금지하고 있다. 그러다 보니 지필평가 유형으로 제시되는 선택형 문항(초등에서는 서답형 문항에 의한 평가를 수행평가에 포함되는 것으로 규정함)에 의한 평가도 금지되는 것으로 해석된다. 서울특별시교육청의 2021학년도 중학교 학업성적관리지침[43]에서 규정하고 있는 '지필평가'의 정의는 지필평가에 대한 오해를 해소할 수 있는 좋은 정의라고 생각된다.

'지필평가'는 '중간 또는 기말고사(1회, 2회고사 등)'와 같은 '일제식 정기 고사'를 의미하며, '문항정보표'의 구성에 따라 '선택형'과 '서답형'으로 구분한다. 단, 학교에서 형성평가 및 수행평가의 일환으로 실시하는 '선택형' 및 '서답형' 문항으로 구성된 평가는 지필평가에 해당하지 않는다.

이 정의에 따르면 지필평가는 문항의 유형이 아닌 '일제식 정기 고사'의 형식이라는 것으로 이해할 수 있다. 이와 같은 정의를 기반으로 하면 선택형 문항 및 서답형 문항에 의한 평가도 과정중심평가의 철학을 기반으로 실행할 수 있다. 지필평가와 수행평가의 구분을 다음과 같이 정리해서 이해하는 것이 교사가 학생의 배움과 성장을 지원하기 위한 목적으로 평가를 실행하는 데 도움이 될 것으로 생각된다.

지필평가와 수행평가의 구분

지필평가(일제식 정기 고사)		수행평가
선택형	서답형	
• 선다형 • 진위형 • 연결형	• 완성형(가로형) • 단답형 • 서술형/논술형 • 초등에서는 수행평가에 포함	• 수업 시간에 산출물 또는 수행의 과정을 평가 • 유형 : 구술 · 발표, 토의 · 토론, 프로젝트, 실험 · 실습, 포트폴리오 그 외(구두 질문, 관찰, 면담, 학습 일지 등) • 선택형 및 서답형 문항으로 구성된 평가도 형성평가 및 수행평가의 일환으로 실행할 수 있음.

중등에서 이루어지는 지필평가(일제식 정기 고사)도 발달적 평가관에 따른 준거 참조 평가를 실시하고 결과를 토대로 적절한 피드백을 제공한다면 과정중심평가가 될 수 있다. 과정중심평가의 핵심은 평가 유형 및 시기에 있는 것이 아니다. 교사가 학생의 배움과 성장을 확인하기 위해 적절한 시기와 도구를 활용해서 확인하고 평가 결과를 활용해서 피드백을 제공하는 것이 과정중심평가의 핵심이 되어야 한다.

비구조적 평가의 중요성

전술했던 것처럼 과정중심평가의 실행을 가로막는 요인은 평가 계획 수립, 공정하고 신뢰할 만한 평가 도구 개발, 평가 결과 기록으로 이어지는 평가 업무에 대한 부담감과 업무 과중 때문이었다. 그 기저에는 교사들이 여전히 평가를 학생들의 생활기록부에 성적 및 등급을 기록하는 도구로 활용하는 것에 초점을 맞추고 있기 때문이기도 했다. 학생의 배움과 성장을 이끌어 내기 위한 과정중심평가의 효과적인 실행을 위해서는 교수·학습 과정 중의 다양한 평가 결과를 토대로 다양한 상호작용을 통해 피드백을 제공하는 것에 초점을 맞춰야 한다.

하지만 피드백에 초점을 맞춘다고 하더라도 교사가 1년 동안 가르쳐야 할 성취기준의 개수를 생각하면 피드백을 제공하기 위한 목적으로 실행되어야 하는 평가의 횟수는 여전히 너무나 많다. 초등학교 중

학년에 해당하는 3-4학년군에서 가르쳐야 할 성취기준의 개수를 세어
보면 대략 240개 정도이다. 각 성취기준별로 평가를 1번씩만 실행하더
라도 1년에 120번 이상의 평가를 계획하고 실행해야 한다. 1년에 100
회가 넘는 평가 계획을 수립하고 평가 도구를 개발하여 평가를 실시하
는 것은 불가능한 일이다. 물론 대부분의 학교에서는 모든 성취기준과
연계한 평가를 실시하지 않고 각 과목별로 핵심 성취기준만 선정하여
평가 계획을 수립하여 실시하고 있다. 하지만 학생들의 배움과 성장을
지원하는 과정중심평가의 관점에서 본다면 모든 학생이 성취기준에
도달할 수 있도록 하기 위해서는 각 성취기준과 관련하여 학생의 학습
수준을 평가를 통해 확인하고, 이를 토대로 피드백을 제공해야 한다.

　모든 성취기준에 따른 평가 계획을 수립하고 평가를 실시하는 것에
대한 부담감을 줄이고, 학생의 배움과 성장을 지원하는 과정중심평가
를 실행하기 위해서는 평가와 피드백 중심의 교육과정-수업-평가 운
영 계획을 수립하고, 수업 중 학생의 학습 수준을 확인하여 피드백을
제공하기 위해 구조적 평가뿐만 아니라 비구조적 평가를 적극적으로
활용해야 한다. 교사의 업무 부담을 줄이면서 효율적이고 의미 있는
평가와 피드백 중심의 교육과정-수업-평가 운영 계획을 수립하는 것
은 뒤에서 자세하게 설명하고, 먼저 비구조적 평가의 의미와 중요성에
대해 서술하고자 한다.

　교수·학습 과정 중에 학생의 배움과 성장에 대한 정보를 수집하는
형성평가는 구조적 형성평가와 비구조적 형성평가로 나눌 수 있다. 형

성평가를 교수·학습 과정에서 학습을 극대화하는 평가라는 새롭게 재정의되고 확장된 평가의 개념으로 바라보고, 구조적 형성평가와 비구조적 형성평가를 구조적 평가와 비구조적 평가로 용어를 바꾸어 설명을 이어 나가고자 한다.

구조적 평가와 비구조적 평가의 구분

내용	구조적 평가	비구조적 평가
평가 방법	• 계획되고 공지된 평가 활동 • 시험, 보고서, 연습 문제, 실험, 실습, 글쓰기, 프로젝트, 토론 등 다양한 수업 방법과 연계하여 시행	• 수업이 진행되는 동안에 교사들이 관찰, 질의응답, 수업 분위기 등을 통하여 수집 • 행동 관찰(얼굴 표정, 눈빛, 몸짓 등), 언어적 상호작용(짝 대화, 소그룹 토의·토론 등), 질의응답, 교실 분위기 • 수업 중 관찰과 모니터링
피드백	• 평가 자료 채점 및 판단 이후 수행 • 수집 자료에 대한 피드백과 해석 이후 수업 교정	• 상호작용을 통해 즉시 수행 • 수집 자료 이해 후 즉시 수업 교정

(김성숙, 김희경, 서민희, 성태제, 2015: 80–81 재구성)

교사는 구조적 평가뿐만 아니라 비구조적 평가를 통해 학생들의 학습 수준을 확인하고 피드백을 제공한다. 수업을 진행하는 동안 교사는 학생들이 수업에 집중하고 있는지, 교사가 설명한 내용을 잘 이해하고 있는지, 교사가 안내한 방법에 따라 교육활동을 수행하고 있는지 학생들의 표정, 눈빛, 몸짓, 질의응답, 학생 간의 대화 또는 토론 내용, 교실 분위기 등을 통해 종합적으로 판단하면서 적절한 피드백을 제공한다. 또한 학생 간의 상호작용은 자연스러운 동료 피드백으로 이어지기도

한다. 학생들이 교사에게 전달하는 비언어적 요소는 교사에게 많은 정보를 전달한다. 교사가 일방적으로 설명과 안내를 하는 과정에서도 교사는 학생들과의 눈 맞춤과 학생들의 고개 끄덕임, 질의응답(예: 잘 이해하고 있나요? 더 설명이 필요한 것이 있나요? 등)을 통해 학생 개개인의 학습 수준을 파악하기 위해 노력한다. 학생들이 잘 이해하고 있다는 생각이 들면 더 자신감을 가지고 수업을 이끌어 가고, 학생들이 수업을 지루해 하고 어려워하는 것 같으면 수업의 방향을 전환해 보기도 하고, 설명을 쉽게 바꾸어 보기도 한다. 또한 학생들이 활동하고 있는 과정을 옆에서 관찰하면서 어려움을 느끼는 부분을 파악하여 적절한 도움을 즉각적으로 제공하고, 학생 간 짝 대화와 토의·토론을 하는 과정을 관찰하면서 격려하기도 하고 도움을 제공하기도 한다. 이 외에도 교사가 교수·학습 과정 중에 실시하는 비구조적 평가와 피드백은 무궁무진하다. 앞서 원격수업에서는 이러한 비구조적 평가와 피드백에 필요한 상호작용에 어려움이 있기 때문에 학생들이 배우기 어렵고 교사는 가르치기 힘들었다는 것을 서술하기도 했다.

구조적 평가는 전체 집단이나 좀 더 큰 학습자 집단을 대상으로 이들이 현재 어느 수준에 있는가에 대한 정보를 수집하는 데 활용할 수 있다. 반면 비구조적 평가는 학생 개개인의 학습 수준에 따른 요구를 파악하는 데 도움이 된다.[44] 구조적 평가는 학생의 학습 수준을 객관적으로 파악할 수 있는 자료를 제공해 줄 수 있지만 채점에 필요한 시간 소요로 인해 피드백의 골든타임을 놓칠 수 있다. 교수·학습 과정 중에 필요한 평가를 모두 구조적 평가로 실시하는 것은 불가능하고 교사와 학생 모두에게 큰 부담을 준다. 비구조적 평가는 교수·학습의 과정 중에 학생의 학습에 대한 이해도를 즉각적으로 확인하고 적절한 피드백을 시의적절하게 제공할 수 있다는 장점이 있다.

하지만 비구조적 평가를 통해 수집한 자료는 교사의 주관이 개입되고 신뢰도가 떨어지기 때문에 잘못된 결론으로 유도될 수 있다. 구조적 평가와 비구조적 평가 모두 장단점이 있기 때문에 2가지 평가 방법이 적절하게 활용되어야 한다. 그동안 교사가 구조적 평가에만 초점을 맞추면서 과정중심평가의 실행에 많은 어려움과 부담감을 느꼈다. 구조적 평가 뿐만 아니라 비구조적 평가를 적극적으로 활용하면 평가에 대한 어려움과 부담감을 줄이면서 과정중심평가의 패러다임에 더 적합한 평가를 효율적이고 효과적으로 수행할 수 있다.

피드백 전략과 내용에 따른 특징

피드백은 교수·학습의 맥락에서 다양한 주체가 다양한 전략과 내용을 고려하여 학생에게 전달된다. 피드백은 교수·학습목표, 교수·학습 방법, 학습자의 특성 및 학습 수준을 복합적으로 고려하여 피드백의 주체를 누구로 할 것인지, 피드백의 제공 대상을 어떻게 할 것인지 고민해야 한다. 또한 효과적인 피드백의 전략과 내용도 고민해야 한다. 교사가 다양한 교수·학습의 맥락에서 학생의 배움과 성장을 지원하는 피드백을 제공하기 위해서는 피드백의 주체, 전략, 내용, 제공 대상에 따른 특징을 이해하고 있어야 한다. 피드백 방법과 시기에 따른 전략과 피드백의 내용과 특징에 대해서 간단하게 정리했다.

피드백 전략과 내용

피드백 제공 주체	피드백 전략	피드백 내용						피드백 제공 대상
• 교사 • 학생(동료) • 학생(자기) • 컴퓨터(AI)	구두 서면 시연	즉각적 지연적	긍정적 부정적	평가적 조언적	확인적 정교화	규준 참조 준거 참조 목표 참조 자기 참조	과제 수준 과정 수준 자기 조절 자아 수준	• 개인 • 소그룹 • 전체

교수·학습의 맥락(전, 중, 후)에서 피드백 제공

피드백 전략[45]

방법	구두	• 수업에서 가장 많이 활용할 수 있음. • 피드백이 즉각적으로 제공될 수 있어서 효과적 • 방법: 개별, 모둠 또는 전체, 음성 메시지, 동영상 촬영
	서면	• 구두 피드백처럼 즉각적이지 않음. • 방법: 학생의 수행 과제에 피드백 기록하기, 채점기준표 활용하기, 메시지·SNS·LMS 활용하기
	시연	• 음악, 체육, 미술 시간에 활용하기 좋음. • 구체적인 방법을 글이나 말로 설명하기 어려워 예시를 제공하는 것이 효과적일 때 활용
시기	즉각적 피드백	• 평가가 이루어진 후 즉각적으로 이루어지는 피드백
	지연적 피드백	• 평가가 완료되고 1~2일 정도 후에 제공되는 피드백

상황	긍정적 피드백	• 학생의 수행이 적절하거나 옳은 상황에 제공되는 피드백
	부정적 피드백	• 학생의 수행이 부적절하거나 틀린 상황에 제공되는 피드백, 개인에 대한 비판은 절대 금지
기능	조언적 피드백	• 수행에 관한 정보를 제공하는 피드백 • 예시: "문제를 해결하기 위해 다양한 사람들의 인터뷰와 설문조사 결과를 잘 활용했구나.", "인터뷰에 활용한 질문이 생각을 확장시킬 수 있는 좋은 질문인 것 같아요."
	평가적 피드백	• 수행한 것에 관해 판단하는 피드백 • 예시: "잘했어.", "계산이 틀렸구나."
복잡성	확인적 피드백	• 학생의 수행에 대해 정답 여부를 알려 주는 피드백
	정교화 피드백	• 학습한 것의 핵심 내용을 제시해 주는 것, 학생의 답이 왜 옳은지 틀린지를 설명해 주고 다시 학습할 수 있는 추가 시간을 주는 것, 학생들이 정확하게 답을 하도록 학습을 안내하는 단서를 제공하는 것, 학생이 가진 오개념과 오류 분석 및 진단을 포함하는 설명을 제공하는 것
참조 유형	규준 참조 피드백	• 다른 학생과 비교하여 상대적인 학습 성과, 서열을 제공하는 피드백 • 경쟁의 소재로 이용될 가능성이 높음. 바로 옆의 친구가 아닌 전체적인 집단을 고려하는 것이 더 좋음. • 상대평가: 상위 20%, 등수, 등급
	준거 참조 피드백	• 성취기준 또는 준거와 비교하여 학생의 학습에 대한 정보를 제공하는 것 • 절대평가: 도달 · 미도달, 상 · 중 · 하
	목표 참조 피드백	• 학습목표를 기준으로 학생이 어느 정도 학습했고, 어떤 목표를 향해 나아가고 있는지에 대한 정보를 제공하는 피드백 • 예시: "목표를 80% 정도 달성했다.", "받아올림이 없는 덧셈은 할 수 있는데 받아올림이 있는 덧셈은 할 수 없으니 더 연습해야 한다."
	자기 참조 피드백	• 학생의 학습을 학생의 과거 또는 앞으로 기대하는 학습과 비교하여 제공하는 피드백 • 예시: "과거에 작성한 글보다 주장에 대한 근거가 더 구체적으로 작성이 되어서 글쓴이의 주장이 더 설득력이 있어요."

초점	과제 수준 피드백	• 과제를 얼마나 잘 이해했고 잘 수행했는지에 대한 정보를 제공하는 피드백 • 예시: "이 편지는 글을 쓴 사람의 마음을 잘 드러낼 수 있는 표현이 사용되어 있네요. 감정을 드러낸 표현과 그러한 감정을 느낀 이유를 구체적으로 서술해 주면 더 좋은 글이 될 것 같아요."
	과정 수준 피드백	• 과제를 수행하며 사용하는 전략, 기술, 사고 과정에 주목하는 피드백 • 예시: "공기가 하는 역할에 대해서 토의할 때 공기가 없다면 어떤 일이 생길지 생각해 본다면 더 많은 역할을 찾아낼 수 있을 것 같아요."
	자기 조절 수준 피드백	• 자신의 활동에 대해 스스로 돌아보고 점검하는 피드백 • 자기평가 • 예시: "선생님이 제시한 평가 기준표를 참고하여 내가 수행한 과제의 좋은 점과 더 좋게 할 수 있는 점을 찾아서 수정해 볼까요?"
	자아 수준의 피드백	• 개인적 특성 또는 수준에 대해 평가하고 판단하는 피드백 • 피드백의 효과가 낮음. • 예시: "똑똑하네.", "재능이 있구나."

Part 2
How

교사 교육과정-수업-평가-피드백 일체화
어떻게 설계하고 실행할 것인가

Part 1에서 교사 교육과정-수업-평가-피드백 일체화가 무엇이고, 왜 필요한지에 대해 서술했다. Part 2에서는 교사 교육과정-수업-평가-피드백 일체화를 설계하고 실행하는 데 필요한 구체적인 방법과 사례를 소개한다. 교사와 학생들의 고유한 빛깔이 담긴 교사 교육과정과 모든 학생의 배움과 성장을 위해 유기적으로 연결된 교육과정-수업-평가-피드백을 설계하고 실행하는 데 도움이 되기를 바란다.

CHAPTER 1

교사 교육과정, 어떻게 설계하고 실행할 것인가

교사의 철학 세우기

교사 교육과정의 첫 시작은 교사의 교육철학을 바로 세우는 것이다. 교사가 교육활동(학급살이, 수업살이)을 통해 학생의 어떠한 배움과 성장을 추구하는지에 대한 가치관과 신념이 교육철학이다. 다음 질문에 대한 교사의 가치관과 신념을 언어로 표현하는 과정을 통해 교사의 교육철학을 정립할 수 있다.

"학생이 교사와 함께하는 교육활동(학급살이, 수업살이)을 통해 무엇을 배우고, 어떻게 성장하기를 바라는가?"

질문에 대한 답을 고민하기 위해 참고할 만한 자료는 국가 수준 교육과정 교육목표 및 역량(2015 개정 교육과정, 2022 개정 교육과정), 인성교육 8대 핵심 가치·덕목, OECD 학습 나침반 2030 등이 있다. 위의 질문을 토대로 다음과 같이 교육철학을 정립하고 매년 수정 및 보완하고 있다.

행복한 학교생활(학급살이, 수업살이)을 통해 바른 성품과 행복한 현재와 미래를 살아가는 데 필요한 역량(역량은 지식·기능·태도가 총체적으로 발휘되어 활용되는 능력으로 지식·기능·태도의 체계적인 학습도 중요)을 함양하여 행복한 삶을 가꿀 수 있도록 가르치고 배우는 과정이다.

1. 나를 사랑하고 자주적인 학생: 세상에 단 하나뿐인 나의 가치를 인식하고 소중히 여긴다. 감정을 있는 그대로 받아들이며, 감정을 조절하고 관리할 수 있다. 건강한 몸과 마음을 토대로 행복한 삶을 위해 내 삶의 전반을 자기 주도적으로 가꾸며 성찰할 수 있다.
2. 행복한 관계를 맺고 유지하는 학생: 친밀하고 따뜻한 관계가 주는 행복을 이해하고 느낄 수 있다. 관계의 소중함을 알고 행복한 관계를 위해 서로를 존중하고 덕을 베푸는 긍정적인 역할을 실천할 수 있다. 관계에서 배려하고 소통하며 행복한 관계를 맺고 유지한다.
3. 생각하는 힘을 키우고 삶을 즐기는 학생: 전이가 높은 핵심 지식·기능·태도를 배우고 익힌다. 생각과 지식을 비판적으로 분석하

고 활용하며, 창의적인 생각과 지식을 생산할 수 있다. 생각과 지식을 가지고 소통과 협력을 통해 집단지성을 발휘할 수 있다. 다름을 틀림으로 보지 않는다. 삶의 다채로운 문화와 예술을 향유할 수 있다.

4. 함께 더불어 살아가는 학생: 공동체의 구성원으로서 책임감을 지니고 함께 행복한 공동체를 위해 배려와 나눔을 실천하고 기여할 수 있다. 내가 잘하고 좋아하는 것을 통해 홍익인간을 실천하며 더불어 살아갈 수 있다.

'학생이 교사와 함께하는 교육활동을 통해 무엇을 배우고, 어떻게 성장하면 좋을까?'라는 고민에 대한 답인 교육철학을 토대로 교육목표를 세분화하였고, 각각의 교육목표를 달성하는 데 길러야 할 역량과 성품을 연결했다. 교육목표를 역량이나 성품과 연결하면 필요한 교육활동을 구상하는 데 도움이 되고, 교육목표 도달의 기준을 명확하게 할 수 있다. 더불어 교사의 교육목표를 매슬로Abraham H. Maslow 욕구 8단계 및 이를 보완하고 발전시킨 앨더퍼Clayton Paul Alderfer의 ERG 이론, 동양의 삼율[47]을 연결해 체계화시켰다. 교사로서 학생들에게 항상 요구하고 바라는 모습은 성장욕구 이상의 모습일 때가 많다. 하지만 생존과 관계에 대한 욕구가 충족되지 않은 상태에서 그 이상의 것을 요구하는 것은 배움과 성장에 대한 학생의 동기를 불러일으키지 못한다. 교육철학 및 목표를 욕구와 관련하여 체계화시키고 학생들의 욕구를 파악해서 이를 충족시켜 줄 수 있도록 교육활동을 설계하고 실행하는 것은 학생의 학습에 대한 동기를 높일 수 있다.

교사 교육과정 교육목표 체계화 예시

목표	역량	성품 · 덕목	욕구		삼율
			매슬로 욕구 8단계	앨더퍼 ERG 이론	
더불어 행복하게 살아가는 학생	공동체 역량	(사회적)책임 정의 시민성	자기초월 욕구	성장 욕구	공익 조율
			자아실현의 욕구		
생각하는 힘을 키우고 삶을 즐기는 학생	심미적 감성 역량 지식정보 처리 역량 창의적 사고력	정직 · 용기 지혜	심미적 욕구		
			인지적 욕구		
행복한 관계를 맺고 유지하는 학생	합리적 소통 역량	배려 · 소통 예의	자존의 욕구	관계 욕구	관계 조율
			애정 및 소속의 욕구		
나를 사랑하고 자주적인 학생	자기관리 역량	자기존중 자기조절 성실	안전의 욕구	생존 욕구	자기 조율

다음에 나오는 그래픽 조직자Graphic Organizer는 교사의 교육철학이 어떤 과정을 통해 도달할 수 있는지에 대한 핵심적인 생각을 구조화시켜서 나타낸 것이다. 성취기준 기반의 전이가 높은 핵심 지식 · 기능 · 태도를 토대로 역량과 성품을 함양하고, 이를 토대로 4가지 교육목표에

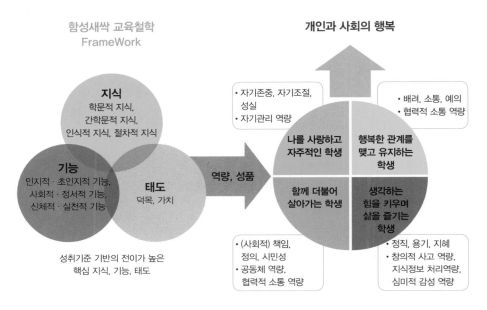

교사 교육과정 교육철학 그래픽 조직자 예시

함성새싹 교육철학
FrameWork

개인과 사회의 행복

지식
학문적 지식,
간학문적 지식,
인식적 지식, 절차적 지식

기능
인지적 · 초인지적 기능,
사회적 · 정서적 기능,
신체적 · 실천적 기능

태도
덕목, 가치

성취기준 기반의 전이가 높은
핵심 지식, 기능, 태도

역량, 성품

• 자기존중, 자기조절,
  성실
• 자기관리 역량

나를 사랑하고
자주적인 학생

• 배려, 소통, 예의
• 협력적 소통 역량

행복한 관계를
맺고 유지하는
학생

함께 더불어
살아가는 학생

생각하는
힘을 키우며
삶을 즐기는
학생

• (사회적) 책임,
  정의, 시민성
• 공동체 역량,
  협력적 소통 역량

• 정직, 용기, 지혜
• 창의적 사고 역량,
  지식정보 처리역량,
  심미적 감성 역량

도달하여 개인의 행복 더 나아가 사회의 행복을 추구하는 것이 궁극적인 목표이다.

교육철학은 교사 고유의 교육과정을 한 해는 물론 여러 해 동안 꾸준히 나아가게 하는 나침반이 되어 준다. 또한 단단하게 뿌리내린 교육철학을 토대로 체계적으로 설계한 교육과정은 새로운 교육 내용 및 교수 · 학습 방법에 흔들리지 않는다. 교사의 교육철학은 교사로서의 삶의 의미를 찾게 해 주고, 명확한 목표 설정을 통해 교사와 학생 모두에게 더 큰 배움과 성장을 선물한다.

다양한 자료를 통해 학생을 이해하기

교사 교육과정은 교사의 교육철학을 기반으로 학생에게 적합한 교육과정을 실행하기 위한 목적으로 설계하는 교육과정이다. 그러므로 학생의 실태, 특성, 수준을 파악하는 것은 교사 교육과정 설계에 있어서 꼭 필요한 과정이다. 어떤 자료로 한 학생을 온전히 설명할 수 없기 때문에 다양한 자료를 수집하고 활용하는 것이 좋다.

교사 교육목표를 역량 및 성품과 연결 지어 놓으면 학생의 역량과 성품이 얼마나 성장했는지 확인하기 위한 검사 도구를 개발하는 데 도움이 된다. KEDI 학생역량검사[48]와 KEDI 인성검사[49]를 재구성해서 개발한 검사 도구를 구글 설문지에 입력해서 활용하고 있다.

교사 교육목표 검사 도구 예시

목표	구분	항목	구성 내용	질문
나를 사랑하고 자주적인 어린이	인성 덕목	자기 존중	자기존중	나 자신을 아끼고 소중히 여긴다.
			자기효능	어려운 일도 잘 해낼 수 있다고 생각한다.
		자기 조절	감정 조절	짜증이 나더라도 내 감정을 잘 조절할 수 있다.
			존중	내 생각이 늘 옳다고 고집하지 않는다.
		성실	인내(끈기)	해야 할 일이 있을 때, 게임이나 유튜브 등의 유혹을 잘 견딘다.
			근면성	오늘 해야 할 일을 다음으로 미루지 않는다.
	역량	자기 관리 역량	긍정적 자아의식	내가 좋아하는 일, 싫어하는 일이 무엇인지 안다.
			자기 주도성	해야 할 일을 순서를 정해서 하나씩 한다.

학생과 학부모에게 문항에 대한 동의 정도를 리커트 5점 척도로 묻고 각 항목에 대한 평균을 산출한다. 개인의 평균을 통해 학생 개인의 강점과 약점을 확인하고, 각 항목에 대한 학급 전체의 평균을 산출하여 우리 반 학생들의 강점과 약점을 확인한다. 강점은 발전시키고 약점은 보완할 수 있는 방향으로 교육과정을 설계한다.

학년말 통지표를 보낼 때 학생 개인별로 교사 교육과정 교육목표와 관련된 사전, 사후 검사 결과를 제공하면 학생의 배움과 성장에 대한 객관적인 자료가 될 수 있다.

이러한 검사 도구 이외에 진정으로 학생을 이해하기 위해서는 자주 소통하고 대화하는 것이 가장 좋다. 학부모와의 소통도 학생을 깊이 이해하는 데 큰 도움이 된다. 다양한 자료를 통해서 학생에 대해서 알게 된 내용을 간단하게 정리해 놓으면 학생에게 적합한 교육과정을 설계하는 데 도움이 된다.

교사 교육과정 학생 이해 자료 예시

이름	강점	함성새싹 교육목표				학생과 학부모 대화
		1	2	3	4	
이○○	배려, 소통 공동체 역량	3.25	3.50	2.48	3.45	• 신중한 성격, 생각과 의견을 드러내는 것에 어려움이 있음. • 친구들과 관계를 맺는 것에 어려움을 느낌.

함께 만들어 가는 교육과정

교육과정 설계에 학생의 의견을 반영하는 것은 학생의 학습 동기 유발과 피드백을 통한 교사의 수업 개선 측면에서 모두 효과적이다. 학년 초 수업에 대한 학생들의 의견을 수합하고 교육과정에 반영하면 학생들이 요구하고 학생들에게 필요한 교육과정을 실행할 수 있다. 수업에 대한 학생들의 의견을 반영하기 위해 활용하는 몇 가지 방법을 소개하면 다음과 같다.

좋아바 수업 이야기 나누기

지금까지 경험한 수업을 떠올리며 좋았던 점, 아쉬웠던 점에 대해서 이야기 나누고, 이를 토대로 올해 선생님과의 수업에 바라는 점을 이야기 나누는 활동이다. 2020년 코로나19로 원격수업을 처음 시작했을 때는 일주일 정도의 원격수업 적응 기간이 끝나고 원격수업과 관련된 학생들의 의견과 학생들이 바라고 기대하는 수업에 대한 의견을 모아 보았다.

온라인수업
좋아요, 아쉬워요

1. 이번 주 경험한 온라인수업을 떠올리며 좋은 점, 아쉬운 점을 공책에 기록합니다.
2. 모둠별(Zoom 소회의실 기능 이용)로 이야기 나눠서 발표해 봅시다.
3. 소회의실에 입장하면 가위바위보를 합니다. 가위바위보를 이긴 친구가 대표가 됩니다. 대표가 된 친구는 친구들의 이야기를 공책에 기록합니다.
4. 소회의실에서 기록한 내용을 대표들이 돌아가면서 발표합니다.

원격수업을 통해서 수합한 학생들의 의견을 실제 학급살이와 수업
살이에 반영했다.

수업 성장 회의 반영 결과 예시

의견	반영
실제 해 보는 수업	온작품 읽기(그릿)
관계 맺기 활동	슬기로운 대화 생활
음식 만들기	먹방 Tube
놀이	비대면 Zoom 활용 놀이 놀이 활용 수업

재미있어요, 어려워요

교과서 위주의 수업을 실행하는 교육과정에 대한 의견을 모을 때 활
용한다. 교과서 내용을 전체적으로 살펴보며 재미있게 생각되는 단원,
어렵게 생각하는 단원에 대한 학생들의 의견을 모은다. 의견을 포스트
잇에 기록하게 하는데, 서로 다른 색의 포스트잇에 재밌게 생각되는
단원 1개, 어렵게 생각되는 단원 1개를 기록하게 한다. 단원명과 함께
단원에서 어떤 내용이 재미있고 어렵게 생각되는지 구체적으로 기록
하도록 안내한다. 기록한 내용을 모둠에서 이야기 나누면서 중복되거
나 비슷한 내용은 하나의 포스트잇에 정리한다. 모둠에서 나눈 이야기
를 발표하고 제출한 포스트잇을 '재미있어요'와 '어려워요'로 나눠 붙
이면 각 단원에 대한 학생들의 생각과 의견을 직관적으로 확인할 수
있다.

재미있어요, 어려워요

1. 과학 교과서를 살펴보면서 재미있게 생각되는 단원, 어렵게 생각되는 단원을 다른 색의 포스트잇에 기록합니다.
2. 모둠에서 친구들과 이야기 나눕니다.
3. 모둠에서 나눈 이야기를 정리해서 발표합니다.

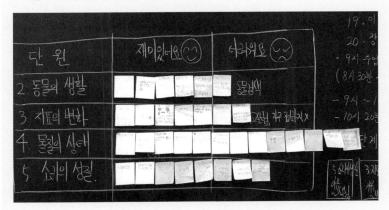

배움지도 그리기

이 활동은 앞서 소개한 활동과 거의 비슷하다. 앞의 활동이 교과서를 쭉 훑어보면서 의견을 제출하는 방법이었다면 이 방법은 교과서의 목차와 전체 내용을 훑어보면서 마인드맵을 활용해 정리하는 방법이다. 마인드맵을 활용해 친구에게 설명하고, 설명을 들은 친구는 들은 내용을 토대로 재밌게 생각되는 단원과 내용, 어렵게 생각되는 단원과 내용을 기록하게 한다. 2개 이상의 교과서를 분석할 때 유용하다.

배움지도 그리기

1. 개인별로 2학기 수학 교과서와 사회 교과서 목차와 전체 내용을 훑어본다.
2. 수학과 사회를 담당하는 모둠을 선정하여 배움지도를 그린다. 설명하는 연습도 한다.
3. 배움지도를 보고 재미있는 부분, 어려운 부분을 포스트잇에 기록한다. 단원과 내용을 기록한다.
4. 2가고 2남기를 통해 다른 교과를 담당한 모둠의 내용을 서로 공유한다. 설명을 듣고 3번과 같이 포스트잇에 재밌는 부분, 어려운 부분을 기록한다.
5. 역할을 바꾸어 진행한다.

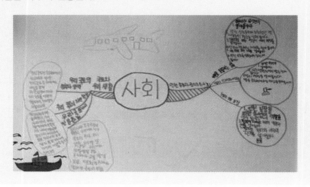

성취기준 분석 및 재구조화

교육과정 성취기준은 교육의 목표이자 평가의 기준이 되는 교육과정 설계의 가장 중요한 자료이다. 성취기준 분석을 통해 교육과정에 대한 이해를 높이고, 교사의 교육철학을 기반으로 학생의 실태, 특성, 수준, 요구를 반영한 교사 교육과정 설계에 필요한 아이디어를 얻을 수 있다. 또 성취기준을 분석하면서 중복되는 성취기준을 제거하거나 서로 연관된 성취기준을 통합하는 성취기준 재구조화를 할 수 있다.

교육과정 성취기준을 분석하는 데 활용하기 가장 유용한 자료는 교과서이다. 교과서는 각 교과의 전문가들이 성취기준 도달을 위해 체계적이고 효과적으로 교수 · 학습하는 데 필요한 내용과 방법을 제시하고 있다. 각 학교에서 선정한 교과서의 단원 및 영역에 어떤 성취기준이 연결되어 있고, 성취기준 도달을 위해 어떤 내용과 방법을 담고 있는지 정리해 놓으면 교사가 교육과정을 설계하는 데 많은 도움이 된다. 교과에 따라 정리하는 방법을 2가지로 나눌 수 있다.

교과별 성취기준 정리 방법

교과	정리 방법
국어, 수학, 사회, 과학, 실과, 영어, 도덕, 안전한 생활, 통합교과	단원–성취기준–주요 학습 내용 및 방법 (교과서 차시 내용)
음악, 체육, 미술	영역–성취기준–주요 학습 내용 및 방법

국정 교과서를 사용하는 교과는 인터넷에서 성취기준 맵핑 자료를 다운받을 수 있어 더 손쉽게 성취기준 분석이 가능하다. '전라북도교육청 학교교육과 부서자료실'에 업로드된 「(초등) 전학년 전교과 성취기준 맵핑 (2015 개정 교육과정 전학년 전교과 1학기, 2학기) 사례」를 활용하면 교과서를 모두 살펴보지 않아도 국정 교과서를 사용하고 있는 국어, 수학, 사회, 과학, 도덕, 안전한 생활, 통합교과의 각 단원에 연결된 성취기준과 주요 학습 내용 및 방법을 확인할 수 있다.

교과용 지도서 또는 성취기준 맵핑 자료를 그대로 활용해도 좋지만 이 자료를 마인드맵으로 구조화하여 정리하면 성취기준 분석 자료가 한눈에 들어오고 활용도도 더 높아진다.

2015 개정 교육과정 국어과 맵핑 자료(3학년 1학기)

단원	성취기준	교과서 살펴보기			
		주요 학습 내용 또는 활동	국어	국어활동	차시
독서 단원. 책을 읽고 생각을 나누어요	읽기[4국02-05] 읽기 경험과 느낌을 다른 사람과 나누는 태도를 지닌다.	• 누구와 읽을지 정하기 • 읽고 싶은 책 정하기 • 책에 나오는 그림과 표지를 보고 책 내용 예상하기	8~19쪽		독서 준비
	문학[4국05-05] 재미나 감동을 느끼며 작품을 즐겨 감상하는 태도를 지닌다.	• 궁금한 내용을 질문으로 만들기 • 질문에 대한 답을 찾아 가며 책 읽기	20~21쪽		독서
		• 책 내용 확인하기 • 생각 나누기(선택 1/2/3) • 활동하기 • 정리하기	22~29쪽		독서 후
1. 재미가 톡톡톡	문학[4국05-01] 시각이나 청각 등 감각적 표현에 주목하며 작품을 감상한다.	• 단원 도입 • 느낌을 살려 사물 표현하기 • 단원 학습 계획하기	30~35쪽		1~2
		• 시에 나타난 감각적 표현 알기	36~39쪽	6~7쪽	3~4
		• 이야기를 읽고 감각적 표현 알기	40~49쪽	8~14쪽	5~6
	읽기[4국02-05] 읽기 경험과 느낌을 다른 사람과 나누는 태도를 지닌다.	• 이야기에 대한 생각과 느낌 나누기	50~61쪽		7~8
		• 느낌을 살려 시 낭송하기 • 단원 정리	62~65쪽		9~10

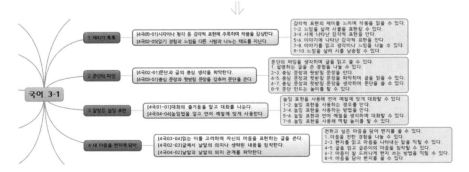

지도서나 성취기준 맵핑 자료를 분석해 보면 교과에 따라 동일한 성취기준이 2개 이상의 단원에서 나오거나, 비슷한 내용의 성취기준이 다수 연결된 단원을 확인할 수 있다. 또한 여러 교과의 성취기준을 통합한 주제 통합 수업이나 프로젝트 수업을 평가까지 고려하여 설계하기란 쉽지 않다. 중복된 성취기준의 경우 모든 학생이 다른 수업을 통해 해당하는 성취기준에 도달했다면 굳이 또 관련된 수업을 할 필요가 없다. 또 비슷한 내용의 성취기준과 관련된 수업이나 여러 교과의 성취기준을 활용하여 교육과정을 재구성할 때는 성취기준을 통합하는 것이 효과적이다. 교육부[50]는 「코로나19 대응을 위한 교육과정 운영 예시 자료집」을 통해 '성취기준 재구조화'의 개념과 사례를 소개하고 있다.

　　'성취기준의 재구조화'는 교육과정 성취기준을 실제 평가의 상황에서 준거로 사용하기에 적합하도록 보다 구체적이고 명료하게 하는 것을 의미한다. 다만, 성취기준을 통합하거나 일부 내용을 압축하여 재구조화할 경우, 성취기준의 내용 요소 일부가 임의로 삭제되지 않도록 유의해야 하며, 일부 내용 요소를 추가해야 하는 경우에는 학생의 학습 및 평가 부담이 가중되지 않도록 학년(군), 학교급 및 교과(군) 간의 연계성을 충분히 고려해야 한다.

구분	영역	핵심 개념	기존 성취기준	통합한 성취기준	활동과제	평가방법	차시 조정
예시 1	정치· 문화사 듣기· 말하기 쓰기	선사시대 와 고조선의 등장 듣기 말하기의 과정 쓰기의 과정	[4사02-03] 옛 사람들의 생활 도 구나 주거 형태를 알 아보고, 오늘날의 생 활 모습과 비교하여 그 변화상을 탐색한 다. [4국01-03] 원인과 결과의 관계 를 고려하며 듣고 말 한다. [4국03-02] 시간의 흐름에 따라 사건이나 행동이 드 러나게 글을 쓴다.	옛 사람들의 생활 도구 나 주거 형태를 알아보 고, 오늘날의 생활 모 습과 비교하여 변화된 모습을 시간의 흐름에 따라 글로 쓸 수 있다. (듣고 말할 수 있다.)	■[전문가 모둠 활동] 전문가 모둠 활동으 로 생활 도구와 생활 모습의 변화를 탐구하 여 시간의 흐름에 따 라 탐구일기 쓰기 ■[극장책 만들기] 전문가 모둠에서 작 성한 탐구 일기를 공 유하며 시간의 흐름 에 따라 극장책 만들 기 ■[모둠별 탐구 및 페차 쿠차 방식으로 결과 공유] 농사 도구와 음식, 옷 만드는 도구의 변화 를 모둠별로탐구하고 페차쿠차 방식으로 탐 구내용 공유하기	산출물평가 동료평가	8→4
예시 2	자연 환경과 인간 생활	자연 - 인간 상호작용	[4사02-01] 우리 고장의 지리적 특성 을 조사하고, 이것이 고장 사람들의 생활 모습에 미치는 영향 을 탐구한다. [4사02-02] 우리 고장과 다른 고장 사 람들의 의식주 생활 모습을 비교하여, 환 경의 차이에 따른 생 활 모습의 다양성을 탐구한다.	우리 고장의 지리적 특 징을 탐구하고, 우리 고장과 다른 고장 사람 들의 의식주 생활모습 을 비교하여, 환경의 차이에 따른 생활 모습 의 다양성을 탐구한다.	■[고장의 환경 탐구] 고장의 자연환경 및 인문 환경, 땅의 생김 새에 따른 고장 사람들 의 생활모습 관찰조사 하기 ■[월드카페 토의] 자연환경(바다, 논과 밭, 도시, 산)에 따라 고 장사람들이 하는 일 자유 롭게 토의하기 ■[전문가 모둠 활동] 전문가 모둠활동을 통 해 다양한 자연환경, 의식주 생활 모습 이 해하기	자기 평가 동료 평가	15→9

(교육부, 2020: 39)

교육부에서 제시한 예시 자료에 따르면 같은 교과 간의 성취기준 통합은 물론 다른 교과의 성취기준 통합도 가능하다. 성취기준을 통합해서 운영하면 평가와 피드백까지 고려한 효율적인 교육과정-수업-평가 설계 및 실행이 가능해진다.

다음의 예시는 초등학교 3학년 2학기 국어 성취기준을 분석한 마인드맵 자료이다.

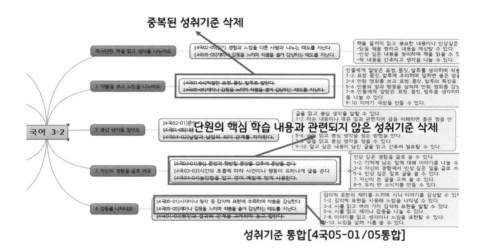

가운데 줄이 그어진 성취기준은 이전에 관련된 수업을 통해 학급의 모든 학생이 성취기준에 도달했다고 판단하여 관련 수업이 필요하지 않거나 단원의 핵심 학습 내용과 관련이 없는 성취기준이다. 「1. 작품을 보고 느낌을 나누어요.」에 연결된 성취기준의 경우 1학기에 관련 수업을 통해 성취기준에 도달했다는 것을 평가를 통해 확인했기 때문

에 삭제했다. 또한 국어의 경우 각 단원의 핵심 학습 내용과 관련되지 않은 성취기준이 연결된 경우가 많다. 예를 들어 「3. 자신의 경험을 글로 써요.」 단원의 핵심 학습 내용은 인상 깊은 경험을 글로 쓰는 것이다. 연결된 성취기준 중 [4국03-02]만 핵심 학습 내용과 관련된다. 성취기준 [4국03-01], [4국04-04]는 핵심 학습 내용과 관련이 없거나 이전에 관련된 수업을 실시해서 모든 학생들의 성취기준에 도달했기 때문에 삭제했다.

성취기준 삭제는 삭제할 성취기준과 관련된 수업을 통해 학생들이 성취기준에 도달했거나, 다른 수업에서 삭제할 성취기준과 관련된 수업이 예정된 경우에만 가능하다. 학습량 적정화를 위한 성취기준 삭제가 학습 결손으로 이어지면 안 된다. 비슷한 내용을 가진 성취기준은 통합했다. 핵심 학습 내용과 관련된 성취기준을 한 가지만 남겨 놓거나 비슷한 내용의 성취기준을 통합하면 수업의 초점이 더욱 분명해지고 수업을 설계하기가 훨씬 수월하다. 중복된 성취기준 삭제는 하나의 성취기준이 여러 단원에 걸쳐서 연결되거나 교육과정 시수에 비해 성취기준의 개수가 적은 교과에서 가능한데 국어, 도덕, 미술, 음악 등이 가능하다. 그 외 교과에서는 성취기준 통합을 활용할 수 있다.

중복된 성취기준과 단원의 핵심 학습 내용과 관련되지 않은 성취기준 삭제, 비슷한 내용의 성취기준 통합은 적은 수의 성취기준을 깊이 있고 여유 있게 다룰 수 있게 해 준다. 특히 2020년 코로나19로 인해 교육과정 시수가 감축될 때 더 큰 힘을 발휘할 수 있었다. 시수에 여유가 생기면 학생이 흥미와 관심을 가지거나 학생에게 꼭 필요하다고 생각되는 성취기준과 관련된 수업 시수를 확대할 수 있다.

다음의 사례는 코로나19로 인해 자기관리 역량에 대한 필요성과 요구가 커짐에 따라 그릿(열정적 끈기)을 기르기 위한 목적으로 계획했던 온작품 읽기 수업과 관련된 교육과정-수업-평가 설계이다. 2020학년도 2학기에 성취기준 삭제 및 통합을 통해 확보한 시수를 활용하여 국어에서 15차시를 확보했고 덕분에 3주에 걸쳐 관련 수업을 여유 있고 깊이 있게 실행할 수 있었다.

「그릿」 온작품 읽기 교육과정-수업-평가 설계

주제	교육과정	성취기준	시수	구분	배움(수업-평가 연계) 활동(시수) 범교과(★), 체험(♥)	비고
그릿	도덕	[4도01-03] 최선을 다하는 삶을 위해 정성과 인내가 필요한 이유를 탐구하고 생활 계획을 세워 본다.	5	블	[평가 활동] -재미와 감동을 느끼며 작품 감상하기 -최선을 다하는 삶을 위해 정성과 인내가 필요한 이유 탐구하기 -생활 계획 세우기 [수업 활동] -읽기 전 활동: 재능과 노력 무엇이 더 중요할까? -읽기 중 활동: 책 읽기, 질문 나누기, 책에 제시된 활동들 수행하기, 최선을 다하는 삶을 위해 정성과 인내가 필요한 이유 탐구하기 -읽기 후 활동: 그릿을 실천한 사람들 본받고 싶은 인물 조사하기, 그릿을 위한 계획 세우기(미술 연계)	11월 10주 ~12주
	국어	[4국05-05] 재미나 감동을 느끼며 작품을 즐겨 감상하는 태도를 지닌다. [4국02-05] 읽기 경험과 느낌을 다른 사람과 나누는 태도를 지닌다.	15			
	미술	[4미02-02] 주제를 자유롭게 떠올릴 수 있다.	2			
	창체	진로	1			

수업 아이디어 브레인스토밍

성취기준을 분석하다 보면 교사 교육목표 도달에 필요한 수업, 학생에게 필요하거나 학생이 요구하는 수업, 삶과 배움을 연결할 수 있는 수업에 대한 아이디어가 떠오른다. 마인드맵으로 작업해 놓은 성취기준 분석 자료를 활용해 떠오른 수업 아이디어를 '주제-성취기준-학습 내용 및 방법'의 구조로 정리해 둔다. 이렇게 정리해 둔 아이디어는 교사 교육과정을 설계하거나 연간 교육과정 운영 계획을 수립할 때 유용하게 활용할 수 있다.

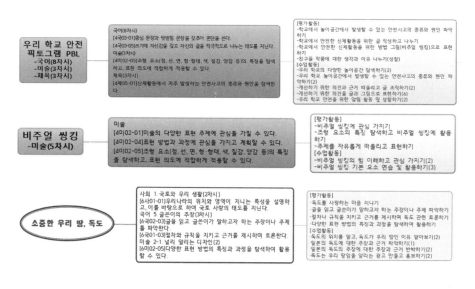

교사 교육과정 설계하기

교사의 교육철학, 다양한 자료를 활용한 학생 이해 자료, 성취기준 분석 및 재구조화, 수업 아이디어 브레인스토밍은 교사 교육과정을 설계하는 데 필요한 양질의 재료이다. 교사 교육과정은 이 양질의 재료를 활용해 교사의 교육적 상상력과 창의력을 마음껏 발휘하여 교사와 학생의 고유한 빛깔이 담긴 교육과정을 만들어 가는 과정이다. 교사의 교육철학을 기반으로 학생의 실태, 특성, 수준, 요구를 반영하여 삶과 배움을 연결할 수 있는 학급살이와 수업살이를 구상한다. 학급살이의 경우 매년 큰 변화가 없이 학생들의 발달단계 및 수준에 맞추어 일관되게 적용이 가능하고, 수업살이의 경우 교육과정 성취기준에 따라 변화의 폭이 크다. 매년 계획하고 실행한 교사 교육과정을 기록으로 남겨 두면 교사의 수업 전문성 신장에도 큰 도움이 된다.

교사 교육과정 설계하기

교사 교육과정 기록 예시

목표			
나를 사랑하고 자주적인 어린이	행복한 관계를 맺고 유지하는 어린이	생각하는 힘을 키우고 삶을 즐기는 어린이	더불어 행복하게 살아가는 어린이
학급살이			
☐ 목표, 감사로 만드는 행복한 하루 ☐ 포스트잇 칭찬샤워	☐ SUPPORT 비밀친구 ☐ 합동 생일파티 ☐ 문제해결 3단계	☐ 수업 성장 회의 ☐ 텃밭 가꾸기 ☐ 주제 글쓰기	☐ 반가 ☐ 쉼터, 나눔터 ☐ 칭사축제 ☐ 학급 덕목 및 규칙
수업살이			
☐ 나를 알고 사랑하기 – 강점 수업 ☐ 다양한 감정 이해하 고 다스리기 – 마음 신호등, 행감 바, 인사약 ☐ 목표가 이끄는 행복 – 배움과 성장을 위한 목표 – 손가락 다짐 ☐ 즐거운 놀이 ☐ 성품 가꾸기 ☐ 행복 수업	☐ 사회적 기술 – 경청하기 – 공감하기 – 사과하기 ☐ 친구와 만드는 행복 ☐ 가족과 만드는 행복 – 가족이 주는 행복 – 비밀 미션 ☐ 多 놀며 The 친해 져요 – 과일 바구니 놀이, 유령 기차, 장점 스 티커 놀이	☐ 문해력 기르기 – 낱말 저장소 – 10살이 알아 두면 재미있는 상식사전 PBL ☐ 질문이 있는 수업 – 생각 질문 ☐ 토의토론 ☐ 공책 필기 – 비주얼씽킹 맵 – 마인드맵 ☐ 계절학교	☐ 교실 공간혁신 PBL ☐ 우리 고장 컬러링 북 PBL ☐ 함성새싹 미덕 사전 ☐ 10살이 알아 두면 재미있는 상식사전 PBL ☐ 공동체 놀이(팀 빌 딩)

　　체계적이고 내실화 있는 교사 교육과정을 설계하고 실행하기 위해서는 구상한 학급살이와 수업살이를 계절, 학교 및 학급 행사, 학급의 특성을 고려하여 시기별로 분배하면 좋다. 세부적으로 운영 시기를 고민하기보다 월별로 굵직하게 교육과정 운영 시기를 배부하는 것이 효과적이고 변화에 유연하게 대처할 수 있다.

		3월	4월	5월
학급살이			□미덕, 목표, 감사로 만드는 행복한 하루 -To Do List 작성하기, 오늘의 미덕 기록하기 □우리는 함성새싹 -함성새싹 소개 -생일파티 안내하기 -공동의 목표 정하기 □함성새싹 문제해결 3단계 -마음 신호등을 통해 해결 → 칭사축제 → 선생님 □4대 덕목 및 규칙 -Past&Future -함성새싹 4대 덕목 □함성새싹 자치활동(~7월) -칭사축제+PDC 결합	□친친한 함성새싹 파티 -생일파티 □함성새싹 명예의 전당 -가족 행복 UP 프로젝트 -수학 멘토 -경청, 질문, 발표 □추억의 뽑기(명예의 전당 연계) -나눔과 기여에 대한 감사 □칭사축제
수업살이		코로나 19 □온라인 수업 기본 역량 기르기	□온라인 수업 적응활동 □함께 만들어가는 교육과정 -'틀려도 괜찮아' 읽기 -'틀리지 않는다면 ~ 할 것이다.' 문장 만들기 -3학년 수업에 바라는 점, 두려운 점 □슬기로운 대화생활 -경청, 높임법, 평화대화법 □슬기로운 학교생활 -성품 가꾸기 -함성새싹 학급살이 -나의 강점 알아보기 -강점 인터뷰 및 강점 명함 만들기 □문해력 수업(~7월) □기초학습역량 기르기(~4월) □세월호 계기교육	□가정의 달 PBL □가족과 만드는 행복(계획2) -두 배로 카메라 읽기 □협동놀이 : 팽이 돌리기(공동의 목표2), 제기 차기 □5.18 40주년 □우리 고장 컬러링 북 PBL

    월별 교사 교육과정 운영 계획은 브레인스토밍한 학급살이와 수업살이를 월별로 분배해 놓은 계획이기 때문에 실제 교육과정 운영에 더 실질적으로 도움이 되기 위해서는 교과와 창의적 체험활동을 어떻게 연계하여 운영할지에 대한 계획이 필요하다. 교사, 학생, 학부모 모두가 한눈에 교육과정 운영 계획을 파악할 수 있도록 A4 1장에 교과 및 창의적 체험활동과 연계하여 교육과정 운영의 지도 역할을 할 수

있는 '교육과정 지도'를 개발했다. 월별 학교 및 학급 행사, 월별 주제 통합 수업 및 프로젝트 수업, 관련 교과 및 창의적 체험활동을 연결하여 기록한다. 교과의 경우 학생과 학부모의 이해를 돕기 위해 교과서 단원을 활용해 기록했다. 출력한 후에 교사의 책상 위에 비치해 두면 실제 교육과정을 운영하는 데 많은 도움이 된다.

월	학교행사	주제 및 프로젝트	교과 및 창체(교담 제외)							
			국어	도덕	사회	수학	미술	체육	영어	창체
3월	• 진단평가	• 첫 만남 프로젝트 기초학습역량 기르기 : 문해력, 수리력 • 우리 학교 안전 픽토그램 PBL(국어, 체육, 미술) • 우리 고장 컬러링 북 PBL(사회, 미술) • 가정의 달 PBL : 비밀미션, △△의 선물	첫 만남 프로젝트 8. 높임말 1. 기초학습역량 4. 어휘력 9. 추론 읽기 2. 문단 이해 : 중심 문장, 뒷받침 문장 8. 의견 표현 : 주장과 근거 2. 중요한 내용 요약하기 인상깊은 책 소개하기	첫 만남 프로젝트 : 우정 게시판 만들기 1. 나와 너 우리 함께 (우정) 텃밭 가꾸기 [4도01-03] [4도04-01] 가정의 달 PBL 3. 사랑이 가득한 우리집 가정의 달 PBL 4. 감사편지	우리 고장 컬러링 북 PBL 1. 우리 고장의 모습 2. 우리가 알아보는 고장 이야기 3. 교통과 통신 수단의 발달	2. 평면도형 1. 덧셈과 뺄셈 3. 나눗셈 4. 곱셈 2. 우리가 알아보는 고장 이야기	• 첫 만남 프로젝트 • 비주얼씽킹 • 우리 학교 안전 픽토그램 PBL • 우리 고장 컬러링 북 • 텃밭 가꾸기 • 사진찍기 • 계절학교 : 수공예, 아지트 프로젝트 • 가정의 달 PBL 관련	• 우리 학교 안전 픽토그램 PBL: 학교에서 발생하는 안전사고 [도전] : 속도도전 [표현] : 공간요소 탐색하고 표현하기	단원 순서대로	• 자(12) : 동아리 선정2, 학생자치2, 첫 만남 P8 • 동(4) • 진(2) : 첫 만남 P2 • 자(2) : 학생자치2 • 동(4) • 봉(2) • 자(12) : 계절 10, 학생자치1 • 동(4)
4월	• 계절학교 : 수공예, 아지트 프로젝트									
5월	• 월봉서원 체험학습 : 선비의 하루									
6월	• IT스퀘어, 광 주 역 체험학습	• 온 작품 읽기 : 아름다운 책(인상 깊은 책 소개하기), 책 고민 • 함성새싹 미덕사전 PBL	온작품읽기 10. 문학의 향기 독서토론 · 아무쪼록 PBL 6. 알 기 알쏭 까닭	텃밭 가꾸기 [4도01-03] [4도04-01]		5. 곱셈과 나눗셈 6. 분수와 소수	• 수채화 • 주변 환경 탐색 (~7월) 학교 둘러보기 • 사진찍기 (~7월) 텃밭과정	[경쟁] : 술래 피하기, 주먹야구		• 자(2) : 학생자치2 • 동아리 (10) • 자(2) : 학생자치2, 마무리2 • 동(2) • 봉(1)
7월 ~ 8월										

〈월별 교사 교육과정 운영 계획〉과 〈교육과정 지도〉를 토대로 〈주간 계획표〉를 만들어 내실화 있는 교육과정 운영을 하는 데 활용하고 학생과 학부모에게는 교육과정이 어떻게 운영되는지에 대해 안내하는 용도로 활용했다.

7월 20주

핵심역량 = 자기관리역량(자), 지식정보처리역량(지), 창의적 사고 역량(창), 심미적 감성 역량(심), 의사소통역량(의), 공동체 역량(공)
합성새싹 교육목표 = 나를 사랑하고 자주적인 어린이(나), 행복한 관계를 맺고 유지하는 어린이(행), 사고력과 지혜를 키우고 삶을 즐기는 어린이(사), 더불어 행복하게 살아가는 어린이(더)

주제	문해력 수업				
행사	월(13) 등교수업	화(14) 원격수업	수(15) 원격수업	목(16) 등교수업	금(17) 원격수업
아침활동	어휘력 기르기, 오늘 할 일	덕목 기록하기, 오늘 할 일	덕목 기록하기, 오늘 할 일	어휘력 기르기, 오늘 할 일	감정 이야기 나누기, 오늘 할 일
1	**영어** 지, 자, 의 / 행, 사 Tim 협력 수업 □Is It a Bear?	**국어** 지, 자, 의, 창 / 나, 사, 행 글 요약하기1(교과서 144~149) □방법 이해하기(악기) - 문단의 중심 문장 찾아서 낱말로 정리하기 - 묶을 수 있는 낱말은 묶기 - 공책 필기법으로 정리 - 중요한 내용 이어서 요약하기 □연습하기(민화) □글의 유형에 적합한 비주얼 씽킹 맵 선택하여 요약하기	**국어** 지, 자, 의, 창 / 나, 사, 행 글 요약하기2 □공책 필기법 활용해서 글 요약하기(플랑크톤) □글의 유형에 적합한 비주얼 씽킹 맵 선택하여 요약하기	**국어** 지, 자, 의, 창 / 나, 사, 행 책 소개하기 □도서관에서 재미있는 정보를 담은 책 찾기 □책 내용 간단하게 요약하기 □친구들에게 소개하기	**사회** 지, 창, 의 / 나, 사, 행 우리 고장의 문화유산(실시간 쌍방향 수업 및 콘텐츠 활용 수업) □우리 고장의 문화유산에 대해서 알아보기 (Zoom) □다른 고장 친구들에게 자랑하고 싶은 우리 고장의 문화유산과 이유 공유하기(Zoom) □다른 고장 친구에게 우리 고장의 문화유산 소개하는 자료 만들기 (Edwith, 콘텐츠 중심 수업) - 문화유산 소개 - 자랑스러운 이유 - 어울리는 그림
2	**체육(운)** 자, 창, 공 / 행, 사, 더 스포츠 강사 협력 수업 □경쟁활동				
3	**과학** 교과 담임 수업	**과학** 교과 담임 수업	**음악** 교과 담임 수업		
4	**과학** 교과 담임 수업	**영어** 지, 자, 의 / 행, 사 콘텐츠 활용 수업 Is It a Bear □단원 핵심 표현 돌아보기 □알파벳 익히기	**음악** 교과 담임 수업	**수학** 지, 자, 의 / 사, 행 (몇십몇)X(몇) 원리 이해하기3 □수학76~77, 수익 52~53 □(몇십몇)X(몇) 원리 이해하기4 □수학78~79, 수익 54~55 □도전과제 해결하기	**수학** 지, 자, 의 / 사, 행 [13시 30분 zoom 종례] 단원 마무리 하기 □곱셈 구구 연습하기 □수학82~83
5	**수학** 지, 자, 의 / 사 (몇십몇)X(몇) 원리 이해하기 □수학76~77, 수익 52~53	**체육1 창체1** 자, 창, 심 / 나, 사 [14시 10분 zoom 종례] 콘텐츠 활용 수업 비대면 건강활동 □제비 만들고 제비 차기 도전하기 □제작이 어려운 경우 구입도 가능 □비대면 집콕 놀이	**창체** 자, 창, 심 / 나, 사 [13시 30분 zoom 종례] 비대면 건강활동 □제비 차기 도전하기 □온라인 공동의 목표 (우리 반 전체 개수를 기준으로)		
6					
하교활동	하루하루 감사해				
알림장	화요일 원격수업 제비 만들기 재료 준비	수요일 원격수업 국어, 음악 교과서 준비	목요일 대면수업 국어, 수학 교과서 준비	사회, 수학 교과서 준비	

CHAPTER 2

교육과정-수업-평가-피드백 일체화, 어떻게 설계하고 실행할 것인가

'교사 교육과정-수업-평가-피드백 일체화'를 이미지로 구조화시켜서 나타내면 145쪽 표와 같이 나타낼 수 있다. 교사 교육과정은 교육과정-수업-평가-피드백의 연결고리를 통해 실행된다. 모든 학생들의 배움과 성장이 있는 수업을 위해서는 교육과정-수업-평가의 유기적 연결과 더불어 평가와 피드백의 역할이 중요하다. 평가와 피드백에 초점을 맞추면서 교육과정-수업-평가를 유기적으로 연결할 수 있는 교육과정 설계 방법으로 백워드 설계를 소개한다.

교사 교육과정-수업-평가-피드백 일체화

| 국가, 지역, 학교 수준 교육과정 | → | 교사 교육과정 | ⇄ | 수업 | ⇄ | 평가 및 피드백 |

교사의 철학을 기반으로 학생의 실태, 특성, 수준, 요구에 맞추어 학생의 삶과 배움을 연결

	나를 사랑하고 존중하는 어린이	행복한 관계를 만들어가는 어린이	생각하는 힘을 키우는 어린이	함께 더불어 살아가는 어린이
교육 목표	나를 사랑하고 존중하는 어린이	행복한 관계를 만들어가는 어린이	생각하는 힘을 키우는 어린이	함께 더불어 살아가는 어린이
학급 살이	• 행복한 하루 만들기 (아침&하교 활동) • 포스트잇 칭찬샤워	• 온오프라인 비접촉 놀이 • 비대면 먹방Tube	• 문해력 키우기: 어휘력 기르기, 주제 글쓰기	• 함성새싹 3대 덕목 및 규칙 • 칭사축제
수업 살이	• 그림책×감정 수업 • 온작품 읽기(그릿, 습관)	• 슬기로운 대화 생활: 경청, 높임 표현, 공감하며 대화하기 • 가정의 달 PBL	• 문해력 수업 • 10살이 알아 두면 재미있는 상식사전 PBL	• 코로나19 안전수칙 인포그래픽 • 우리 고장 컬러링북 PBL

백워드 설계는 무엇인가

백워드 설계Backward Design는 위긴스Grant Wiggins와 맥타이Jay McTighe가 활동 중심 수업, 진도 나가기식 수업의 폐해를 지적하며 제안한, 학습자들의 심층적인 이해와 전이를 강조하는 성취기준 중심의 교육과정 개발 방법이다.[51] 백워드 설계를 통해 교육과정-수업-평가의 유기적인 연결은 물론 평가와 피드백에 초점을 맞춘 교육과정 설계 및 실행이 가능하다.

백워드 설계는 2015 개정 교육과정은 물론 최근 교육의 패러다임과 맥을 같이하고 있다. 핵심적인 지식 · 기능 · 태도를 학습하고 이를 적용 및 활용할 수 있는 전이를 중요하게 여기는데, 단순히 아는 것을 넘어 알고 활용하는 것을 강조하는 역량 중심 교육과정과 관련이 있다. 배운 것을 삶의 맥락에서 적용 및 활용할 수 있는 것을 진정한 이해로 여기기 때문에 삶과 배움의 연결을 강조한다. 학생이 학습 활동에 주도적이고 능동적으로 참여하면서 이해한 것을 자기 것으로 만들고 다양한 맥락에서 적용 및 활용하는 것을 추구하기 때문에 학생 중심 수업에 적합하다. 평가는 진정한 이해와 전이에 대한 증거를 수집하고 수업의 과정으로서 학생의 배움과 성장을 돕기 위한 것으로 여기는데, 이는 과정중심평가의 평가관과 일치한다. 교사가 교육과정을 수동적으로 실행하는 것이 아닌 성취기준을 분석해서 목표를 확인하고 목표 도달 및 정도를 확인하는 평가 계획, 의미 있는 학습 경험과 수업 활동을 계획하기 때문에 교사의 교육과정 개발자로서의 역할이 강조되고 교사의 교육과정 문해력 신장을 통해 교사의 수업 전문성을 신장하는 데 기여한다.

교육과정-수업-평가를 단단히 연결

타일러Ralph Tyler의 순차식Foward 교육과정 설계는 교사가 수업 목표를 확인하고, 목표에 도달하기 위한 수업 내용과 방법을 계획하고, 마지막에 평가를 계획한다. 과거부터 현재까지 현장에서 가장 널리 사용되고 있는 교육과정 설계 방법이다. 순차식 교육과정 설계는 합리적이고 효율적인 것 같지만 실제로는 교육과정-수업-평가의 불일치를 가져오며, 목표 및 평가와 연결되지 않는 불필요한 수업 활동이 넘쳐나게 하는 문제점을 지니고 있다. 많은 학교에서 일반적으로 사용하는 학년 교육과정 운영 계획을 살펴보면 이와 관련한 문제점을 발견할 수 있다.

　다음은 실제 몇 년 전에 개인적으로 작성한 학년 교육과정 운영 계획 중 교육과정 및 수업 계획과 평가 계획의 일부이다.

V. 학년·학급 교육과정 운영 계획

1. 교과 지도계획

가. 국어

월	주	단원명	학습내용	차시	누계	비고
3	2	1. 대화와 공감	대화의 특성을 이해할 수 있다(1/2)	1/9	1	
	2	1. 대화와 공감	대화의 특성을 이해할 수 있다(2/2)	2/9	2	
	2	1. 대화와 공감	상대가 잘한 일이나 상대의 장점을 찾아 칭찬할 수 있다(1/2)	3/9	3	
	2	1. 대화와 공감	상대가 잘한 일이나 상대의 장점을 찾아 칭찬할 수 있다(2/2)	4/9	4	
	2	1. 대화와 공감	상대를 배려하며 조언할 수 있다	5/9	5	
	3	1. 대화와 공감	서로 공감하며 대화할 수 있다(1/2)	1/1	6	[다문화]
	3	1. 대화와 공감	서로 공감하며 대화할 수 있다(2/2)	6/9	7	[다문화]
	3	1. 대화와 공감	친구들의 고민을 듣고 해결 방법을 제안할 수 있다(1/2)	7/9	8	[통합B]
	3	1. 대화와 공감	친구들의 고민을 듣고 해결 방법을 제안할 수 있다(2/2)	8/9	9	[통합B]
	3	2. 작품을 감상해요	경험을 떠올리며 작품을 읽을 때 좋은 점을 안다(1/2)	9/9	10	

VI. 과정중심 학생평가계획

1학기

교과	단원	영역	성취기준	평가내용	평가방법	평가시기	비고(자료)
국어	1. 대화와 공감	듣기·말하기	구어 의사소통의 특성을 바탕으로 하여 듣기.말하기 활동을 할 수 있다.	친구들의 고민을 듣고 해결 방법 제안하기	서술	3월 4주	교과서
	3. 요약을 해요	읽기	글의 구조를 고려하여 글 전체의 내용을 요약한다.	글의 구조를 고려하여 글 전체의 내용 요약하기	구술	4월 7주	교과서
	5. 글쓴이의 주장	문법	낱말이 상황에 따라 다양하게 해석됨을 탐구한다.	낱말이 상황에 따라 다양하게 해석됨을 탐구하기	서술 구술	5월 9주	교과서
	7. 기행문을 써요	쓰기	쓰기는 절차에 따라 의미를 구성하고 표현하는 과정임을 이해하고 글을 쓴다.	절차에 따라 의미를 구성하고 표현하기(여행지 안내 장 만들기)	구술	6월 16주	프로젝트
	10. 주인공이 되어	문학	작품에서 얻은 깨달음을 바탕으로 하여 바람직한 삶의 가치를 내면화하는 태도를 지닌다.	온 작품 읽기를 통해 얻은 깨달음을 바탕으로 바람직한 삶의 태도 내면화하기	서술 구술	7월 22주	온 작품 읽기

교사는 교과서를 가르치는 것이 아닌 교육과정을 가르쳐야 하고 그 중심은 성취기준에 있다. 하지만 교육과정 운영 계획에는 목표가 되어야 할 성취기준은 제시되어 있지 않고 교과서의 단원과 차시 학습 내용만 단순하게 나열되어 있다. 성취기준 도달에 있어서 꼭 필요한 수업 활동은 교과서 단원에 제시된 차시 내용보다 적은 경우가 많다. 교과서에 제시된 내용을 모두 가르쳐야 하는 것으로 여기게 되면 학습량이 증가하고 학습 부담이 과중된다. 목표가 명확하지 않기 때문에 교사는 교과서에 제시된 내용을 어떤 활동을 통해서 가르칠 것인지에 대해 집중하게 되고 진도 나가기에 급급하다.

평가는 각 교과의 영역이 적절하게 배분되도록 성취기준을 선정하고 평가 내용과 방법이 계획되어 있는데, 이러한 계획은 교수·학습 과정 중에 학생의 배움과 성장을 지원하기 위한 과정중심평가를 실행하는 데 도움이 되지 못하며 교육과정-수업-평가의 불일치를 가져온다. 앞에서 제시한 국어 과정중심평가 계획에 의하면 학생이 무엇을 얼마나 배웠는지 확인하고 피드백을 제공하는 것과 관련된 성취기준은 5개밖에 없고, 나머지 성취기준에 대해서는 계획이 마련되어 있지 않다. 평가가 수업의 어떤 과정 중에 실행될 것인지에 대한 계획이 마련되어 있지 않은데, 이러한 계획은 수업의 전 과정 중에 의미 있게 평가와 피드백을 활용하기보다 단원이 마무리된 후에 피드백 없는 일제식 수행평가로 이어지게 되는 경우가 많다.

성취기준의 확인 및 분석 없이 교과서 차시 내용을 서술한 교육과정 및 수업 계획, 형식적으로 각 영역의 몇 가지 성취기준을 선정하여 평가 내용과 방법을 기록한 평가 계획은 내실화 있는 교육과정을 운영하는 데 도움이 되지 않는다. 교육과정 운영의 중심에 학습목표, 즉 성취기준이 있어야 하고, 성취기준 도달 정도를 확인하고 피드백하기 위한 평가 계획, 이를 토대로 한 수업 계획이 설계되어야 한다.

최근에는 교육과정 운영 계획을 성취기준을 중심으로 개발하는 모습을 더 많이 찾아볼 수 있다. 하지만 여전히 평가는 교육과정과 수업을 계획한 후에 마지막에 별도로 계획되어 교육과정 및 수업과 유기적으로 연결되지 못하는 경우가 많다. 순차식 교육과정 설계를 벗어날 때 교육과정-수업-평가의 유기적 연결이 가능한 교육과정 설계 및 실행이 수월해진다.

백워드 설계는 목표를 확인하고 목표에 얼마나 도달했는지를 확인하기 위한 평가를 계획한 후에 마지막으로 수업 내용과 방법을 계획한다. 평가를 수업보다 먼저 고민한다는 것이 기존의 교육과정 설계 모형과의 가장 큰 차이점이다.

순차식 교육과정 설계 모형과 백워드 설계 모형 비교

전통적인 순차식 교육과정 설계 모형	교육과정 설계 → 수업 설계 → 평가 설계
백워드 설계 모형	교육과정 설계(바라는 결과 확인하기) → 평가 설계(수용 가능한 증거 결정하기) → 수업 설계(학습 경험 계획하기)

백워드 설계는 3단계로 이루어진다. 1단계는 '바라는 결과 확인하기'로 목표를 설정하고 확인하는 교육과정 설계와 관련된 단계이다. 이 단계에서는 성취기준을 확인하고 분석한다. 2단계는 '수용 가능한 증거 결정하기' 단계로 목표를 설정하고 난 후 평가를 상세하게 계획하는 단계이다. 성취기준과 관련하여 무엇을 얼마나 배웠는지 확인하기 위한 질 높은 평가 과제와 루브릭을 개발한다. 3단계는 '학습 경험 계획하기'로 1, 2단계의 내용을 토대로 학습 경험과 수업을 계획하는 단계이다. 명확한 목표를 토대로 2단계에서 설계한 평가 과제를 수행할 수 있도록 수업을 설계한다.

백워드 설계는 성취기준 분석을 통해 목표를 확인하기 때문에 수업의 초점과 평가의 기준을 명확하게 할 수 있다. 학생이 목표에 얼마나 도달했는지 확인하기 위한 평가를 먼저 계획하고 이를 토대로 수업을 설계하기 때문에 자연스럽게 교육과정-수업-평가의 유기적 연결을 강화할 수 있다. 또한 평가 과제를 수업에서 수행할 수 있도록 수업을 설계하기 때문에 과정중심평가를 효과적으로 실행할 수 있다. 목표 및 평가와 관련된 핵심적인 수업 활동만 설계하게 되면서 불필요하고 무의미한 수업 활동의 다이어트가 가능하다.

평가와 피드백에 효과적인 교육과정 설계 및 실행 방법

해티John Hattie와 팀펄리Helen Timperley[52]는 피드백이 강력한 효과를 발휘하기 위해서는 반드시 학습된 맥락에서 이뤄져야 함을 강조했다. 피드백이 교수·학습이 진행되고 있는 맥락에서 이루어지기 위해서는 평가와 피드백을 중심으로 교육과정을 설계하고 실행해야 한다. 해티와 팀 펄리[53]가 「학습 향상을 위한 피드백 모델」에서 제시한 '효과적인 피드백을 위한 3가지 질문'을 살펴보면 피드백을 중심으로 한 교육과정을 어떻게 설계하고 실행할지에 대한 통찰을 얻을 수 있다.

피드업Feed Up: 목표는 무엇입니까?
피드백Feed Back: 얼마나 잘하고 있습니까?
피드포워드Feed Foward: 다음은 어디로 가야 합니까?

이 질문을 학생이 이해하기 쉽게 다음과 같이 바꿀 수 있다. 교사와 학생 모두 이 질문에 대한 답을 찾아갈 수 있다면 가르침과 배움이 훨씬 더 효과적으로 이루어질 것이다.

피드업Feed Up: 배움의 목표는 무엇인가요?
피드백Feed Back: 나는 얼마나 배웠나요?
피드포워드Feed Foward: 다음은 무엇을 배워야 하나요?

'효과적인 피드백을 위한 3가지 질문'에 대한 이해를 높이기 위해 실제 교육과정 설계 및 실행 사례를 살펴보고자 한다.

① 피드업Feed Up : 배움의 목표는 무엇인가요?

배움의 목표를 공유하는 과정이다. 학생이 학습목표를 이해하고 도달하도록 이끄는 것은 성공적인 배움을 위해 아주 중요하다. 수업을 통해서 학생이 도달해야 할 목표를 직관적으로 이해할 수 있도록 제시해 주어야 한다. 교육과정 성취기준을 학생들에게 있는 그대로 제시하면 학생이 이해하기 어렵다.

[6국01-05] 매체 자료를 활용하여 내용을 효과적으로 발표한다.

학생이 배움의 목표를 이해하도록 하기 위해서는 학생의 언어로 구체적으로 설명해 주거나 모범적인 예시를 보여 주어 직관적으로 이해할 수 있도록 해 주는 것이 좋다. 모범적인 예시는 교사 또는 우수한 학생이 직접 보여 주거나, 우수한 결과물을 활용할 수 있다. 학생들의 학습 수준이 높다면 수업을 통해 도달하기를 기대하는 우수한 과제의 특징을 탐구하고 공유하는 방법을 활용할 수도 있다.

위에서 제시한 성취기준을 예로 들면, 매체 자료를 활용한 발표가 무엇인지 소개해 주고, 어떤 매체를 활용할 수 있는지, 듣는 이가 흥미를 가지고 이해하기 쉽게 발표하기 위해서는 목소리, 태도, 내용을 어떻게 해야 하는지 구체적으로 알려 주거나 시범을 보여 주면 학생들이 배움의 목표를 훨씬 더 쉽게 이해할 수 있다. 배움 목표에 제시된 요소를 구체적으로 나누어 제시하면 학생도 더 이해하기 쉽고, 교사도 구체적으로 피드백을 제공할 수 있다.

배움 목표: **발표 내용에 적합한 매체 자료를 활용**해서 **듣는 이가 흥미를 가지고 이해하기 쉽게 발표**할 수 있어요.			
배움 요소			
발표 내용에 적합한 매체 자료를 활용하나요?	듣는 이가 흥미를 가지고 이해하기 쉽게 발표하나요?		
	목소리	태도	내용
발표하는 상황, 목적, 내용에 적합한 매체 자료(그림, 표, 그래프, 사진, 동영상 등)를 선택하고 이유를 설명할 수 있어요.	듣는 이가 잘 들을 수 있도록 자신감 있는 목소리로 발표해요.	듣는 이와 자연스럽게 눈을 맞추고 적절한 몸짓을 해요.	핵심적인 내용을 듣는 이가 이해하기 쉬운 낱말로 발표해요.

　배움의 목표를 학생이 이해할 수 있게 설명해 주는 것과 더불어 목표가 삶과 연계되었을 때 학습 동기를 훨씬 더 높일 수 있다. 단순히 지식·기능·태도를 학습하는 것을 넘어서 학습한 지식·기능·태도를 삶의 맥락에서 적용 및 활용할 수 있도록 목표를 제시하면 학생들은 훨씬 더 적극적으로 배움의 과정에 참여한다. 지금 내가 배우고 있는 것이 현실과 연결되어 있다는 경험은 배움에 재미와 의미를 느끼게 하여 학생들을 배움의 주체로 초대하고 배움에 몰입하게 할 수 있다. 또한 배움이 실제 삶에 어떻게 적용 및 활용될 수 있는지 경험하기 때문에 실제 삶에 필요한 역량을 기르는 데도 효과적이다. 삶과 배움이 연결된 목표를 제시하는 것은 매력적이고 효과적인 수업을 위한 중요한 첫걸음이다. 다음처럼 배움의 목표를 바꾼다면 학생들이 훨씬 더 흥미와 관심을 가지고 적극적으로 수업에 참여한다.

> 배움 목표: 발표 내용에 적합한 매체 자료를 활용해서 듣는이가 흥미를 가지고 이해하기 쉽게 발표할 수 있어요.

↓

배움 목표

- 우리는 누구나 나의 일상, 생각, 관심사를 SNS(블로그, 유튜브 등)를 통해 소통하고 공유하는 시대에 살고 있습니다. 나의 생각과 지식을 다른 사람이 흥미를 가지고 이해하기 쉽게 발표하는 것은 현재에도 미래에도 중요한 역량이 될 것입니다.
- 생각과 지식을 말로만 전달하는 것보다 적절한 매체 자료를 보조로 활용했을 때 듣는 사람의 흥미를 높이고 나의 생각과 지식을 효과적으로 전달할 수 있습니다.
- 이번 수업에서는 발표 내용에 적합한 매체 자료를 활용해서 듣는 이가 흥미를 가지고 이해하기 쉽게 발표하는 방법을 배우게 됩니다.
- 배운 내용을 토대로 여러분이 평소 관심 있는 주제를 매체 자료를 활용해 발표하는 모습을 영상으로 촬영해 3~4학년 학생들에게 공유하게 됩니다.
- 여러분의 삶에 꼭 필요할 역량을 키우는 이번 프로젝트 수업에 관심을 가지고 적극적으로 참여해 주세요.

목표를 제시하고 궁금한 점, 기대되는 점, 걱정되는 점 또는 알고 있는 것, 알고 싶은 것에 대한 학생들의 생각을 공유해 봐도 좋다.

② **피드백**Feed Back : **나는 얼마나 배웠나요?**

③ **피드포워드**Feed Foward : **다음은 무엇을 배워야 하나요?**

위 두 질문은 밀접하게 연결되어 있다. 학생이 얼마나 배웠는지 확인하고 학생의 학습 수준에 따라 다음 단계의 수업은 달라져야 한다. 기대하는 학습에 도달했다면 다음 단계의 수업으로 넘어가야 하고, 기대하는 학습 수준에 도달하지 못했다면 보충 지도가 필요하다. 과거 나의 수업을 돌아보면 수업을 실행하면서 학생들이 얼마나 이해하고 수행할 수 있는지 확인하지 않고 계획된 진도를 나가기에 급급했다. 학생의 학습 수준과는 관계없이 진도를 나가기만 해서는 질 높은 배움이 일어나지 않는다. 높은 곳에 도달하기 위해 한 계단 한 계단 오르듯이 배움의 목표를 작게 나누고, 작게 나눈 목표에 도달했는지 확인하면서 다음 단계의 수업으로 나아갈 수 있도록 해야 한다.

성취기준에 의미 있게 도달했다면 성취기준과 관련된 핵심적인 지식·기능·태도를 학습하고 학습한 지식·기능·태도를 삶의 맥락 또는 다른 학습의 맥락에서 적용 및 활용할 수 있어야 한다. 평가를 통해 학생이 핵심적인 지식과 기능을 학습했는지, 학습한 지식과 기능을 삶의 맥락 또는 다른 학습의 맥락에서 적용 및 활용할 수 있는지 확인해야 하고, 수업의 흐름 또한 같아야 한다. 목표의 도달 여부를 확인하는 것이 평가이고, 수업은 목표에 도달할 수 있도록 교육활동을 실시하는 것이기 때문에 모두 일치해야 한다.

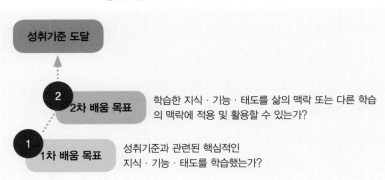

성취기준 도달을 위한 배움 목표 체계화

앞에서 언급한 성취기준에 도달하기 위해 2개의 배움 목표로 나누면 다음과 같다. 평가를 통해서 확인할 내용도 목표와 같고, 수업은 배움 목표에 제시된 내용을 이해하고 수행할 수 있도록 설계하면 된다.

- 배움 목표: 관심 있는 주제를 매체 자료를 활용해 듣는 이가 흥미를 가지고 이해하기 쉽게 발표할 수 있다.
- 1차 배움 목표: 발표 자료에 적합한 매체를 선택하고 활용하는 방법을 이해한다. 효과적으로 발표하는 방법을 이해하고 수행할 수 있다.
- 2차 배움 목표: 관심 있는 주제를 매체 자료를 활용해 듣는 이(3-4학년 학생)가 흥미를 가지고 이해하기 쉽게 발표할 수 있다.

1차 배움 목표에 도달하기 위해서는 배움 목표와 과제를 소개하고, 발표 내용에 적합한 매체를 선택하는 방법과 효과적인 발표 방법을 이해하고 연습할 수 있는 수업 활동이 필요하다. 학생들이 목표에 도달했는지 확인하기 위한 수업 과정 중의 평가를 토대로 피드백을 제공해야 하고, 도달했다고 판단했을때 다음 단계의 수업으로 나아가야 한다. 2차 배움 목표와 관련된 수업은 실제 삶의 맥락에서 1차 배움 목표와 관련된 수업에서 배운 내용을 적용 및 활용할 수 있도록 수업 활동을 설계해야 한다. 위의 배움 목표와 관련한 교육과정-수업-평가 설계는 다음과 같이 할 수 있다.

배움 목표		발표 내용에 적합한 매체 자료를 활용해서 듣는 이가 흥미를 가지고 이해하기 쉽게 발표할 수 있어요.
배움 활동	1차 배움 목표	• 배움 목표 및 과제 소개하기 • 발표 내용에 적합한 매체를 선택하는 방법 이해하고 연습하기(평가 및 피드백) • 효과적인 발표 방법 이해하고 연습하기(평가 및 피드백)
	2차 배움 목표	• 관심 있는 주제 떠올리고 이야기 나누기 • 발표 내용 작성 및 매체 자료 제작하기(평가 및 피드백) • 발표 연습 및 영상 촬영하기(평가 및 피드백) • 공유하기 • 성찰하기

학생의 배움과 성장을 지원하기 위한 목적으로 평가를 실시할 때 중요한 것은 평가를 통해 학생들의 학습 수준을 등급이나 점수로 표현하는 것에 집중하지 않고 기대하는 목표와 비교하여 학생이 현재 얼마나 이해하고 수행할 수 있는지 확인하고 적절한 도움을 제공한다는 관점으로 평가와 피드백을 바라보아야 한다. 학생들이 목표를 분명히 인식하게 하고, 수업이 진행되고 있는 맥락에서 평가와 피드백을 실행하면 학생들의 배움과 성장에 강력한 효과를 발휘한다.

2020년 코로나19로 원격수업이 지속되면서 학생들의 학습 결손을 예방하기 위해 평가와 피드백 중심의 원격수업 루틴을 개발하여 실행해 보았는데 큰 효과를 경험했다. 평가와 피드백 중심의 원격수업 루틴과 사례는 다음과 같다.

1. 목표 안내하기 및 설명, 시범, 탐구

• 목표를 안내하고, 핵심 성취기준과 관련된 핵심적인 지식·기능·태도를 학습하는 수업을 진행한다.

• 사례: 마음이 잘 드러나게 글 쓰는 방법 이해 및 마음을 드러내는 표현 함께 탐구하기

2. 안내에 따른 수행

• 안내자(교사 또는 동료)의 안내에 따라 학생들이 도달해야 할 성취기준을 수행해 보는 단계이다.

• 사례: 마음이 잘 드러나게 글 쓰는 방법을 활용해 짧은 글쓰기

3. 배운 내용 스스로 수행 및 피드백

• 학생들이 교사가 제시한 수행 과제를 스스로 수행하고 제출한다. 교사는 학생들의 수행 과제의 과정과 결과에 다양한 피드백을 제공한다.

• 사례: 친구에게 마음이 드러나는 글쓰기 수행 및 피드백 제공

4. 배운 내용 활용 및 피드백

• 배운 내용을 삶의 맥락에서 활용할 수 있도록 다양한 기회를 제공한다.

• 사례: 가족에게 마음이 드러나게 글쓰기

수학의 경우 선수학습 요소에 대한 성취도가 중요하고, 학생 간 학업 수준 차이가 커서 수업하기 어려운 교과이다. 원격수업에서 학생들의 학습 결손이 심각하게 우려되는 교과였기 때문에 일상의 대면 수업에서 하는 수업 흐름에서 핵심적인 활동들만 활용했다.

대면 수업의 수업 흐름
· 선수학습 성취수준 파악, 목표 제시하기 → 수학 놀이 → 핵심 알고리즘 익히기 → 원리 파악 및 심화문제 해결하기 → 삶과 연결하기

↓

원격수업의 수업 흐름
· 선수학습 성취수준 파악, 목표 제시하기 → 핵심 알고리즘 익히기 → 원리 파악 및 배움 과제 해결하기

학생들의 선수학습 성취수준을 파악하기 위해서 수학 익힘책 각 단원의 앞에 나와 있는 '공부할 준비가 되어 있나요'를 활용했다. 먼저 학생들이 개인적으로 풀어 보도록 하여 각 학생들의 선수학습 성취수준을 파악하고 보충 지도가 필요한 학생들에게는 개별화된 보충수업을 제공했다. 학급의 모든 학생들의 선수학습에 대한 이해를 단단히 한 후에 본 수업에 들어갔다. 개별화된 보충수업은 실시간 쌍방향 수업을 통해서 실시했다. 본 수업으로 들어가면서 이번 단원을 통해서 도달하고자 하는 성취기준을 학생들이 이해하기 쉽게 설명하고 시범을 보여 주었다.

다음으로는 핵심 알고리즘 또는 핵심 개념을 익히도록 했다. 수학

교과서의 일반적인 흐름이 원리를 파악하고 알고리즘을 익히는 흐름으로 되어 있는데 이미 선수학습을 했거나 학습 수준이 높은 학생에게는 적합하다. 하지만 학습 수준이 낮은 학생들의 경우 원리를 먼저 가르치면 어려움을 느껴 수학 학습을 포기해 버리는 경우가 많다. 모든 내용을 알고리즘 먼저 가르치는 것이 옳은 방법은 아니겠지만 알고리즘을 먼저 익히고 원리를 파악하는 흐름으로 수업을 실행했을 때 학습 수준이 낮은 학생들도 포기하지 않고 열심히 노력하는 모습을 볼 수 있었다.

이 단계의 수업은 반드시 실시간 쌍방향 수업으로 실시했다. 학생이 얼마나 잘 이해하고 수행할 수 있는지 가장 효과적으로 확인할 수 있는 원격수업 방법이기 때문이다. 먼저 교과서에 제시된 연산 문제를 교사가 세부적인 단계로 나누고 시범을 보여 주면서 설명을 한 후에 학생이 교과서에 제시된 문제 중 한 가지를 풀고 교사에게 그 풀이 과정과 정답을 카메라를 통해서 보여 주도록 했다. 대면 수업이었다면 수월했을 텐데 원격수업에서 평가와 피드백이 얼마나 어려운지 느낄 수 있는 과정이기도 했다.

학생들의 문제해결 과정과 결과를 카메라를 통해서 보여 주는 과정 중에 교사가 가장 많이 말하게 되는 것은 "옆으로 비춰 보세요. 초점이 안 맞아요. 아래로 또는 위로 옮겨 주세요." 등의 말이었다. 또 학생이 문제를 해결하는 과정을 옆에서 지켜볼 수 없기 때문에 학생이 어느 지점에서 어려움을 겪고 있는지 파악하기가 쉽지 않았다. 대면 수업이라면 교사가 직접 가서 관찰하거나 학생이 교사에게 오도록 하여 얼마든지 쉽고 빠르게 학생의 학습 수준을 파악할 수 있었는데 원격수업에서는 분명한 한계가 있음을 느꼈다.

연산과 개념 이해가 된 학생은 먼저 실시간 쌍방향 플랫폼에서 로그아웃하여 교사가 제시한 과제를 해결하도록 했다. 연산과 개념 이해에 어려움을 겪는 학생은 실시간 쌍방향 수업을 통해 피드백을 제공했고, 계속해서 어려움을 겪는 경우 학교에 오도록 하여 대면 피드백을 제공했다. 대면 피드백이 가장 효과적이었는데 학생이 어려움을 겪는 지점을 정확하게 파악해 도움이 되는 피드백을 제공할 수 있기 때문이었다.

마지막 단계로 알고리즘이나 개념에 담긴 원리를 탐구하고 심화 과제를 해결해 보도록 했다. 원리는 실시간 쌍방향 수업을 통한 소그룹 토의나 전체 토의를 통해서 탐구했고, 심화 과제는 수학 익힘책을 주로 활용하여 개인적으로 해결하여 제출하도록 했다. 원리를 탐구하는 과정은 물론이고 심화 과제 해결 결과를 토대로 개별화된 피드백을 제공했고, 학업성취 수준이 우수한 학생은 또래 교수 활동을 통해 동료 피드백을 제공했다.

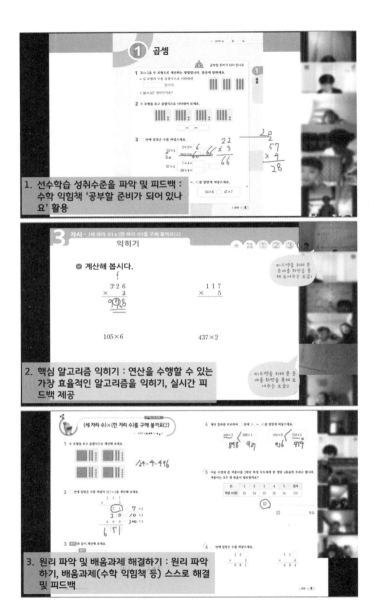

1. 선수학습 성취수준을 파악 및 피드백 : 수학 익힘책 '공부할 준비가 되어 있나요' 활용

2. 핵심 알고리즘 익히기 : 연산을 수행할 수 있는 가장 효율적인 알고리즘을 익히기, 실시간 피드백 제공

3. 원리 파악 및 배움과제 해결하기 : 원리 파악하기, 배움과제(수학 익힘책 등) 스스로 해결 및 피드백

원격 수학 수업의 모든 과정은 평가와 피드백의 연속이었다. 다소 지루하게 느껴지는 수업 흐름이지만 학급의 모든 학생들이 성취기준에 도달했고, 수학에 자신감이 생기고 수학 수업에 대한 학습 동기가 높아진 학생들도 많아졌다. 원격수업에서도 평가와 피드백에 초점을 맞추면 충분히 잘 배울 수 있다는 것을 경험했다.

백워드 설계의 과정은 해티와 팀펄리의 〈학습 향상을 위한 피드백 모델〉에서 제시한 '효과적인 피드백을 위한 3가지 질문'의 순서와도 일치한다. 백워드 설계는 평가와 피드백에 효과적인 교육과정 설계 및 실행 방법이다.

'효과적인 피드백을 위한 3가지 질문'과 '백워드 설계' 과정

효과적인 피드백을 위한 3가지 질문	백워드 설계 과정	특징
피드업: 나는 어디로 가고 있는가?	1단계: 바라는 결과 확인하기(교육과정 설계)	성취기준 확인 및 분석을 통해 가르치고 배울 목표 확인
피드백: 나는 어떻게 하고 있는가?	2단계: 수용 가능한 증거 결정하기(평가 설계)	학생이 제대로 배웠는지 확인할 수 있는 수행 과제 개발
피드포워드: 다음은 어디로 가야 하는가?	3단계: 학습 경험 계획하기(수업 설계)	수행 과제를 수행할 수 있도록 하기 위한 수업 설계

빅 아이디어에 초점을 맞추고 학습자의 진정한 이해를 추구

우리는 지식과 정보가 폭발적으로 증가하는 시대에 살고 있다. 수많은 지식을 다 학습하는 것은 불가능하고, 이제 지식은 인터넷에서 검색을 통해서 얼마든지 찾을 수 있기 때문에 지식교육이 아닌 역량교육이

중요하다는 생각이 교육 현장에 확산했다. 하지만 지식교육이 뒷받침되지 않는 역량교육은 한계가 있다는 것에 대해서 앞서 서술한 바 있다. 결국 제대로 된 역량교육은 질 높은 지식교육을 통해서 이루어질 수 있다.

백워드 설계는 질 높은 지식교육과 역량교육이 가능하도록 빅 아이디어에 초점을 맞춰 수업을 설계하고 실행한다. 빅 아이디어는 교육과정, 수업, 평가의 초점으로 제공되어야 하는 핵심 개념, 원리, 이론을 의미한다.[54] 교과서에 제시된 내용의 중요성을 고려하지 않고 모든 내용을 가르치는 수업이 효과적이지 않은 것은 각 단원에 관련된 성취기준에 도달하는 데 있어서 핵심적인 수업 내용에 집중하지 않고 모든 내용에 똑같은 중요성을 부여해 가르치기 때문이다. 교과에 있는 모든 세부적인 지식과 기능을 같은 중요성으로 가르치는 것보다 핵심적인 지식·기능·태도를 가르치고 이를 적용 및 활용할 수 있는 수업 경험을 제공했을 때 학생은 학습한 내용을 다른 학습의 맥락이나 삶의 맥락에 적용 및 활용할 수 있는 역량을 기를 수 있다.

백워드 설계에서 빅 아이디어에 초점을 맞추는 또 다른 이유는 빅 아이디어가 전이의 가능성이 크기 때문이다. 백워드 설계는 이러한 전이를 진정한 배움으로 여긴다. 우리는 삶에서 수많은 단편적 지식의 학습보다 핵심적인 지식·기능·태도를 학습했을 때 다양한 맥락에 적용 및 활용할 수 있는 힘이 길러지는 것을 경험한다. 처음 주차를 배울 때 단순히 주차 상황에 따른 주차 방법만 익히는 방식으로는 내가 연습한 상황과 일치할 때만 주차를 할 수 있다. 하지만 주차의 원리를 익히게 되면 어떤 상황에서든 능수능란하게 주차할 수 있는 역량을 갖추게 된다.

백워드 설계는 학습자의 진정한 이해를 추구하는데, 백워드 설계에서 말하는 이해는 단순히 아는 것과는 구별되는 것으로 학생들이 스스로 탐구하고 추론을 통해 의미를 터득하는 것이며, 이는 실제적인 상황에 적용하는 전이를 통해 드러난다.[55]

백워드 설계에서는 이해를 다음의 6가지 측면으로 제시한다.

이해의 여섯 측면과 정의

측면	정의
설명	사실, 사건, 행위에 대해 타당한 근거를 가지고 말할 수 있는 능력
해석	의미를 파악, 형성하고 이야기를 구성하며, 번역하는 능력
적용	지식을 다양한 상황이나 실제적인 맥락에서 효과적으로 사용하는 능력
관점	비판적인 시각으로 대상을 조망하고 통찰할 수 있는 능력
공감	타인의 입장에서 감정과 세계관을 수용하는 능력
자기지식	자신의 무지를 알고 자신의 사고와 행위를 반성할 수 있는 메타인지 능력

(강현석, 이지은, 유제순, 2021: 151)

2015 개정 교육과정을 실행하는 데 적합한 교육과정 설계 모형

백워드 설계는 빅 아이디어에 초점을 맞추고 교육과정-평가-수업의 순서로 교육과정을 설계하여 학생들이 진정한 이해에 이르도록 하는 것을 추구한다. 백워드 설계의 이러한 관점은 2015 개정 교육과정 곳

곳에 녹아들어 있고, 2022 개정 교육과정에서도 지속적으로 강조될 예정이다. 2015 개정 교육과정은 교육과정 구성의 중점 사항으로 학습량을 적정화하고 수업의 질을 개선하기 위해 교과의 핵심 개념을 중심으로 학습 내용을 재구조화했다. 핵심 개념은 빅 아이디어의 성격을 지니고 있음을 총론에서 다음과 같이 명시하고 있다.[56]

> 핵심 개념이란 교과가 기반하는 학문의 가장 기초적인 개념이나 원리를 포함하는 교과의 근본적인 아이디어이다. 이는 지식의 한 종류인 개념concept과 동의어는 아니며, 교과를 가장 잘 대표하면서 교과의 큰 그림을 볼 수 있도록 돕는 빅 아이디어의 성격을 띤다. 예를 들어, 규칙성, 에너지, 상호작용, 관계, 다양성 등과 같은 개념적인 아이디어일 수도 있지만 표현, 감상, 의사소통, 공감과 같이 기능적 혹은 정의적 내용들도 빅 아이디어로 볼 수 있다.

2022 개정 교육과정 총론 주요 사항(시안)[57]에서도 역량 함양 교과 교육과정 개발을 위한 교과 교육과정 개발의 지향점으로 소수의 핵심 아이디어를 중심으로 학습 내용을 엄선, 교과 내 영역 간 연계성 강화를 명시하고 있는데, 핵심 아이디어는 각 교과의 본질과 얼개를 드러내는 것으로 안내하고 있다.

2015 개정 교육과정의 내용 체계표는 핵심 개념, 일반화된 지식, 내용 요소, 기능으로 구성되어 있고, 이를 토대로 성취기준이 만들어졌

다. 즉 성취기준 중심의 수업을 하면 수많은 단편적인 지식을 학습하는 수업이 아닌 핵심 개념에 초점을 맞춤으로써 학습량을 적정화하고, 단순히 아는 것을 넘어서 배운 것을 새로운 상황에 적용하거나 활용할 수 있는 역량을 기르는 수업을 할 수 있다. 성취기준 중심의 수업은 핵심 개념 중심의 수업을 통해 학생들의 더 깊이 있는 이해를 이끌어 낼 수 있다.

초등학교 예시

영역	핵심 개념	일반화된 지식	학년(군)별 내용 요소			기능
			1~2학년	3~4학년	5~6학년	
수와 연산	수의 체계	수는 사물의 개수와 양을 나타내기 위해 발생했으며, 자연수, 분수, 소수가 사용된다.	· 네 자리 이하의 수	· 다섯 자리 이상의 수 · 분수 · 소수	· 약수와 배수 · 약분과 통분 · 분수와 소수의 관계	(수) 세기 (수) 읽기 (수) 쓰기 이해하기 비교하기 계산하기 어림하기 설명하기 표현하기 추론하기 토론하기 문제 해결하기 문제 만들기
	수의 연산	자연수에 대한 사칙계산이 정의되고, 이는 분수와 소수의 사칙계산으로 확장된다.	· 두 자리 수 범위의 덧셈과 뺄셈 · 곱셈	· 세 자리 수의 덧셈과 뺄셈 · 자연수의 곱셈과 나눗셈 · 분모가 같은 분수의 덧셈과 뺄셈 · 소수의 덧셈과 뺄셈	· 자연수의 혼합 계산 · 분모가 다른 분수의 덧셈과 뺄셈 · 분수의 곱셈과 나눗셈 · 소수의 곱셈과 나눗셈	

이 외에도 2015 개정 교육과정 총론의 교수·학습 중점 사항에서 백워드 설계의 연관성을 찾아볼 수 있다.[58]

가. 학교는 교과목별 성취기준에 따라 다음과 같은 사항에 중점을 두고 교수·학습이 이루어지도록 한다.

1) 교과의 학습은 단편적 지식의 암기를 지양하고 핵심 개념과 일반화된 지식의 심층적 이해에 중점을 둔다.

2) 각 교과의 핵심 개념과 일반화된 지식 및 기능이 학생의 발달단계에 따라 그 폭과 깊이를 심화할 수 있도록 수업을 체계적으로 설계한다.

백워드 설계 방법 이해하기

백워드 설계 방법은 위긴스와 맥타이[59]가 제안한 〈백워드 설계 템플릿〉을 살펴보면 어느 정도 이해할 수 있다.

1단계는 '바라는 결과 확인하기'로 성취기준 분석을 통해 학생이 수업을 통해 도달해야 할 목표를 설정하는 단계이다. 2단계는 '수용 가능한 증거 결정하기'로 학생의 배움과 성장에 관한 증거를 수집하기 위한 평가를 설계하는 단계이다. 3단계는 '학습 경험 계획하기'로 수업을 설계하는 단계이다.

1단계: 바라는 결과 확인하기(Desired Results)

목표 설정(Established Goals)
• 설계에서 초점을 두는 목표(성취기준, 코스나 프로그램 목표, 학습 성과)는 무엇인가?

이해(Understandings)	본질적 질문(Essential Questions)
학생들은 다음을 이해할 것이다. • 주요 아이디어는 무엇인가? • 주요 아이디어에 대해 바라는 구체적인 이해는 무엇인가? • 예상되는 오개념은 무엇인가?	• 탐구와 이해, 학습의 전이를 유발하는 질문은 무엇인가?

학생들은 알게 될 것이다. 학생들은 할 수 있게 될 것이다.
• 이 단원의 결과로 학생들이 획득하게 될 핵심 지식과 기능은 무엇인가?
• 학생들은 지식과 기능을 습득하여 무엇을 할 수 있어야 하는가?

2단계: 수용 가능한 증거 결정하기(Assessment Evidence)

수행 과제(Performance Tasks)	다른 증거(Other Evidence)
• 학생들은 어떤 수행 과제를 통해 바라는 이해를 증명할 것인가? • 이해의 수행을 어떤 준거로 평가할 것인가?	• 학생들이 바라는 결과의 성취를 증명하기 위한 다른 증거(퀴즈, 시험, 학문적 단서, 관찰, 숙제, 저널)는 무엇인가? • 학생들은 어떻게 자신의 학습을 평가하고 반성할 것인가?

3단계: 학습 경험 계획하기(Learning Plan)

학습 활동(Learning Activities)
학생들이 바라는 결과를 성취할 수 있도록 하는 학습 경험과 수업은 무엇인가? 어떻게 설계할 것인가?
• W: 학습단원이 어디로 향하며(Where) 무엇을(What) 기대하는지 학생들이 이해하도록 돕는가? 학생의 사전 지식과 흥미를 교사가 이해하도록 돕는가?
• H: 모든 학생의 동기를 유발(Hook)하고 흥미를 유지(Hold)하는가?
• E: 학생들을 준비(Equip)시키고 학생들이 주요 아이디어를 경험(Experience)하고 이슈를 탐구(Explore)하도록 돕는가?(E1)
• R: 학생들에게 이해와 학습을 다시 생각(Rethink)하고 수정(Explore)하기 위한 기회를 제공하는가?
• E: 학생들에게 자신의 학습과 학습의 의미를 평가(Evaluate)하도록 하는가?(E2)
• T: 학습자의 서로 다른 요구와 흥미, 능력에 맞추어져(Tailored) 있는가?
• O: 효과적인 학습뿐만 아니라 처음부터 일관된 학습 참여를 최대화하도록 조직(Organized)되어 있는가?

(Wiggins & McTighe, 2005:22)

위에서 제시한 템플릿만으로는 백워드 설계 방법을 온전히 이해하기 어렵기 때문에 각 단계에 따른 과정을 실제로 실행한 사례(사회 3-1-1. 우리 고장의 모습)를 활용해서 간단하게 소개하고자 한다.

1단계 바라는 결과 확인하기

1단계는 한 단위의 수업(단원, 주제 통합 수업, 프로젝트 수업 등)을 통해 학생이 도달해야 할 목표를 설정하는 단계이다. 목표가 분명하고 명확하게 설정되었을 때 유기적으로 연결된 평가 및 수업을 설계할 수 있고, 질 높은 교수·학습이 가능하다.

첫째, 수업과 관련된 성취기준을 확인한다. 각 교과의 단원 중심 수업이라면 단원에 연결된 성취기준을 확인하고, 교육과정 재구성을 활용한 수업이라면 재구성에 활용하기 위해 연결한 성취기준을 확인해야 한다.

둘째, 성취기준과 내용 체계표를 분석하여 빅 아이디어를 확인하고 이를 토대로 영속적 이해를 설정한다. 빅 아이디어는 각 과목의 핵심 개념, 원리, 이론을 의미하는데 2015 개정 교육과정의 내용 체계표에 제시된 핵심 개념을 확인하면 된다. 영속적 이해는 빅 아이디어에 기초한 것으로 학생들이 빅 아이디어에 대해 바라는 이해를 문장으로 구체화한 것이다. 교육과정 내용 체계표의 일반화된 지식, 교과서와 교과용 지도서의 내용을 확인해 보는 것이 도움이 된다.

셋째, 영속적 이해의 탐구, 심층적 이해, 전이를 촉진시키는 본질적 질문을 만든다. 정답을 요구하는 질문이 아닌 학생의 생각을 확장하고 깊이를 더하게 하는 질문이다.

넷째, 영속적 이해에 도달하는 데 도움이 될 핵심 지식과 기능을 확인한다. 내용 체계표의 내용 요소와 기능, 교과서와 교과용 지도서의 내용을 확인해 보는 것이 도움이 된다.

1단계 바라는 결과 확인하기	
목표 설정 [4사01-01] 우리 마을 또는 고장의 모습을 자유롭게 그려 보고, 서로 비교하여 공통점과 차이점을 찾아 고장에 대한 서로 다른 장소감을 탐색한다. [4사01-02] 디지털 영상 지도 등을 활용하여 주요 지형지물들의 위치를 파악하고, 백지도에 다시 배치하는 활동을 통하여 마을 또는 고장의 실제 모습을 익힌다.	
이해(영속적 이해) • 사람마다 장소에 대한 기억과 감정이 다르다. • 지도를 활용해 장소(고장)의 실제 모습을 파악하고 나타낼 수 있다.	**본질적 질문** • 사람마다 장소에 대한 기억과 감정이 다른 이유는 무엇일까? • 고장의 실제 모습을 파악하는 데 지도가 필요한 이유는 무엇일까?
핵심 지식 • 고장 내 실제 지형지물 • 고장 실제 모습 • 장소감(장소에 대한 기억과 감정) 이해	**기능** • 장소감 표현하고 공유하기 • 디지털 지도 및 백지도 활용 방법 익히기 • 지도를 통해 고장의 실제 모습 익히기

2단계 수용 가능한 증거 결정하기

백워드 설계는 수업에 앞서 평가를 계획한다. 학생들의 이해를 확인할 수 있는 수행 과제를 개발하고, 이와 관련된 타당도 있고 신뢰성 있는 평가 루브릭(평가 기준)을 만드는 단계이다.

첫째, 수행 과제를 설계한다. 학생의 이해를 증명할 수 있는 과제를 설계해야 한다. GRASPS(Goal, Role, Audience, Situation, Performance, Standards)를 활용하면 삶과 배움이 연결된 의미있는 수행 과제를 설계할 수 있다.

둘째, 학생의 이해를 확인할 수 있는 수행 과제 이외의 평가를 설계한다. 구조적·비구조적 평가를 포함한 다양한 평가 방법을 활용할 수 있고, 수행 과제가 제공한 증거를 보충할 수 있도록 개발해야 한다.

셋째, 평가의 준거를 결정하고 수행 과제와 관련된 루브릭을 개발한다.

다음은 1단계에서 구체적으로 설정한 목표(바라는 결과)와 관련하여 학생의 이해를 증명할 수 있는 수행 과제와 수행 과제 이외의 평가를 설계한 예시이다.

2단계 수용 가능한 증거 결정하기	
수행 과제 여러분은 컬러링 북 제작자가 되어 1~2학년 학생들에게 우리 마을을 소개하는 컬러링 북을 만들어 전달하게 됩니다. 컬러링 북에는 디지털 지도를 활용해 우리 마을의 중요한 지형과 지물의 위치를 백지도에 표시한 자료를 활용한 색칠하기 자료와 우리 마을의 모습을 설명하는 내용이 포함되어야 합니다.	**다른 증거** • 구술: 사람마다 장소감이 다른 이유 설명하기 • 관찰: 디지털 지도 및 백지도 활용 모습 관찰하기

수행 과제를 설계한 이후에는 이와 관련된 평가 루브릭을 설계해야 한다. 루브릭이 구체적일수록 평가의 신뢰도와 타당도가 높아지고, 유

용한 피드백을 제공하는 데 유용하게 활용할 수 있다.

평가 루브릭 예시

평가 기준		평가 요소(내용, 효과, 과정, 질)		
		효과성	적절성	질
상	디지털 영상 지도 등을 활용하여 주요 지형지물들의 위치를 파악하고, 이를 백지도에 배치하고 마을 또는 고장의 실제 모습을 설명할 수 있다.	우리 마을의 실제 모습을 컬러링 북을 활용해 효과적으로 설명함.	디지털 영상 지도를 활용하여 지형지물의 위치를 정확히 파악함.	백지도를 활용한 우리 마을 컬러링 북이 깔끔하게 잘 정리됨.
중	디지털 영상 지도 등을 활용하여 주요 지형지물들의 위치를 파악하고, 이를 백지도에 배치할 수 있다.	우리 마을의 실제 모습을 컬러링 북을 활용해 설명함.	디지털 영상 지도를 활용하여 지형지물의 위치를 파악함.	백지도를 활용한 우리 마을 컬러링 북이 잘 정리됨.
하	디지털 영상 지도 등을 통해 우리 마을 또는 고장의 주요 지형지물의 위치를 파악할 수 있다.	우리 마을의 실제 모습을 도움을 받아 설명함.	디지털 영상 지도를 활용하고 도움을 받아 지형지물의 위치를 파악함.	백지도를 활용한 우리 마을 컬러링 북이 정리됨.

3단계 학습 경험 계획하기

1단계와 2단계의 설계한 내용을 토대로 학습 경험과 수업을 계획하는 단계이다. 목표 및 평가와 일관성을 가지고 유기적으로 연결되면서 학생들의 흥미와 관심을 유발하여 학생들의 적극적인 참여를 이끌어 내고, 학생의 이해와 전이에 효과적인 교수·학습을 설계해야 한다. WHERETO 요소를 활용하는 것이 도움이 된다.[60]

- W: 학습단원이 어디로 향하며^{Where} 무엇을^{What} 기대하는지 학생들이 이해하도록 돕는가? 학생의 사전 지식과 흥미를 교사가 이해하도록 돕는가?
- H: 모든 학생의 동기를 유발^{Hook}하고 흥미를 유지^{Hold}하는가?
- E: 학생들은 준비^{Equip}시키고 학생들이 주요 아이디어를 경험^{Experience}하고 이슈를 탐구^{Explore}하도록 돕는가?^{E1}
- R: 학생들에게 이해와 학습을 다시 생각^{Rethink}하고 수정^{Explore}하기 위한 기회를 제공하는가?
- E: 학생들에게 자신의 학습과 학습의 의미를 평가^{Evaluate}하도록 하는가?^{E2}
- T: 학습자의 서로 다른 요구와 흥미, 능력에 맞추어져^{Tailored} 있는가?
- O: 효과적인 학습뿐만 아니라 처음부터 일관된 학습 참여를 최대화하도록 조직^{Organized}되어 있는가?

3단계 학습 경험 계획하기
• PBL 소개하기(W, H) • 우리 마을 장소에 있었던 경험과 느낌 소개하기(E1) • 머릿속에 떠오르는 마을 그리고 비교하기(E1, E2) • 디지털 지도 활용 방법 이해하기(E1, E2) • 디지털 지도를 활용해 우리 마을의 주요 장소 찾아보고 소개하기(H, E1, R) • 백지도 개념 이해하기(E1) • 컬러링 북 제작하기(T, E1, E2) • 수업 성찰하기(R)

위긴스와 맥타이는 백워드 설계 2.0 버전을 새롭게 제안했는데, 강현석과 이지은[61]이 분석한 백워드 설계 템플릿 2.0 버전의 과정을 요약하면 다음과 같다. 이전 단계와 달라진 점은 굵게 표시했다.

백워드 설계 템플릿 2.0 요약

1단계	• 교육과정 성취기준 확인하기 • **전이 목표 설정하기** • 의미 목표 설정하기: 이해와 본질적 질문 • 습득 목표 설정하기: 핵심 지식과 기능
2단계	• 평가 준거 제시 • 수행 과제 개발: GRASPS 적용 • 다른 평가 계획
3단계	• **사전 평가 및 과정 모니터링 계획** • 바라는 결과를 성취할 수 있도록 적절한 학습 활동 계획: WHERETO 요소 고려

다음은 백워드 설계 템플릿 2.0 버전을 토대로 개발한 교육과정 설계 사례이다.

1단계는 '교육과정 디자인하기'로 성취기준과 내용 체계표를 분석하고 바라는 결과를 확인하여 수업 루틴(배움 탐구, 배움 표현, 배움 활용)에 따른 수업 활동을 브레인스토밍하고, 각 활동에 필요한 핵심 질문을 떠올렸다. 2단계는 '평가 디자인하기'로 수행 과제와 루브릭을 설계했다. 3단계는 WHERETO 요소뿐만 아니라 교사가 자주 활용하는 수업 자원 목록을 명시해 놓고 수업을 설계하는 데 활용했다.

함성새싹 교.수.평 배움 디자인 보드[1][2]

1단계 : 교육과정 디자인하기

주제		가정의 달 PBL	교육 목표	□1. 나를 사랑하기, 주도적 삶	■2. 행복한 관계 맺기
				□3. 4C, 삶 즐기기	■4. 더불어 행복한 삶 살아가기

성취기준 ★핵심	★[4국03-04] 읽는 이를 고려하며 자신의 마음을 표현하는 글을 쓴다. ★[4도02-01] 가족을 사랑하고 감사해야 하는 이유를 찾아보고, 가족 간에 지켜야 할 도리와 해야 할 일을 약속으로 정해 실천한다. [4미02-03] 연상, 상상하거나 대상을 관찰하여 주제를 탐색할 수 있다.			

내용 체계 표 분석 바 라 는 결과	전이 (T)	■ 일상생활에서 읽는 이를 고려하여 마음을 전하는 글을 쓸 수 있다. ■ 가족의 소중함을 이해하고, 행복한 가족을 위해 내가 지켜야 할 도리와 해야 할 일을 계획하고 실천할 수 있다.		
		이해	**핵심 질문 브레인스토밍**	
	의미 (M)	■ 마음을 전하는 글을 쓰기 위해서는 읽는 이의 여러 가지 상황을 고려해야 한다. ■ 마음을 나타내는 표현과 이유(생각과 느낌)를 기록하면 마음을 더 잘 전달할 수 있다. ■ 가족이 행복하려면 가족 구성원 모두가 예절을 지키고 각자의 역할을 다해야 한다. ■ 행복한 가정을 이루는 것은 중요하다.	**포괄적** ■ 마음을 전하는 것은 왜 중요할까요? ■ 가족은 왜 소중할까요?	**제한적** ■ 마음을 잘 전하려면 어떻게 글을 써야 할까? ■ 가족의 행복을 위해 무엇을 해야 할까요?
		핵심지식	**기능**	**태도**
	습득 (A)	■ 마음을 나타내는 말 ■ 마음을 전하는 글의 형식 (편지) ■ 가족의 소중함(효, 우애)	■ 읽는 이를 고려하여 마음을 전하는 글쓰기 ■ 가족에 대한 예절 익히기 ■ 행복한 가족을 위해 내가 할 수 있는 일(말, 행동) 계획하고 실천하기 ■ 주제를 다양한 방법으로 탐색하기	■ 행복한 가정을 위한 실천 의지 다지기 ■ 프로젝트 수업에 관심과 흥미를 가지고 적극적으로 참여하기

배움 활동 아이 디어 BR	배움 탐구	■ 도입활동 ■ 핵심질문 소개 및 토의·토론하기 ■ 핵심 질문에 대한 답을 찾기 위한 지식, 기능의 습득 및 탐구	■ 가족의 소중함 탐구하기 ■ 마음을 전하는 글쓰기 방법 익히기
	배움 표현	■ 배움(핵심 질문)에 대한 답을 자신의 언어 또는 행동으로 표현, 공유, 정교화 ■ 결과물 초안을 만들고 비평하기	■ 소중한 가족에게 마음을 전하는 글(초고쓰기) ■ 행복한 가정을 위해 필요한 말과 행동 계획하기
	배움 활용	■ 배운 내용을 실제 맥락 또는 다른 맥락에서 활용하기 ■ 결과물 발표 및 핵심 질문에 최종 답하기 ■ 성찰하기	■ 가족에게 마음을 전하는 그림책 만들고 전달하기 ■ 행복한 가정을 위해 필요한 말과 행동 실천하기

핵심 질문	배움 탐구	■ 가족은 왜 소중할까요? ■ 마음을 잘 전하려면 어떻게 글을 써야 할까?
	배움 표현	■ 가족에게 마음을 전하는 글을 써볼까요? ■ 행복한 가족을 위해 필요한 말과 행동은 무엇일까요?
	배움 활용	■ 가족에게 마음을 전하는 그림책을 만들어볼까요? ■ 행복한 가족을 위해 필요한 말과 행동을 실천해볼까요?

1) 유영식(2019). 교육과정 문해력. 테크빌 교육
2) 강현석, 이지은, 배은미(2019). 최신 백워드 교육과정과 수업설계의 미래. 교육과학사

	2단계 : 평가 디자인하기(수행과제 및 루브릭)					
	GRAPS고려(Goal, Role, Audience, Situation, Product, Standards)					
	□구두 ■글로쓰기 ■시각미디어&테크놀러지 □구조물 □제안 또는 계획 □자기평가 □동료평가					

평가활동	배움 탐구	• 가족의 소중함 탐구하기	[PBL 스토리보드] 가정의 달 5월은 가정의 소중함을 돌아보고 감사함을 전달하며 가족과 함께하는 많은 달입니다. 가족은 평소 너무나 가까이 있기에 소중함을 느끼지 못하고 소홀할 때가 많습니다. 소중한 우리 가족을 위한 2가지 프로젝트를 시작합니다.			
	배움 표현	• 가족에게 마음을 담은 글쓰기	①첫 번째 프로젝트는 여러분이 그림책 작가가 되어 부모님께 나의 마음을 전하는 그림책을 만들어 부모님께 전달합니다. 읽는 이를 고려하여 나의 마음을 효과적으로 표현하는 편지를 쓰고, 이 편지를 활용하여 마음을 전하는 그림책을 만들게 됩니다.			
	배움 활용	• 행복한 가족을 위한 말과 행동 실천하기	②두 번째 프로젝트는 비밀미션을 수행합니다. 행복한 가족을 위해 가족 간에 예절을 지키고 행복한 가정을 위해 내가 할 수 있는 일을 구체적으로 계획하고 스스로 꾸준히 실천합니다.			

	성취기준	평가기준		평가요소(내용, 효과, 과정, 질)		
				내용의 효과성	토의의 효과성	
루브릭	[4사02-01] 가족을 사랑하고 감사해야 하는 이유를 찾아보고, 가족 간에 지켜야 할 도리와 해야 할 일을 약속으로 정해 실천한다.	상	가족이 소중한 이유를 협력적 토의를 통해 생활 속에서 발견하고 설명할 수 있다.	가족이 소중한 이유를 삶속의 경험을 통해 구체적으로 설명	모둠활동에 항상 협력	
		중	가족이 소중한 이유를 토의를 통해 발견하고 설명할 수 있다.	가족이 소중한 이유를 설명함.	모둠활동에 협력	
		하	토의 참여를 통해 가족이 소중한 이유를 발견하고 이해할 수 있다.	가족이 소중한 이유를 찾는 활동에 적극적으로 참여함	모둠활동에 이따금 참여함.	

	성취기준	평가기준		평가요소(내용, 효과, 과정, 질)		
				읽는 이 상황 고려	내용의 적절성	글의 형식
루브릭	[4국03-04] 읽는 이를 고려하며 자신의 마음을 표현하는 글을 쓴다.	상	읽는 이의 흥미나 관심, 입장, 반응 등을 충분히 고려하여 자신의 정서나 감정을 효과적으로 표현하는 글을 정확한 편지 형식으로 쓸수 있다.	읽는 이의 상황(흥미, 관심, 입장, 반응)을 충분히 고려함	마음을 나타내는 표현과 이유를 효과적으로 드러냄	완전히 정확한 편지 형식으로 글을 씀
		중	읽는 이의 흥미나 관심, 입장, 반응 등을 고려하여 자신의 정서나 감정을 표현하는 글을 쓸 수 있다.	읽는 이의 상황(흥미, 관심, 입장, 반응)을 고려함	마음을 나타내는 표현과 이유를 드러냄	정확한 편지 형식으로 글을 씀
		하	읽는 이의 흥미나 관심, 입장, 반응 등을 부분적으로 고려하여 자신의 정서나 감정을 표현하는 글을 쓸 수 있다.	읽는 이의 상황(흥미, 관심, 입장, 반응)을 부분적으로 고려함	마음을 나타내는 표현과 이유가 효과적으로 드러나지 않음	부정확한 편지 형식으로 글을 씀

	성취기준	평가기준		평가요소(내용, 효과, 과정, 질)		
				계획의 적절성	실천	의지
루브릭	[4사02-01] 가족을 사랑하고 감사해야 하는 이유를 찾아보고, 가족 간에 지켜야 할 도리와 해야 할 일을 약속으로 정해 실천한다.	상	가족 간에 지켜야 할 예절과 행복한 가족을 위해 내가 할 수 있는 일을 구체적으로 계획하고 스스로 꾸준히 실천하며 행복한 가정을 위한 의지가 아주 강함.	행복한 가족을 위해 내가 할 수 있는 일(말과 행동)을 구체적으로 계획함.	계획한 말과 행동을 스스로 점검하며 꾸준히 실천함.	행복한 가정을 위한 의지가 아주 강함.
		중	가족 간에 지켜야 할 예절와 행복한 가족을 위해 내가 할 수 있는 일을 계획하고 실천하며 행복한 가정을 위한 의지가 강하다.	행복한 가족을 위해 내가 할 수 있는 일(말과 행동)을 계획함.	계획한 말과 행동을 꾸준히 실천함.	행복한 가정을 위한 의지가 강함.
		하	가족 간에 지켜야 할 예절와 행복한 가족을 위해 내가 할 수 있는 일을 도움을 받아 계획하고 실천하며 행복한 가정을 위한 의지가 있다.	행복한 가족을 위해 내가 할 수 있는 일(말과 행동)을 도움 받아 계획함.	계획한 말과 행동을 도움을 받아 꾸준히 실천함.	행복한 가정을 위한 의지가 있음.

3단계 : 수업 설계하기

학생 참여형 수업 자원 목록

	생각(아이디어) 만들기, 분석하기		생각 나누고 키우기(학습 및 발표)		협력적 의사결정하기
토의·토론	■BR,역 BR	□브레인라이팅	□가치 수직선토론	□질문 활용 토의토론	□피라미드토론
	□만다라트 토의토론	□라운드로빈토의	□신호등 토론	□사모아 토론	□사칙연산 토의
	□이미지 활용	□디자인 창의성 전략	□전황기 토의토론	□나무토론	□창문구조 토의토론
	□랜덤워드	□SCAMPER	□전문가집단 토의토론	□물레방아 하브루타	□도너츠 크림
	□6색생각모자	□SWOT 토의토론	□꼬마 인터뷰	□월드카페	□피사랑정 그림토 양궁
	□PMI 토의토론	□생선 뼈	□교실토론대회	□모서리 토의토론	□Y, T-Chart
구조화 필기	■써클맵/마인드맵	□트리 맵	□버블 맵	□더블 버블 맵	□플로우 맵
	□브레이스 맵	□브릿지 맵	□멀티 플로우 맵	□윈도우 패닝	□비주얼 씽킹
형성 평가	□구술	□서술/논술	■토의토론	□구조화 필기	□수업놀이
	□독서놀이	□교육연극	■목표 제시하기	□입장권	□신호등 카드
	□동료평가	■자기평가			

수업 활동 설계(WHERET 고려)

W(목표, 방향), H(관심과 흥미), E1(학습경험, 준비), R(성찰), E2(평가), T(학습 스타일)

단계	핵심질문	차시	배움(수업-평가 연계) 활동(코드)	평가(□) 및 피드백(○)
배움 탐구	가족은 왜 소중할까요?	1~2	■PBL 소개하기 : 스토리보드 및 진행과정 확인하기(W, H) ■배움질문 및 배움순서 소개하기 -배움질문 : 가족은 왜 소중할까요? ■[배움1] 그림책 상상하고 경험 공유하기(E1) ■[배움2] 그림책 듣고 마음에 드는 문구 기록하기 ■[배움3] 가족이 소중한 이유 고민하고 토의하기(E2)	□가족의 소중함 탐구 하기 ○전체 친구들의 의견 공 유하고 정리후에 다시 자기 생각 정리, 개별적 피드백(댓글, zoom)
	나의 마음을 잘 전하려면 어떻게 글을 써야 할까?	3~4	■PBL 흐름 다시 확인하기(W, H) ■배움질문 및 배움순서 소개하기 -배움질문 : 나의 마음을 전하는 글을 어떻게 쓸까요? ■[배움1] 마음을 나타내는 표현 이해하기(E1) ■[배움2] 마음을 드러내는 글 쓰는 방법 익히기(E1) ■[배움3] 마음을 전하는 글 쓰기 연습하기(T)	○마음을 드러내는 글 쓰기 연습(잘된 친구 들의 글 확인) 및 개별 피드백(댓글, zoom)
배움 표현	가족에게 마음을 전하는 글을 써볼까요?	5~6	■PBL 흐름 다시 확인하기(W, H) ■배움질문 및 배움순서 소개하기 -배움질문 : 가족에게 마음을 전하는 글을 써볼까요? ■[배움1] 마음을 드러내는 글 쓰는 방법 떠올리기(E1) ■[배움2] 마음을 드러내는 글 조직하기(E1) ■[배움3] 마음을 전하는 글 쓰기(E2, R)	□가족에게 마음을 담은 글쓰기 ○동료 댓글 피드백 및 교사의 개인별 피드백
	가족에게 마음을 전하는 그림책을 만들어볼까요?	7~10	■PBL 흐름 다시 확인하기(W, H) ■배움질문 및 배움순서 소개하기 -배움질문 : 가족에게 마음을 전하는 그림책을 만들어볼까요? ■[배움1] 편지에서 마음에 드는 문구 선택하기(R) ■[배움2] 마음을 표현하는 낱말에 어울리는 그림 디자인하기(E1) ■[배움3] 그림책 부모님들께 보여드리고 피드백 받아서 공유하기(R)	○부모님들의 피드백 및 자기평가 실시
배움 활용	행복한 가족을 위해 필요한 말과 행동은 무엇일까요?	10~12	■PBL 흐름 다시 확인하기(W, H) ■배움질문 및 배움순서 소개하기 -배움질문 : 행복한 가족을 위해 필요한 말과 행동은 무엇일까요? ■[배움1] 가족 간에 필요한 예절 이해하기(E1) ■[배움2] 행복한 가족을 위해 필요한 말과 행동 고민하기(E1)	○토의 과정을 통한 피 드백
	행복한 가족을 위해 필요한 말과 행동을 실천해볼까요?	13~14	■PBL 흐름 다시 확인하기(W, H) ■배움질문 및 배움순서 소개하기 -배움질문 : 행복한 가족을 위해 필요한 말과 행동을 실천해볼까요? ■[배움1] 행복한 가족을 위해 필요한 말과 행동 계획 및 실천 하기 ■[배움2] PBL 성찰하기	□행복한 가족을 위해 필요한 말과 행동 계획 및 실천하기 ○미션 확인 및 격려

보급형 백워드 설계

백워드 설계 과정에 따라 교육과정을 설계하면 성취기준을 깊이 있게 분석하여 구체적이고 명확한 목표 설정이 가능하다. 평가를 수업보다 앞서 계획하고, 학생의 진정한 이해와 전이를 확인할 수 있는 타당도와 신뢰성을 갖춘 평가 과제를 개발하기 때문에 과정중심평가를 내실화 있게 실행할 수 있다. 또한 명확한 목표를 수립한 후 평가를 설계하고, 평가를 토대로 수업을 설계하기 때문에 교육과정-수업-평가가 유기적으로 연결되고 진정한 이해와 전이를 촉진하는 효과적인 학습 경험을 제공하는 수업 설계가 가능하다.

백워드 설계가 가진 많은 장점에도 불구하고 현장에서 잘 활용되지 못하는 이유는 백워드 설계의 개념이 어렵고 절차가 복잡하기 때문이다. 목표를 확인하는 단계에서 성취기준 분석을 통해 빅 아이디어, 영속적 이해, 본질적 질문, 핵심 지식과 기능을 설정하는 것에 대한 개념도 어렵고, 실제로 분석을 통해 설정한 목표가 적절한지에 대한 의문을 가지게 된다. 여러 교과의 성취기준을 융합하여 실행하는 주제 통합 수업이나 프로젝트 수업에 백워드 설계를 적용할 경우 그 어려움이 배가 된다. 학생의 진정한 이해를 확인할 수 있는 평가를 설계하는데 도움을 주기 위해 소개한 GRASPS와 매력적이고 효과적인 수업 설계를 위해 제안한 WHERETO 요소도 평가와 수업을 설계하는 데 도움이 되는 것은 확실하다. 하지만 이러한 요소들을 모두 고려하면서 평가와 수업을 설계한다는 것은 쉽지 않다.

앞에서 소개한 백워드 설계 템플릿과 사례들은 한 단위의 수업을 설계하기 위한 자료이다. 한 단원, 한 단위의 주제 통합 수업 및 프로젝트 수업을 설계하는 데 이 정도의 과정이 요구된다면 현장에서 실행하기에 많은 어려움이 있다. 개인적으로 백워드 설계에 관심을 가지고 적용해 보려고 시도했지만 일 년에 2~3번 정도 시도하는 것에 만족해야 했다. 교내 전문적 학습공동체를 통해 함께 연구하고 실행해 보는 것을 시도했지만, 어렵고 복잡한 과정으로 인해 실제 실행까지 이어지기 어려웠다.

백워드 설계를 실행하기 위해 필요한 개념 이해가 어렵고 설계하는 과정 중에 너무 많은 시간과 노력이 소요된다면 지속하기 어렵다. 백워드 설계를 사용하여 운영된 교육과정 개발 관련 정책 연구학교를 운영했을 때 복잡한 백워드 설계 방식을 다 지키는 방식과 백워드의 본질인 목표에 대한 평가 계획을 수립하고 수업 내용을 선정·조직하는 방식을 비교해 보니 학생들의 이해에 대한 산출물은 큰 차이가 없었다고 한다.[62] 교육의 목표는 학생의 배움과 성장에 있고, 교사가 수업의 질을 높이기 위해 연구하고 노력하는 이유도 결국 학생의 배움과 성장에 있다. 복잡한 절차를 다 지키지 않아도 학생의 배움과 성장에 큰 차이가 없다면 어렵고 복잡한 백워드 설계의 과정을 다 밟아 가며 실행하는 것보다 백워드 설계의 핵심적인 절차(교육과정 설계 → 평가 설계 → 수업 설계)만 지키면서 효율적으로 적용하는 것이 훨씬 더 나은 방법일 것이다. 백워드 설계의 핵심적인 절차에만 초점을 맞추어 교육과정-수업-평가 설계에 필요한 절차를 최소화한 보급형 백워드 설계 템플릿을 소개한다.

교육과정 재구성

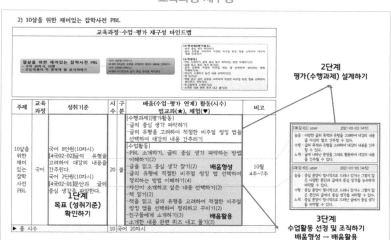

교육과정 재구성 X

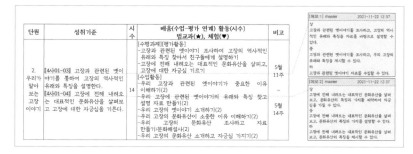

보급형 백워드 설계 템플릿은 목표(성취기준)에 대한 평가를 먼저

설계하고 수업을 설계하는 간단한 방법을 적용했다. 교육과정 재구성 여부에 관계없이 모두 활용이 가능하다. 성취기준과 관련된 교과의 단원과 성취기준 도달을 위해 활용할 시수도 기록했다. 시수 옆의 구분은 원격수업, 등교수업, 블렌디드 수업을 표시하기 위해 기록했다. 각 성취기준과 관련된 평가 기준을 한글 메모 기능을 활용하여 기록해 두어 학생들의 성취기준 도달 수준을 확인하는 기준으로 활용할 수 있도록 했다. 수업은 지식교육과 역량교육의 조화를 추구하는 교사의 수업 루틴에 따라 설계했다.

성취기준이 분명하게 명시되어 있기 때문에 성취기준 중심의 교육과정 운영이 가능하며 수업과 평가의 초점을 분명히 할 수 있다. 성취기준 도달을 확인할 수 있는 평가와 더불어 성취기준 도달에 꼭 필요한 수업만 설계하게 된다.

문서로만 존재하고 실제 교육과정 운영에 도움이 되지 않는 자료가 아닌 교사가 교육과정-수업-평가를 설계하고 실행하는 데 유용하게 활용할 수 있다. 성취기준 도달을 확인하기 위한 평가를 먼저 고민하고 평가 과제를 수행할 수 있도록 수업을 설계하기 때문에 교육과정-수업-평가의 일체화는 물론 과정중심평가의 효과적인 실행이 가능하다.

교사가 기존의 양식보다 훨씬 쉽게 교육과정 문서를 작성할 수 있고 변화에 유연하게 대처할 수 있다. 평가와 수업이 함께 계획되어 있기 때문에 별도의 평가 계획이 필요하지 않다. 범교과나 체험학습은 기호(범교과: ★, 체험학습: ♥)를 활용해 수업 활동 옆에 표시하도록 했다. 평가 활동과 수업 활동을 행 구분 없이 한 칸에 기록했기 때문에 수업 계획이 변경되거나 교육과정 시수에 변동이 있을 때 쉽게 바꿀 수 있다. 비고에는 실제 교육과정이 운영되는 시기를 기록했다.

이 템플릿은 교육과정-수업-평가를 다소 거칠게 작성한 초안이기 때문에 실제 수업을 실행할 때는 많은 수정 및 보완 과정을 거치게 된다. 각 단계에 따른 구체적인 절차와 방법을 수업 사례를 통해 공유하고자 한다.

주제	성취기준	시수	구분	배움(수업-평가 연계) 활동(시수) 범교과(★), 체험(♥)	비고
가정의 달 PBL	[4국03-04] 읽는 이를 고려하며 자신의 마음을 표현하는 글을 쓴다.	8	원격수업	[수행 과제] [평가 활동] • 부모님을 사랑하는 마음을 담아 자신의 마음을 표현하는 글쓰기 [수업 활동] • PBL 소개하기, 목표 확인하기(1) • 마음이 잘 드러나게 글 쓰는 방법 익히기(2) • 부모님을 사랑하는 마음을 담아 자신의 마음을 드러내는 글쓰기(2) • 마음을 전달하는 그림책 만들고 전달하기(4) ★인성교육 • 프로젝트 수업 성찰하기(1)	5월 11주 ~ 12주
	[4미02-03] 연상, 상상하거나 대상을 관찰하여 주제를 탐색할 수 있다.	4			

1단계 교육과정 설계하기(목표 확인하기)

1단계는 한 단위의 수업(단원, 주제 통합 수업, 프로젝트 수업 등)과 관련된 성취기준을 확인하고 분석하며 목표를 분명히 인식하고, 평가와 수업에 대한 아이디어를 얻는 단계이다. 성취기준이 많다면 이와 연결된 평가 및 수업 활동이 그만큼 늘어나기 때문에 한 단위의 수업과 연결된 성취기준의 개수가 너무 많은 경우 수업의 초점이 흐려질 수 있다. 수업은 국어와 미술의 성취기준을 연결했다. 하지만 이 수업을 통해 제대로 가르칠 성취기준을 국어로만 한정했기 때문에 국어와 관련된 성취기준만 분석했다. 만약 미술 관련 성취기준까지 도달시키고자 하는 의도가 있다면 미술 성취기준에 대한 분석도 필요하다. 성취기준의 개수가 많거나, 성취기준이 교사가 담고자 하는 목표를 온전히 담을 수 없는 경우 적극적인 재구조화를 한 후에 성취기준 분석을 실행해야 한다.

성취기준 확인과 분석을 통해 교사가 확인해야 하는 것은 학생이 수업을 통해 도달해야 하는 목표이다. 수업을 통해 궁극적으로 도달하려는 목표는 전이 가능성이 높은 핵심적인 지식·기능·태도를 학습하고 이를 토대로 삶의 맥락이나 다른 학습의 맥락에 적용 및 활용할 수 있는 능력을 길러 주는 것이다. 2015 개정 교육과정의 내용 체계표는 백워드 설계의 빅 아이디어(핵심 개념)를 중심으로 구성되어 있고, 이를 토대로 성취기준이 만들어졌기 때문에 성취기준에 충실한 수업을 한다면 핵심 지식·기능·태도에 대한 진정한 이해와 전이를 이끌어 내는 수업을 할 수 있다. 또한 성취기준은 핵심 지식·기능·태도를 학습하고 적용 및 활용할 수 있는 목표로 진술되어 있기 때문에 성취기준을 확인하는 것만으로도 학생이 무엇을 배워야 하는지에 대한 초점을 분명히 할 수 있다. 성취기준 분석은 성취기준 도달에 필요한 핵심 지식·기능·태도를 확인하고, 이와 관련된 진정한 이해와 전이 목표가 무엇인지 더 깊이 이해하기 위한 과정이다. 예를 들어 "[4국03-04] 읽는 이를 고려하며 자신의 마음을 표현하는 글을 쓴다."라는 성취기준이 있다면 이 성취기준과 관련된 수업 목표는 읽는 이를 고려하여 자신의 마음을 표현하는 글을 쓸 수 있도록 하는 것이고, 읽는 이를 고려하며 자신의 마음을 전하는 글을 쓸 수 있도록 하는 데 필요한 지식·기능·태도를 성취기준 분석을 통해 확인해야 한다.

성취기준 분석에 가장 도움이 되는 자료는 2015 개정 교육과정 초등학교 교육과정에 제시된 성취기준에 해설과 성취기준이 반영된 교과용 지도서이다. 앞서 소개한 마인드맵으로 정리한 교육과정 분석 자료가 있다면 유용하게 활용할 수 있다.

성취기준 해설(초등학교 기준)이 포함된 2015 개정 교육과정 문서는 '에듀넷 → 교육정책 → 국가 교육과정 → 2015 개정 교육과정 → 별책2_초등학교 교육과정'을 통해 확인할 수 있다.

(가) 학습 요소

문단 쓰기(중심 문장과 뒷받침 문장 이해하기), 시간의 흐름에 따라 쓰기, 의견이 드러나는 글 쓰기, 마음을 표현하는 글 쓰기, 쓰기에 자신감 갖기(글을 적극적으로 나누는 태도 갖기)

(나) 성취기준 해설

- [4국03-03] 이 성취기준은 어떤 대상이나 사실에 대해 자신의 의견을 밝히는 글을 쓰는 과정에서 생각을 구체화·명료화·정교화하여 제시하는 능력을 기르기 위해 설정하였다. 주변 현상에 대해 관심 갖기의 중요성을 일깨우고 주장이 무엇이고 주장을 할 때에는 어떤 점에 주의해야 하는지를 기초적인 수준에서 다루도록 한다. 그리고 주장을 뒷받침하는 근거를 들어 자신의 의견이 뚜렷하게 드러나게 주장하는 글을 쓰게 한다.

- [4국03-04] 이 성취기준은 읽는 이의 흥미나 관심, 입장, 반응 등을 고려하여 글을 쓰는 자세를 기르기 위해 설정하였다. 글은 글쓴이와 읽는 이가 만나는 공간이다. 글을 통해 다른 사람과 소통하려면 읽는 이의 흥미나 관심, 입장, 반응 등을 고려하여 글을 써야 한다. 친구, 부모님, 선생님, 이웃 등 주위 사람을 대상으로 하여 고마움, 미안함, 기쁨, 슬픔, 사랑, 우정, 고민 등 자신의 정서와 감정을 표현하는 글을 쓰는 경험을 통해 읽는 이를 고려하여 쓸 내용을 마련하거나 적절한 표현을 할 수 있는 능력을 기르도록 한다.

(다) 교수·학습 방법 및 유의 사항

① 쓰기 과제를 부여할 때에는 실제로 학습자의 삶과 직결되는 쓰기를 경험하게 한다. 자신의 생활을 바탕으로 하여 글을 쓸 상황을 구체적으로 설정하고 그 상황에서 주제나 목적, 읽는 이 등을 고려하여 글을 써 보도록 지도한다.

② 문단 쓰기를 지도할 때에는 중심이 되는 내용과 이를 부연해 주거나 뒷받침해 주는 내용을 갈 조직하여 문단 자체의 완성도를 높이도록 지도한다.

"[4국03-04] 읽는 이를 고려하며 자신의 마음을 표현하는 글을 쓴다."라는 성취기준과 관련된 성취기준 해설을 확인해 보면 성취기준에 도달한 학생이 어떠한 이해와 수행을 보여 주어야 하는지에 대해 더 깊이 이해할 수 있다. 모든 성취기준에 대한 해설이 서술되어 있지 않은데 성취기준 해설 여부가 성취기준의 중요도를 결정짓는 것은 아니다.

성취기준 해설을 확인한 이후에는 관련 성취기준이 반영된 단원의 교과용 지도서의 주요 학습 내용 및 활동을 확인해 보면 도움이 된다. 교과서는 각 교과의 전문가들이 성취기준 도달을 위해 체계적이고 효과적으로 교수·학습하는 데 필요한 내용과 방법을 제시하고 있다. "[4국03-04] 읽는 이를 고려하며 자신의 마음을 표현하는 글을 쓴다."라는 성취기준이 반영된 '국어 3-1-가 교과서 4단원'의 차시 학습 목표는 다음과 같이 제시되어 있다.

단원	단원 학습목표	차시 학습목표	학습 성격	「국어 활동」 연계
4. 내 마음을 편지에 담아	전하고 싶은 마음을 담아 편지를 쓸 수 있다.	1. 마음을 전한 경험을 나눌 수 있다.	준비 학습	
		2~3. 편지를 읽고 마음을 나타내는 말을 익힐 수 있다.	기본 학습	○
		4~5. 글을 읽고 글쓴이의 마음을 짐작할 수 있다.	기본 학습	
		6~7. 마음이 잘 드러나게 편지 쓰는 방법을 익힐 수 있다.	기본 학습	○
		8~9. 마음을 담아 편지를 쓸 수 있다.	실천 학습	

차시 학습목표를 살펴보면 읽는 이를 고려하여 마음을 표현하는 글을 쓸 수 있도록 하기 위해서는 마음을 나타내는 말을 익히고, 마음이

잘 드러나게 편지 쓰는 방법을 익히게 하는 것이 핵심 지식과 기능이라는 것을 확인할 수 있다. 또한 학습한 지식과 기능을 토대로 실제 삶의 맥락에서 마음을 담는 편지를 쓰는 수업으로 되어 있어 개인적으로 좋은 수업 흐름으로 판단된다.

성취기준을 확인하고 성취기준 분석을 위해 교육과정 성취기준 해설 자료와 관련 교과용 지도서를 확인하면 수업의 분명한 목표를 정립하고 평가와 수업 활동 설계에 필요한 아이디어를 얻을 수 있다. 성취기준 도달을 위해서는 앞서 소개한 것처럼 성취기준과 관련된 핵심 지식·기능·태도를 학습하는 수업과 이를 적용 및 활용하는 수업이 모두 필요하다. 이러한 관점을 가지고 성취기준을 2가지 목표로 나누고 이와 관련된 평가와 수업을 다음과 같이 간단하게 설계할 수 있다.

목표	평가	수업
• 마음이 드러나게 편지 쓰는 방법을 이해하고 수행할 수 있다.	• 마음이 드러나게 편지 쓰는 방법 수행 과정 확인하기	• 마음이 드러나게 편지 쓰는 방법 익히기
• 읽는 이를 고려하며 자신의 마음을 표현하는 글을 쓴다.	• 실제 삶의 상황에서 나의 마음을 표현하는 편지 작성하기	• 나의 마음을 전하는 편지 작성하고 전달하기

2단계 평가 설계하기

교육과정-수업-평가 설계 중 가장 어려운 것은 평가 설계이다. 평가 설계의 초점은 '학생의 배움(성취기준의 학습 수준)을 어떻게 확인하고 피드백할 것인가?'에 맞춰져야 한다. 평가는 평가 시기에 따라 진단평가 · 형성평가 · 총괄평가로 구분할 수 있고, 평가 방법은 구조화된 정도에 따라 비구조적 평가 · 구조적 평가로 나눌 수 있다. 구조적 평가는 선택형 문항에 의한 평가, 서답형 문항에 의한 평가, 수행 과제를 활용한 평가로 나눌 수 있다. 이를 표로 정리하면 다음과 같다.

과정중심평가의 핵심은 평가와 피드백의 연결에 있기 때문에 교사의 판단에 따라 다양한 평가 방법을 활용하고, 평가 결과에 따른 피드백을 주고받는 것이 중요하다.

평가 시기 및 평가 방법에 따른 구분

평가 시기에 따른 구분		평가 방법에 따른 구분	
		비구조적 평가	구조적 평가
수업 전	진단평가	· 행동 관찰, 언어적 상호작용, 질의응답, 교실 분위기 · 수업 중 관찰/모니터링	· 선택형 문항에 의한 평가 · 서답형 문항에 의한 평가 · 수행 과제를 활용한 평가(구술 · 발표, 토의 · 토론, 프로젝트, 실험 · 실습, 포트폴리오 등)
수업 중	형성평가		
수업 후	총괄평가		

비구조적 평가나 선택형 문항과 구성형 문항에 따른 평가는 교사들이 많이 경험하고 손쉽게 활용할 수 있는 평가이다. 하지만 수행 과제를 활용한 평가는 꼭 필요하지만 설계하고 실행하는 것은 어렵게 여겨진다. 따라서 수행 과제를 설계하는 방법에 대해서 구체적으로 안내하고자 한다.

백워드 설계에서는 학생의 이해를 확인하기 위해 수행 과제를 중시한다. 수행 과제는 학습자가 실제 상황에서 복잡한 문제나 과제를 해결할 수 있는지를 봄으로써 학습 내용을 충분히 이해하였는지 판단할 수 있는 배움의 증거이다.[63] 수행 과제는 학생들이 실생활에서 적용할 수 있는 상황Situation에서 어떤 목표Goal를 가지고 구체적인 대상Audience를 고려하면서 특정한 역할Role과 기준Situation에 따라 수행Performance하고 결과물을 만들도록 한다.[64] 교사는 수행 과제를 통해 학생들이 학습한 지식 · 기능 · 태도를 어떻게 적용 및 활용하는지 확인하여 학생의 성취기준 도달 여부를 확인할 수 있다.

수행 과제에 대한 직관적 이해를 돕는 평가의 예시는 운전면허시험이다. 운전면허시험은 예비 운전자가 운전과 관련된 지식 · 기능 · 태도를 갖추고 실제 삶에서 운전을 할 수 있는 역량을 확인하기 위한 평가이다. 평가는 총 3단계로 이루어지는데 운전에 대한 기본적인 지식을 습득했는지 확인하기 위한 학과시험(지필평가), 운전에 필요한 핵심적인 기능을 수행할 수 있는지 확인하는 기능시험, 실제 도로 환경에서 운전할 수 있는 역량을 확인하는 도로주행시험이 있다. 이 중 가장 적절한 수행 과제의 예시는 도로주행시험이다. 도로주행시험이 운전 역량을 확인하는 가장 중요한 평가이지만 그 전의 학과시험과 기능시험도 운전에 필요한 지식과 기능을 갖추었는지 확인하기 위한 평가라는 점에서 꼭 필요한 평가이다. 또한 기능시험과 도로주행시험을 준비하기 위해 운전 교육을 받으면서 강사가 제공하는 비구조적 평가와 피드백이 운전 실력을 향상하는 데 큰 도움을 준다.

운전면허시험: 실제 도로에서 운전할 수 있는 역량을
확인하기 위한 평가

구조적 평가	운전에 필요한 핵심 지식·기능·태도를 학습했는지 확인하기 위한 평가	• 학과시험: 운전에 대한 지식, 태도를 학습했는지 확인하는 평가 • 기능시험: 운전에 필요한 기능을 수행할 수 있는지 확인하는 평가
	운전할 수 있는 역량을 확인하기 위한 평가	• 도로주행시험(수행 과제): 운전에 대한 지식·기능·태도를 활용해 실제 도로에서 운전할 수 있는 역량을 확인하는 평가
비구조적 평가		• 기능시험과 도로주행시험을 준비하며 강사가 제공하는 비구조적 평가와 피드백

    배움의 증거를 수집하기 위해 수행 과제로 평가를 설계하는 이유는 무엇일까? 앞서 예시를 들었던 것처럼 운전할 수 있는 역량을 확인하기 위해서는 학과시험 및 기능시험보다는 도로주행시험 같은 수행 과제가 훨씬 효과적이다. 성취기준은 학습한 핵심 지식·기능·태도를 적용 및 활용하는 수행의 형태로 진술되어 있기 때문에 성취기준 도달 수준을 확인하기 위해서는 수행 과제를 활용한 평가가 가장 적합하다. 그러나 수행 과제를 활용한 평가뿐만 아니라 다른 평가도 활용해야 한다. 필요에 따라 선택형 문항에 의한 평가와 서답형 문항에 의한 평가를 활용할 수도 있고, 평가와 수업의 과정 중에 자연스럽게 실

행되는 비구조적 평가도 함께 이루어지면 효과적이다. 피드백을 어떻게 연결하느냐에 따라 학생의 배움과 성장을 위해 모든 평가를 효과적으로 활용할 수 있다.

학생의 배움과 성장을 지원하는 평가의 본질 추구를 위한 핵심은 평가를 토대로 피드백을 제공하는 것이다. 아무리 잘 설계된 수행 과제를 활용해서 평가를 실행했어도 그 평가가 학생들의 성적을 '상·중·하'로 기록하기 위한 평가로만 실행되면 학생들의 배움과 성장을 촉진하는 평가 본연의 목적을 수행하지 못한 것이다. 피드백의 중요성을 인식하며 평가 과정과 결과를 토대로 학생들에게 어떻게 피드백을 제공할 것인지, 다음 수업의 방향을 어떻게 이어 나가야 할 것인지 고민해야 한다.

구조적 평가와 비구조적 평가

구조적 평가와 피드백	• 성취기준 도달에 필요한 핵심 지식·기능·태도를 제대로 학습했는지 확인하기 위한 평가와 피드백
	• 수행 과제: 학습한 핵심 지식·기능·태도를 실제 삶의 맥락에 적용 및 활용할 수 있는지 확인하기 위한 평가와 피드백
비구조적 평가와 피드백	• 행동 관찰, 언어적 상호작용, 질의응답, 교실 분위기 • 수업 중 관찰/모니터링

수행 과제는 어떻게 설계할 수 있을까? 다음 2가지 방법 중 한 가지를 선택해서 활용할 수 있다. 개인적으로 주로 첫 번째 방법을 적용하고, 성취기준과 관련하여 의미 있는 프로젝트 수업을 실행하고 싶은 경우 두 번째 방법을 적용한다.

- 방법1: 성취기준의 진술을 '~하기'로 바꾸기
- 방법2: GRASPS(Goal, Role, Audience, Situation, Performance, Standards) 활용하여 설계하기

첫 번째, 성취기준의 진술을 '~하기'로 바꾸는 방법이다.

성취기준 자체가 핵심 지식·기능·태도를 학습하고 적용 및 활용하는 수행 과제로 진술되어 있기 때문에 성취기준의 진술을 '~하기'로만 바꾸어도 학생이 수업 시간에 배움의 증거로 수행해야 할 활동으로 될 수 있다. 삶과 배움을 연결한 수행 과제 설계를 위해서는 글을 쓰는 상황을 실제 삶과 연결하면 된다.

- 성취기준: [4국03-04] 읽는 이를 고려하며 자신의 마음을 표현하는 글을 쓴다.

↓

- 수행 과제
- 예시1: 읽는 이를 고려하며 자신의 마음을 표현하는 글쓰기
- 예시2: 부모님께 자신의 마음을 표현하는 글쓰기
- 예시3: 스승의 날을 맞이하여 존경하는 선생님의 마음을 고려하며 나의 마음을 표현하는 편지 쓰기

두 번째, 백워드 설계의 GRASPS 도구를 활용하는 방법이다.

이 도구를 적용하면 삶과 연계한 의미 있는 수행 과제로 바꿀 수 있고 프로젝트 수업의 실행도 자연스럽게 가능하도록 만들어 준다. GRASPS 도구를 활용하는 것은 수행 과제에 목표^{Goal}, 역할^{Role}, 대상

Audience, 상황Situation, 수행Performance, 기준Standards이 반영되도록 하는 것을 의미한다. GRASPS의 각 요소는 다음과 같이 서술될 수 있다.

GRASPS 과제 설계 단서

목표 Goal	• 당신의 과제는 _____이다. • 목표는 _____을 하기 위함이다. • 문제나 도전은 _____이다.
역할 Role	• 당신은 _____이다. • 당신은 _____을/를 요구받았다. • 당신의 일/역할은 _____이다.
대상 Audience	• 당신의 고객은 _____이다. • 당신의 대상은 _____이다.
상황 Situation	• 당신은 _____한 상황에 있다. • 당신 자신을 발견하는 맥락은 _____이다. • 도전은 _____을/를 다루는 것을 포함한다.
수행 Performance	• 당신은 _____ 하기 위해서 _____을/를 만들 것이다. • 당신은 _____ 하기 위해서 _____을/를 개발할 필요가 있다.
기준 Standards	• 당신의 수행은 _____할 필요가 있다. • 당신의 작업은 _____에 따라 판단될 것이다. • 성공적인 결과는 _____할 것이다.

(강현석, 이지은, 유제순, 2021: 167)

GRASPS의 요소를 활용해서 수행 과제를 설계할 때 가장 고민이 되는 요소가 수행이다. 어떤 수행 과제 결과물이 학생의 성취기준 도달에 대한 증거를 잘 드러낼 수 있을지 고민해야 한다. 수행 과제의 결과물이 결정되면 나머지 요소인 목표, 역할 및 대상, 상황, 기준은 쉽게 서술할 수 있다.

다음은 수행과 결과물의 예시인데 성취기준과 관련하여 적절한 수행 과제 결과물을 선택하면 된다. 이 외에도 교사가 창의력을 발휘하면 무궁무진한 수행 과제 결과물을 떠올릴 수 있다.

수행과 결과물의 예시

말하기&듣기	서술&논술	디자인&기술
• 연설	• 보고서	• 영상
• 강의	• 편지	• 전시
• 토의	• 블로그	• 모형
• 토론	• 사설	• 포스터
• 발표	• 서평	• ppt
• 변호	• 논술	• 웹툰
• 방송(개인방송, 뉴스)	• 뉴스	• 웹 사이트/페이지
• 라디오	• 신문	• 프로그램/어플
• 팟캐스트	• 소설	• 온라인 설문
• 연극	• 수필	• 공간 설계5
• 낭독극	• 일기	• 제품
• 강의	• 시	• 요리
• 상담	• 설명문	• 텃밭
• 노래/연주	• 논설문	• 경기/스포츠

(강현석, 이지은, 유제순, 2021 : 169 재구성)

실제 성취기준을 토대로 설계한 수행 과제의 예시를 2가지 제시하고자 한다.

첫 번째 사례는 "[4국03-04] 읽는 이를 고려하며 자신의 마음을 표현하는 글을 쓴다."라는 성취기준의 도달 여부를 확인하기 위한 수행으로 '서술&논술' 중에 '편지'라는 결과물을 선택해서 설계했다. 5월 가정의 달을 맞아 가족에게 편지를 쓰는 상황으로 설정했다 .

	[4국03-04] 읽는 이를 고려하며 자신의 마음을 표현하는 글을 쓴다.

↓

목표(G)	• 가족에게 나의 마음을 전하는 것입니다.
역할(R)	• ○○초등학교 3학년 학생입니다.
대상(A)	• 대상은 여러분의 가족입니다.
상황(S)	• 5월은 가정의 달입니다. 가정의 달을 맞이하여 가족에게 나의 마음을 전하고자 합니다.
수행(P)	• 나의 마음을 전하는 글을 작성해서 가족에게 전달하고자 합니다.
기준(S)	• 글은 다음과 같이 작성되어야 합니다. – 편지 형식으로 작성합니다. – 마음을 효과적으로 전하는 표현과 이유가 포함되어야 합니다. – 편지를 읽는 가족의 상황(관심, 반응)을 고려하여 작성합니다.

↓

○○초 3학년 학생 여러분 5월은 가정의 달입니다. 가정의 달은 가정의 소중함을 돌아보고 평소 전하지 못한 마음을 전하는 달입니다. 가정의 달을 맞이하여 소중한 가족에게 나의 마음을 전하는 글을 전달해 봅시다. 글은 편지 형식으로 작성되고, 마음을 전하는 표현과 이유가 포함되어야 합니다. 편지를 읽는 가족의 상황(관심, 반응)을 고려하여 여러분의 마음을 잘 전하는 글을 작성해 봅시다.

두 번째 사례는 '[6사08-06] 지속가능한 미래를 건설하기 위한 과제를 조사하고, 세계시민으로서 이에 적극 참여하는 방안을 모색한다.', '[국01-05] 매체 자료를 활용하여 내용을 효과적으로 발표한다.'는 2개의 성취기준의 도달 여부를 확인하기 위해 설계한 수행 과제이다. 수행으로 '말하기&듣기' 중에서 '발표'라는 결과물을 선택했다. 학생들이 국제기구 회의에 참석해서 나라의 대표로서 지속가능한 미래를 위한 과제와 실천 방안을 발표하는 상황으로 설정했다.

목표(G)	• 비대면 국제기구 회의에 참석하여 지속가능한 미래를 위한 과제와 실천 방안을 발표하는 것입니다.
역할(R)	• 당신은 한국 대표입니다.
대상(A)	• 대상은 각 나라의 대표입니다.
상황(S)	• 지속가능한 미래를 위협하는 다양한 문제(바이러스 확산, 환경오염 및 기후 위기, 빈곤과 기아, 문화적 편견과 차별 등)로 인해 인류의 미래를 걱정하는 목소리가 높아지고 있습니다. 지속가능한 미래를 위해 함께 실천 과제를 고민하는 국제 기구 회의에 한국 청소년 대표로 참석했습니다.
수행(P)	• 지속가능한 미래를 위해 함께 실천할 과제별 실천 방안을 발표합니다.
기준(S)	• 발표에는 다음이 포함되어 있어야 합니다. – 지속가능한 미래를 위협하는 과제 – 지속가능한 미래를 위한 과제별 실천 방안 – 발표 내용에 적합한 매체 자료

↓

최근 인류의 지속가능한 미래를 위협하는 다양한 문제(바이러스 확산, 환경오염 및 기후 위기, 빈곤과 기아, 문화적 편견과 차별 등)에 대한 실천 과제를 고민하는 비대면 국제기구 회의에 한국 대표로 참여합니다. 지속가능한 미래를 위협하는 과제를 해결할 수 있는 실천 방안을 세계시민이 모두 함께 참여할 수 있도록 각 나라의 대표자를 설득해야 합니다. 지속가능한 미래를 위협하는 과제와 과제별 실천 방안을 발표 내용에 적합한 매체 자료를 활용해 발표해 봅시다.

　수행 과제라는 관문을 넘어선 후에 교사가 또 마주하게 되는 어려움은 평가 루브릭, 즉 평가 준거 설계이다. 루브릭은 구체적일수록 평가의 신뢰도와 타당도가 높아지고, 구체적인 피드백을 제공할 수 있다는 장점이 있다.

평가 루브릭 설계 예시

평가 기준		평가 요소		
		읽는 이의 상황 고려	내용의 적절성	글의 형식
상	읽는 이의 흥미나 관심, 입장, 반응 등을 충분히 고려하여 자신의 정서나 감정을 효과적으로 표현하는 글을 정확한 편지 형식으로 쓸 수 있다.	읽는 이의 상황 (흥미, 관심, 입장, 반응)을 충분히 고려함.	마음을 나타내는 표현과 이유를 효과적으로 드러냄.	완전히 정확한 편지 형식으로 글을 씀.
중	읽는 이의 흥미나 관심, 입장, 반응 등을 고려하여 자신의 정서나 감정을 표현하는 글을 쓸 수 있다.	읽는 이의 상황 (흥미, 관심, 입장, 반응)을 고려함.	마음을 나타내는 표현과 이유를 드러냄.	정확한 편지 형식으로 글을 씀.
하	읽는 이의 흥미나 관심, 입장, 반응 등을 부분적으로 고려하여 자신의 정서나 감정을 표현하는 글을 쓸 수 있다.	읽는 이의 상황 (흥미, 관심, 입장, 반응)을 부분적으로 고려함.	마음을 나타내는 표현과 이유가 효과적으로 드러나지 않음.	부정확한 편지 형식으로 글을 씀.

　하지만 이렇게 구체적인 루브릭을 설계하는 것은 현실적으로 실행하기 쉽지 않다. 각 성취기준에 따라 구체적으로 루브릭을 설계하기 위해 많은 시간이 소요된다면 오히려 교사의 과정중심평가의 실행을 가로막을 수 있다. 또한 루브릭이 너무 구체적일 경우 교사가 평가 결과를 토대로 학생에게 피드백을 제공하는 데 집중하는 것이 아닌 학생의 수행 과제를 채점하는 데 집중하게 될 수도 있다. 루브릭이 있으면 좋겠지만 루브릭을 설계하는 것이 어렵고 시간이 많이 소요된다면 성취기준과 관련된 평가 기준을 활용하는 것을 추천한다. 2015 개정 교육과정에서는 성취기준에 도달한 정도를 상·중·하로 구분하여 기술한 평가 기준을 제시하고 있다. 평가 기준은 예시적 성격이기

때문에 얼마든지 수정 및 보완해서 사용할 수 있다. 평가 기준을 토대로 학생의 성취기준 도달 수준을 질적으로 판단하고 피드백을 제공하는 데 집중할 때 학생의 배움과 성장을 적극적으로 지원할 수 있다. 평가 기준은 '에듀넷 → 교육정책 → 2015 개정 교육과정 → 평가 기준'을 통해 확인할 수 있다.

교육과정 성취기준		평가 기준
[4국03-04] 읽는 이를 고려하며 자신의 마음을 표현하는 글을 쓴다.	상	읽는 이의 흥미나 관심, 입장, 반응 등을 충분히 고려하여 자신의 정서나 감정을 효과적으로 표현하는 글을 쓸 수 있다.
	중	읽는 이의 흥미나 관심, 입장, 반응 등을 고려하여 자신의 정서나 감정을 표현하는 글을 쓸 수 있다.
	하	읽는 이의 흥미나 관심, 입장, 반응 등을 부분적으로 고려하여 자신의 정서나 감정을 표현하는 글을 쓸 수 있다.

3단계 수업 설계하기, 수업 루틴

수업 설계하기

교육과정 설계 단계에서 성취기준을 확인하고 분석하는 과정을 통해 목표를 분명히 하고 평가 및 수업 설계에 필요한 아이디어를 발산시켰다. 평가 설계에서는 성취기준 도달 여부를 확인하기 위한 수행 과제와 평가 루브릭을 설계했다. 교육과정과 평가의 고리가 단단히 연결되면 수업을 연결하는 것은 훨씬 수월해진다. 학생들이 수행 과제를 수행할 수 있도록 하는 수업과 학생들의 배움을 확인할 수 있는 평가와 일치된 수업을 설계하면 교육과정-수업-평가가 유기적으로 연결된다. 성취기준 도달의 궁극적인 목표는 전이 가능성이 높은 핵심 지식·기능·태도를 학습하고 이를 토대로 삶의 맥락이나 다른 학습의 맥락에 적용 및 활용할 수 있는 역량을 길러 주는 것이다. 이와 같은 흐름으로 목표를 바라보면 평가 또한 핵심 지식·기능·태도의 학습 여부를 확인하기 위한 평가와 이를 삶의 맥락 또는 다른 학습의 맥락에서 적용 및 활용할 수 있는지 확인하기 위한 평가가 필요하다. 수업은 자연스럽게 핵심 지식·기능·태도를 학습하기 위한 수업, 이를 삶의 맥락 또는 다른 학습의 맥락에서 적용 및 활용할 수 있도록 하는 수업이 필요하다. 교육과정, 수업, 평가를 어떤 관점으로 바라보고 어떤 순서로 설계하는가에 따라 어렵게만 생각되던 '교육과정-수업-평가 일체화'에 쉽게 접근할 수 있게 만든다. 이를 표로 정리하면 다음과 같이 정리해 볼 수 있다. 수업을 교육과정, 평가의 흐름과 일치하도록 설계하고 평가에서 계획한 핵심 평가 과제 그 자체가 수업의 과정으로 들어오도록 해야 한다.

백워드 설계를 활용한 수업 설계 흐름

교육과정	평가	수업
• 핵심 지식·기능·태도를 학습할 수 있다.	• 핵심 지식·기능·태도를 학습했는지 확인하는 평가 및 피드백	• 핵심 지식·기능·태도를 학습하는 수업 • 평가 및 피드백
• 학습한 핵심 지식·기능·태도를 삶의 맥락 또는 다른 학습의 맥락에서 적용 및 활용할 수 있다.	• 핵심 지식·기능·태도를 삶의 맥락 또는 다른 학습의 맥락에서 적용 및 활용할 수 있는지 확인하는 평가 및 피드백	• 핵심 지식·기능·태도를 삶의 맥락 또는 다른 학습의 맥락에 적용 및 활용하는 수업 • 평가 및 피드백

성취기준이 "[4국03-04] 읽는 이를 고려하며 자신의 마음을 표현하는 글을 쓴다."였고, 평가는 '읽는 이를 고려하며 자신의 마음을 표현하는 글쓰기'로 설계되었다면 수업은 학생들이 읽는 이를 고려하며 자신의 마음을 표현하는 글을 쓸 수 있도록 하는 수업 활동과 학생들이 삶의 맥락 또는 다른 학습의 맥락에서 읽는 이를 고려하며 자신의 마음을 표현하는 글을 쓸 수 있는지 확인하는 수업이 필요하다. 수업의 첫 시작은 수업에 대한 관심과 흥미를 높일 수 있는 활동과 더불어 명확한 목표와 수행 과제를 제시해 주어야 한다. 수업의 말미에는 더 나은 배움과 수업을 위한 성찰의 시간이 있으면 좋다.

1단계 교육과정 설계하기
• [4국03-04] 읽는 이를 고려하며 자신의 마음을 표현하는 글을 쓴다.

↓

2단계 평가 설계하기
• 읽는 이(가족, 선생님, 친구 등)를 고려하며 나의 마음을 표현하는 편지 쓰기

↓

3단계 수업 설계하기
• 동기 유발, 배움 목표 및 수행 과제 제시하기 • 읽는 이를 고려하며 자신의 마음을 표현하는 글을 쓰는 방법 이해하기(평가 및 피드백) • 실제 삶의 맥락에서 나의 마음을 표현하는 글쓰기(평가 및 피드백) • 수업 성찰하기

수업 루틴은 무엇이고 왜 필요한가

수업 활동을 설계할 때는 앞서 소개한 WHERETO요소를 활용하거나 교사의 일상 수업 루틴이 있다면 효과적으로 수업 설계를 할 수 있고 일상 수업의 질을 높일 수 있다. 수업 루틴은 교사가 자주 반복적으로 사용하는 수업 흐름과 자주 활용하는 수업 방법을 의미한다.[65] 여기서 루틴은 한두 차시의 수업뿐만 아니라 성취기준 도달을 위해 여러 차시에 걸쳐서 진행되는 루틴을 의미한다.

교사는 누구나 즐겨 사용하는 수업 루틴이 있다. 자신의 생각을 정리하고 토의 · 토론을 통해 생각을 확장하고 정교화하는 흐름의 수업을 자주 활용하는 교사, 비주얼씽킹 맵이나 마인드맵 같은 구조화된 공책 필기법을 활용해 생각을 정교화하는 수업을 자주 활용하는 교사도 있다. 평소 놀이에 대한 관심이 많은 교사는 다양한 놀이 기법을 수업에 녹여 내어 활용하기도 한다. 최근에는 수업 주제와 관련된 그림책을 학생들에게 읽어 주고 그림책과 관련된 이야기를 나누며 수업을 진행하는 교사도 많다. 수업의 범위를 조금 더 넓혀 보면 프로젝트 수업이나 온작품 읽기를 중심으로 다양한 교과를 통합하여 실행하는 수업을 선호하는 교사도 있다. 교사의 관심사와 강점에 따라 각양각색의 수업 루틴이 교실에서 실행되고 있다.

수업 루틴은 교사의 교육철학 및 수업 철학을 수업에 녹여 내고 교사와 학생에게 적합한 수업을 실행하는 과정이다. 수업 루틴이 있으면 교과서의 흐름이나 학술적으로 규정된 수업 모형이 아닌 교사의 철학에 따라 수업 활동을 설계하고 실행할 수 있으며, 수업 루틴 실행 과정을 성찰하고 수정 및 보완하는 과정을 통해 수업 전문성을 신장시킬 수 있다.

또한 학생들이 일상 수업에서 자주 활용되는 수업 흐름과 교수 · 학습 방법에 익숙해지면 수업 흐름이나 교수 · 학습 방법을 교사가 설명하거나 시범을 보이지 않아도 되기 때문에 수업에 여유가 생기고, 교사는 더 밀도 있고 깊이 있는 수업을 할 수 있다. 또한 학생이 교사가 자주 사용하는 수업 흐름과 교수 · 학습 방법에 익숙해지면 수업 내용을 이해하고 탐구하거나 수업에 제시된 과제를 수행하는 것에 온전히 집중할 수 있기 때문에 학생의 배움과 성장에 있어서도 효과를 발휘할 수 있다.

수업 루틴을 설계하고 실행하기 위해서는 무엇이 필요할까
교사의 수업 철학을 토대로 교육과정 문해력을 발휘하여 성취기준 도달 및 교사와 학생에게 적합한 수업 흐름과 교수 · 학습 방법을 활용해 수업을 설계해야 한다.

첫째, 교사의 수업 철학 정립이 필요하다.
어떤 수업이 좋은 수업이라고 생각하는지, 어떤 수업이 학생의 배움과 성장에 효과적이라고 생각하는지에 대한 교사의 가치관을 바로 세워야 한다.

둘째, 교육과정 문해력이 필요하다.
경기도교육청[66]은 교육과정 문해력을 성취기준을 중심으로 교육과정 문서를 읽고 해석하며 교육과정 재구성, 배움 중심 수업, 과정중심 평가를 실행하는 교육과정 상용 능력으로 정의하고 있다. 교육과정 문해력은 교육과정-수업-평가 일체화를 실행하기 위한 능력이다. 수업 루틴은 교육과정-수업-평가의 연결고리를 기반으로 교사와 학생에게 적합하며 성취기준 도달에 효과적인 수업 흐름과 교수·학습 활동을 설계하는 것이기 때문에 교육과정-수업-평가를 전체적으로 조망하며 설계하고 실행하는 역량이 필요하다.

셋째, 교사와 학생에게 적합한 교수·학습 방법을 선택해야 한다.

교수·학습 방법을 선택하는 가장 중요한 기준은 학습목표 도달의 효과성과 적합성이 되어야 한다. 이와 더불어 아무리 예쁘고 멋진 옷도 나의 체형에 어울리지 않으면 멋스럽지 않은 것처럼 교사가 좋아하면서 잘할 수 있는 수업을 하는 것이 수업의 효과를 더 높일 수 있다. 놀이를 좋아하는 교사, 그림책을 읽어 주는 것을 좋아하는 교사, 협동학습을 좋아하는 교사, 토의·토론을 좋아하는 교사, 프로젝트 수업을 좋아하는 교사, 온작품 읽기를 좋아하는 교사 등 교사는 누구나 좋아하고 잘하는 수업이 있다. 교사가 좋아하고 잘할 수 있는 교수·학습 방법에서 학생의 학습 유형에 적합한 교수·학습 방법을 활용하는 것이 효과적일 것이다.

넷째, 일단 시작해 보는 것이다.

학생들과 도전적인 프로젝트 수업을 시작할 때 자주 활용하는 '마시멜로 챌린지' 활동이 있다. 방법은 다음과 같다.

마시멜로 챌린지

1. 스파게티 면 20개, 종이테이프 1m, 실 1m, 마시멜로를 이용해서 도전한다.
2. 18분 동안 만들고, 1분 동안 그 모습을 유지하는 것을 규칙으로 한다.
3. 마시멜로는 반드시 탑의 꼭대기에 있어야 한다.
4. 가장 높은 탑을 만든 팀이 승리하고, 멋진 디자인을 만든 팀도 뽑는다.
5. 승리의 비법을 나눈다.

마시멜로 챌린지를 학생들과 함께 해 보면 신중하게 계획을 토의하고 만들기 시작하는 모둠, 무작정 만들기 시작하는 모둠으로 나뉜다. 결과는 어떤 모둠이 좋을까? 무작정 만들기 시작하는 모둠의 결과가 좋은 경우가 훨씬 많다. 신중하게 계획을 토의하는 모둠은 시간이 어느 정도 흐르다가 부랴부랴 만들기 시작한다. 계획대로 탑이 잘 올라간다면 괜찮다. 하지만 계획대로 탑이 올라가지 않고 스파게티 면이 부러지기 시작하면 당황하고 우왕좌왕하는 사이에 시간이 마무리되는 경우가 많다. 무작정 만들기 시작하는 팀은 처음에는 어려움에 부딪히지만 계속해서 수정하고 보완해 가면서 탑을 만들어 낸다.

그동안 학생, 건축가, CEO, 유치원, 변호사 등 많은 그룹이 마시멜로 챌린지에 참여했다고 한다. 결과는 어떤 그룹이 가장 좋았을까? 가장 결과가 좋았던 그룹은 건축가 그룹이다. 건축가 그룹을 제외하고 가장 결과가 좋은 그룹은 유치원 그룹이었다고 한다. 유치원 그룹의 결과가 좋은 이유는 유치원 아이들은 완벽한 계획을 세우는 데 집중하는 것이 아닌 놀이하듯이 일단 만들어 보기 시작했고, 문제점이 생길 때마다 수정하고 보완해 가며 탑을 만들었기 때문이다.

처음부터 완벽한 수업 루틴은 없고, 모든 상황과 모든 학생에게 효과적인 수업 루틴은 세상에 존재하지 않는다. 수업 루틴을 개발하고 실행하다 보면 부족한 점이 발견되고, 이전 학년도에는 효과적이었던 수업 루틴이 올해 학생들에게는 효과적이지 않을 수 있고, 대면 수업에서는 효과적이었던 것이 원격수업에서는 효과적이지 않을 수 있다. 수업 루틴을 개발하고 실행하다 보면 부족한 점이 발견되는 것은 자연스러운 일이다. 교사의 수업 루틴을 통해 학생들의 배움과 성장이 잘 일어나고 있는지, 학생들이 수업에 흥미와 관심을 가지고 적극적으로 참여하는지 교사가 수업에 대해 성찰한 내용을 토대로 수정 및 보완해 가는 과정을 통해 교사와 학생에게 적합한 수업 루틴을 만들어 갈 수 있다.

수업 루틴 예시

나의 수업 철학을 기반으로 한 수업 루틴을 소개한다. 배움 형성, 배움 활용이라는 두 단계로 구분이 되어 있고, 배움 형성 단계에 도달해야 배움 활용 단계에 오를 수 있다. 지식교육과 역량교육, 가르침과 배움의 조화를 추구하며 질 높은 지식교육과 교사의 가르침이라는 튼튼한 기초 위에 역량과 배움을 쌓아 갈 수 있는 흐름이다. 차시 단위의 수업이 아닌 성취기준을 중심으로 한 단원 또는 주제 통합 수업 및 프로젝트 수업 단위에 적용되는 루틴이다. 긴 호흡으로 1~2년에 걸쳐 꾸준히 지도해야 학생들이 온전히 도달할 수 있는 성취기준의 경우에는 이 루틴을 더 긴 흐름으로 적용한다.

수업 루틴 예시

수업 루틴		
단계	수업 활동	평가 활동
배움 형성	• 동기 유발 및 배움 목표 제시 • 핵심 지식 · 기능 · 태도 학습하기(평가 및 피드백)	• 진단평가 • 핵심 지식 · 기능 · 태도 학습 확인을 위한 형성평가 및 피드백 실시
배움 활용	• 배운 내용을 삶의 맥락 또는 다른 학습의 맥락에서 적용 및 활용하기(평가 및 피드백) • 배움 성찰 및 배움 증명서 전달하기	• 수행 과제를 활용한 평가(형성, 총괄) 및 피드백 실시
비고	• 원격수업 및 블렌디드 수업: 배움 형성 단계에서 평가와 피드백이 이루어지는 활동 및 배움 활용은 되도록 실시간 쌍방향 수업, 대면 수업으로 진행 • 학습 결손이 염려되는 수업(예: 수학 등)은 전체 실시간 쌍방향 수업 또는 대면 수업으로 진행	

배움 형성

첫 단계로 동기를 유발하고 배움 목표를 제시한다. 학습 동기 전략으로 유명한 켈러John M. Keller의 ARCS 모형에 입각하여 다양한 전략을 활용할 수 있다. ARCS 모형은 주의집중Attention, 관련성Relevance, 자신감Confidence, 만족감Satisfaction의 요인으로 구성되어 있다. 수업에 대한 흥미와 관심을 높일 수 있는 사진, 그림, 동영상, 이야기, 그림책을 활용하거나 간단한 놀이를 활용하면 학생의 주의집중을 유발할 수 있다.

동기 유발 이후에는 배움 목표를 제시한다. 학생들이 목표를 이해하는 것은 효과적인 피드백을 위해서도 중요하다는 것을 앞서 소개했다. 목표는 학생들이 이번 수업이 끝나면 무엇을 이해하고 수행할 수 있기를 기대하는지 학생들이 이해하기 쉽게 설명해 주어야 한다. 목표 자체가 무언가를 탐구하거나 고민하는 경우에는 핵심 질문을 던진다. 목표를 제시한 이후에는 수업을 통해 수행하게 될 삶과 연결된 과제를 소개한다. 학생은 수업 내용이 자신의 삶과 관련되고 삶에 도움이 된다고 생각할 때 흥미와 관심을 가진다. 보급형 백워드 설계 2단계에서 개발하는 수행 과제가 여기에 해당한다. GRASPS를 적용하면 성취기준의 진술을 '~하기'로 바꾼 수행 과제보다 훨씬 더 의미 있고 매력적인 수행 과제가 될 수 있다. 학생이 목표와 과제를 충분히 이해하고, 도전할 목표와 과제가 너무 쉽거나 어렵지 않아 도전할 만하다고 여기도록 해 주어야 수업에 자신감을 가지고 참여한다. 학습 수준이 낮은 학생의 경우에는 목표나 과제의 수준을 낮춰서 별도로 안내해 주는 것이 효과적이다.

━━━━━ 수업을 시작하며 ━━━━━

○○초 3학년 어린이 여러분 5월은 가정의 달입니다. 가정의 달은 가정의 소중함을 돌아보고, 평소 전하지 못한 마음을 전하는 달입니다. 가족은 늘 우리 곁에 가까이 있기에 소중함을 느끼지 못하고 소홀할 때가 많습니다. 5월 가정의 달을 맞이하여 가족의 소중함에 대해서 다시 한번 생각하고 나의 마음을 전달하는 수업을 시작합니다(Situation, Goal).

- 이번 수업에서 여러분은(Role) 가족에게(Audience) 나의 마음을 전하는 글을 작성해서 전달하게 될 예정입니다(Product).
- 글은 편지 형식으로 작성되고, 마음을 전하는 표현과 이유가 포함되어야 합니다. 편지를 읽는 가족의 상황(관심, 반응)을 고려하여 여러분의 마음을 전달해 봅시다(Standards).

목표 및 과제와 함께 수업의 전체적인 흐름도 학생들에게 소개해 주면 좋다. 현재 원하는 목표에 도달하고 과제를 수행하기 위해 우리가 어떤 흐름으로 수업을 하게 될 예정인지, 현재 수업은 어느 과정에 위치하고 있는지 알려 주면 학생들의 수업에 대한 이해와 몰입도를 높일 수 있다. 수업을 시작하며 이전 수업에서 무엇을 어떻게 배웠는지 상기해 보는 것도 수업의 흐름을 이해하는 데 도움을 준다. 또한 어떤 수업에서 학생들의 학습 수준을 확인하고 피드백할 것인지에 대한 평가와 피드백 계획도 간단하게 소개해 주면 좋다. 학생들은 현재 내가 어떤 목표를 가지고 어떤 수업의 과정에 참여하고 있는지 인지하지 못하고 정해진 시간표에 따라 수동적으로 수업에 참여하는 경우가 많다. 수업 목표, 과제, 수업의 흐름을 이해하는 것은 수동적인 학습자를 능동적인 학습자로 만들어 가는 데 필요한 요소이고, 학습 동기와 수업 태도에 많은 영향을 미친다.

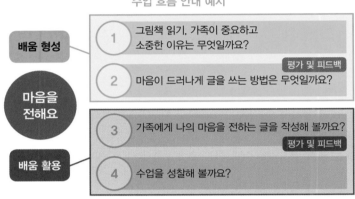

수업 흐름 안내 예시

동기 유발 이후에 목표와 과제를 제시하고 본 수업을 시작한다. 배움 형성 단계에서는 성취기준과 관련된 핵심 지식·기능·태도를 학습하는 데 수업의 초점을 둔다. 이 과정에서 활용되는 미니 수업 루틴은 다음과 같다.

첫째, 핵심 질문을 던진다. 핵심 지식·기능·태도를 학습하는 데 필요한 질문을 던진다. 탐구가 필요한 수업의 경우 학생들의 지적 호기심을 불러일으키고, 사고를 확장하거나 깊이를 더할 수 있는 질문을 던져야 한다.

둘째, 교사가 핵심 지식·기능·태도를 설명 또는 시범을 보이거나 탐구의 과정을 소개한다. 설명할 때는 비주얼씽킹 맵이나 마인드맵 같은 구조화된 공책 필기법을 활용하여 함께 정리하면서 설명을 한다. 기능을 익힐 수 있도록 시범을 보인 경우에는 학생들이 연습을 통해서 반복할 수 있도록 안내하고, 학생들의 연습 과정을 살펴보면서 적절한 피드백을 제공한다. 탐구의 과정을 소개할 때도 글로만 설명하는 것보다 시범을 함께 보여 주면 효과적이다. 교사 혼자 시범을 보이기 어려운 경우 학생과 함께 시범을 보여 주면 쉽게 이해한다.

셋째, 학생의 생각과 지식을 글로 기록한 후에 공유한다. 머릿속으로만 생각과 지식을 정리할 때보다 글로 정리하도록 했을 때 생각과 지식이 명확해진다. 간단하게 1~2줄 정도로 기록하거나 낱말 위주로 간단하게 기록하기도 하고, 구조화하여 정리할 때는 비주얼씽킹 맵이나 마인드맵을 활용한다. 학년 초에 교육과정 재구성을 통해 공책 필기법과 관련된 내용은 꾸준히 1년 동안 지도한다. 생각을 정리한 후에는 교사의 1차 확인과 피드백을 받고 짝이나 소그룹 단위의 토의·토론을 통해 정리한 생각과 지식을 공유하도록 한다. 나의 생각과 지식을 글과 말로 꺼내는 연습과 다른 학생과의 상호작용을 통한 상호 피드백을 통해 처음 가지고 있던 생각과 지식이 더욱 확장되고 깊어진다.

넷째, 앞의 과정을 통해 확장되고 깊어진 생각과 지식을 다시 말이나 글로 꺼낸다. 마지막 과정을 통해 학생의 생각과 지식이 정교화된다. 학생의 말과 글을 통해 학습 수준을 확인하고 피드백한다.

배움 형성 단계에서 필요한 평가는 진단평가, 형성평가이다. 진단평가는 필요에 따라 실시한다. 선수학습의 여부가 많은 영향을 미치는 수업은 간단하게라도 진단평가를 실시하는 것이 도움이 된다. 수업의 과정 중에는 학생의 학습 여부를 확인할 수 있는 구조적 평가와 비구조적 평가를 실시하고 피드백을 제공한다.

배움 활용

배움 형성 단계에서의 평가를 통해 모든 학생이 교사가 의도하는 학습 수준까지 도달했다고 생각되면 배움 활용 단계로 넘어간다. 무작정 진도를 나가는 것보다 학생이 제대로 잘 배웠는지 확인하고, 학생의 학습 수준에 따라 다음 단계의 수업을 조정해야 한다.

배움 활용 단계에서는 배움 형성 단계에서 학습한 지식·기능·태도를 삶의 맥락 또는 다른 학습의 맥락에서 적용 및 활용하는 수업을 실행한다. 학생들은 개별 또는 그룹별로 백워드 설계 2단계에서 설계한 수행 과제에 참여하게 된다. 수업 자체가 평가에 해당하기 때문에 학생들이 과제를 수행하는 과정과 결과물 모두가 평가의 대상이 된다. 학생의 수행 과정과 결과물을 토대로 효과적인 피드백을 제공하는 것이 중요하다.

수업 루틴은 원격수업뿐만 아니라 대면 수업과 블렌디드 수업에도 모두 효과적으로 적용할 수 있다. 실제 수업 사례를 소개하면 다음과 같다.

수업 루틴 적용 수업 사례

단계	대면 수업	블렌디드 수업
성취기준	[4국05-01] 시각이나 청각 등 감각적 표현에 주목하며 작품을 감상한다.	[4국01-04] 적절한 표정, 몸짓, 말투로 말한다.
배움 형성	• 다양한 시를 통해 시와 친해지기 • 감각적 표현 이해하기 평가 및 피드백	• (원격, 콘텐츠)메라비언의 법칙의 중요성 및 실천 방법 이해하기 평가 및 피드백 • (대면)블랙독 읽고 내가 가진 두려움 제출하기
배움 활용	• 시 읽고 감각적 표현 찾기 평가 및 피드백 • 감각적 표현 활용 시 쓰기 평가 및 피드백 • 시 낭독하기	• (원격, 실시간 쌍방향)친구의 두려움에 공감하며 적절한 표정, 몸짓, 말투로 대화하기 평가 및 피드백 • (원격)성찰하기
수업 기록		

성취기준에 따라 한 번의 수업으로 온전히 도달하기 어렵고 여러 번 반복해야 도달할 수 있는 성취기준이 있다. 그러한 성취기준의 경우에는 조금 더 긴 호흡으로 수업 루틴을 적용할 수도 있다. 예를 들어

다음과 같은 성취기준이 있다.

[4국02-01] 문단과 글의 중심 생각을 파악한다.
[4국02-02] 글의 유형을 고려하여 대강의 내용을 간추린다.

문단과 글의 중심 생각을 파악하고 글의 유형을 고려하여 대강의 내용을 간추릴 수 있는 능력은 학생이 앞으로 학습을 이어 나가기 위해 매우 중요한 역량이고, 긴 호흡으로 접근해야 온전히 자기 것으로 만들 수 있다. 이러한 생각을 토대로 1학기에는 이 성취기준과 관련된 핵심 지식과 기능을 학습하는 배움 형성 단계의 수업을 실행하고 2학기에는 교과서 글이 아닌 다른 글을 활용해 문단과 글의 중심 생각을 파악하고 글의 유형을 고려하여 대강의 내용을 간추린 후에 친구들에게 소개하는 배움 활용 단계의 프로젝트 수업을 실행했다.

배움 형성(1학기)		배움 활용(2학기)
문해력 수업 • 중심 생각 파악하는 방법 이해하고 연습하기 • 글의 유형을 고려하여 대강의 내용 간추리기(비주얼씽킹 맵, 마인드맵 관련)	→	**10살이 알아 두면 재미있는 상식사전 PBL** • 관심 있는 글 읽기 • 중심 생각 파악하고 글의 유형을 고려하여 내용 요약하기 • 발표하기

배움 형성(1학기) 교육과정-수업-평가 템플릿

주제	교육과정	성취기준	시수	구분	배움(수업-평가 연계) 활동(사수) 법교과(★), 체험(♥)	비고
문해력 수업	문단의 짜임 국어	【4국02-01】 문단과 글의 중심 생각을 파악한다.	6	오	**[수행과제][평가활동]** -문단에서 글의 중심 생각 파악하기 -중심 문장과 뒷받침 문장을 갖추어 글(설명문, 의견) 쓰기 **[수업활동]** -문단의 중요성 느끼기(2) -문단의 뜻과 특징 파악하기 -문단 파악하기 놀이하기, 글을 읽고 중심 문장과 뒷받침 문장 파악하기(2)	
	요약하기 국어	【4국02-02】 글의 유형을 고려하여 대강의 내용을 간추린다.	9	오	**[수행과제][평가활동]** -글의 유형을 고려하여 적절한 비주얼 씽킹맵 활용하여 간추리기 **[수업활동]** -글의 유형에 적절한 비주얼 씽킹맵 탐색하기(4) -글의 유형을 고려하여 내용 간추리기(3)	
▶ 총 시수			15			

배움 활용(2학기) 교육과정-수업-평가 템플릿

주제	교육과정	성취기준	시수	구분	배움(수업-평가 연계) 활동(사수) 법교과(★), 체험(♥)	비고
10살을 위한 재미 있는 잡학 사전 PBL	국어	국어 8단원(10차시) 【4국02-02】글의 유형을 고려하여 대강의 내용을 간추린다. 국어 2단원(10차시) 【4국02-01】문단과 글의 중심 생각을 파악한다.	20	블	**[수행과제][평가활동]** -글의 중심 생각 파악하기 -글의 유형을 고려하여 적절한 비주얼 씽킹 맵을 선택하여 대강의 내용 간추리기 **[수업활동]** -PBL 소개하기, 글의 중심 생각 파악하는 방법 이해하기(2) -글을 읽고 중심 생각 찾기(2) -글의 유형에 적절한 비주얼 씽킹 맵 선택하여 정리하는 방법 이해하기(4) -자신이 소개하고 싶은 책 선택하기(2) -책 읽기(2) -글을 읽고 글의 유형을 고려하여 적절한 비주얼 씽킹 맵을 선택하여 정리하고 꾸미기(3) -친구들에게 소개하기(3) -소개한 내용 관련 퀴즈 내고 풀기(2)	2학기
▶ 총 시수			10		국어 20차시	

교사 고유의 배움 디자인 보드

전체적인 계획이 잘 수립되었다고 하더라도 결국은 양질의 단위 차시의 수업이 모여 질 높은 교육과정 운영을 가능하게 만든다. 교사가 좋아하고 즐겨 사용하는 수업 방법을 목록화해 놓으면 질 높은 단위 차시 수업을 설계하고 실행하는 데 많은 도움이 된다. 단위 차시 수업에서도 교사가 자주 반복적으로 사용하는 수업 흐름과 자주 활용하는 수업 방법이 있다. 개인적으로 단위 차시의 수업에 자주 활용하는 수업 방법을 목록화해 놓은 것을 '배움 디자인 보드'라고 명명하여 활용하고 있다. 개인적인 수업 철학에 근거하여 토의·토론, 구조화된 공책 필기법(비주얼씽킹 맵, 마인드맵), 수업 놀이, 다양한 평가 및 피드백 활동을 주로 활용하고 있다.

토의·토론 수업은 자기 자신의 생각과 지식을 활용해 다른 사람과 소통하고 협력하면서 생각의 폭과 깊이를 더해 가도록 해 준다. 소통과 협력이 미래사회의 주요한 역량으로 주목받고 있는 사회·시대적 맥락에서 소통과 협력을 기반으로 한 토의·토론 수업은 의사소통 역량과 협업 역량을 기를 수 있는 효과적인 교수·학습 방법이다.

피드백의 관점에서도 또래 학생들과의 활발한 지적 상호작용은 자연스러운 동료 피드백으로 이어져 생각을 정교화할 수 있기 때문에 효과적인 피드백 활동이기도 하다.

마지막으로 일상생활 중 의사결정을 내려야 하는 상황에서 다양한 관점의 의견을 주고받는 토의·토론을 통해 창의적이고 합리적인 합의를 이끌어 내는 민주주의에서의 의사결정 과정을 경험하게 해 준다.

일상 수업에서 활용하는 다양한 토의·토론 기법을 생각 만들기 및 분석하기, 생각 나누고 키우기, 협력적 의사결정하기로 유목화해서 분류한 후에 수업 목표를 달성하기에 적합한 기법을 선택하여 수업을 설계한다. 다양한 토의·토론 기법을 활용하는 이유는 변화 있는 되풀이를 통해 학생들의 집중도를 높이기 위함이다.

공책 필기는 수업 시간에 학습한 내용이 오래 기억되도록 돕고, 수업 시간 참여도와 집중력을 높인다. 또한 생각과 지식을 구조화하여 정리하는 과정은 생각과 지식을 정교화할 수 있다. 많은 학생들이 공책 필기의 필요성에 대해서 공감하지만 싫어하는 경우가 많다. 이런 학생들은 교사가 칠판에 기록한 내용을 그대로 옮겨 적는 형태의 공책 필기만 경험했기 때문이다. 개인적으로 활용하는 공책 필기는 생각과 지식을 정리하고 구조화하면서 수업에 적극적으로 참여하기 위한 수단이다. 학생들이 자신의 생각을 정리하고 구조화할 수 있는 비주얼 씽킹 맵과 마인드맵을 활용하여 지도하고 있다.

　수업 놀이는 학생들의 마음을 얻어 배움의 주체로 초대할 수 있는 매력적이고 효과적인 수업 방법이다. 학생들은 놀이에 즐겁게 참여하면서 배움 속으로 빠져들며 수업에 적극적으로 참여한다. 놀이를 활용한 수업 활동은 학생들의 활발한 소통 및 협력을 이끌어 낼 수 있고, 평가에 대한 부담감을 없애 주는 재미있는 형성평가 활동으로도 활용할 수 있다.

　평가 및 피드백에 활용할 수 있는 다양한 수업 방법이 있다. 앞서 소개한 토의·토론 수업, 공책 필기 활용 수업, 수업 놀이도 평가와 피드백에 효과적으로 활용할 수 있는 수업 방법이다. 그 외에도 평가 및 피드백에 초점을 맞추어 학생들의 배움과 성장을 이끌어 낼 수 있는 다양한 수업 활동을 수업 전·중·후로 나누어 목록화해 두었다.

배움 디자인 보드(수업 자원 목록) 예시

	생각(아이디어) 만들기, 분석하기		생각 나누고 키우기 (학습 및 발표)		협력적 의사결정하기
토의 · 토론	BR,역 BR	브레인라이팅	가치 수직선 토론	질문 활용 토의 · 토론	피라미드 토론
	만다라트 토의 · 토론	라운드로빙 토의	신호등 토론	사모아 토론	사칙연산 토의
	이미지 활용	디즈니 창의성 전략	선풍기 토의 · 토론	나무 토론	창문 구조 토의 · 토론
	랜덤워드	SCAMPER	전문가 집단 토의 · 토론	물레방아 하브루타	도너츠 크림
	6색 생각모자	SWOT 토의 · 토론	모둠 인터뷰	월드카페	의사결정 그리드, 양궁
	PMI 토의 · 토론	생선 뼈	교실 토론대회	모서리 토의 · 토론	Y, T-Chart
공책 필기법	써클 맵/ 마인드맵	트리 맵	버블 맵	더블 버블 맵	플로우 맵
	브레이스 맵	브릿지 맵	멀티 플로우 맵	윈도우 패닝	비주얼씽킹
수업 놀이	부채 모양 뽑기	타이머 활용 놀이	포스트잇 덮기 놀이	모둠 협동 골든벨	할리갈리 복습하기
	5목 포스트잇 빙고	질문 주사위 놀이	4장을 모아라	퀴즈퀴즈 트레이드	8칸 찢기 빙고
	기여 골든벨	서바이벌 퀴즈 대결	모둠 퀴즈 전문가	틱택토 놀이	4단계 복습
	진진가 놀이	늦게 온 짝꿍	감정 카드 놀이	나는 누구일까?	폭탄 게임, 비밀요원 찾기

	수업 전	수업 중	수업 후
평가 및 피드백	배움 목표 확인하기	토의 · 토론	설명하기(구두, 글)
	입장권 카드	공책 필기	퇴실권 카드
		배움 신호 보내기 (수신호, 포스트잇 등)	신호등 카드
	배움 계획표 만들기	루브릭 활용하기	성찰하기

보급형 백워드 설계 절차에 대해서 핵심 내용만 간추려 요약하면 다음 표와 같이 정리할 수 있다.

보급형 백워드 설계

1단계 교육과정 설계하기 (목표 확인)	• 성취기준 확인하기 − 교과서 중심 수업: 단원과 관련된 핵심 성취기준을 확인한다. − 교육과정 재구성: 재구성을 위해 연결한 성취기준을 확인한다. • 성취기준 분석하기 − 성취기준 해설을 읽고 성취기준에 대한 이해를 높인다. − 성취기준과 관련된 단원의 교과서 내용을 확인하여 성취기준 도달에 필요한 핵심적인 지식 · 기능 · 태도를 확인한다.
2단계 평가 (수행 과제) 설계하기	• 수행 과제를 설계하기(2가지 방법 중 선택) − 선택1: 성취기준을 '〜하기'의 진술로 바꾼다. − 선택2: GRASPS 모델을 적용하여 매력적인 수행 과제를 개발한다. • 평가 루브릭 개발하기(2가지 방법 중 선택) − 선택1: 성취기준과 관련된 평가 기준을 활용한다. − 선택2: 타당도 있고 신뢰성 있는 평가 루브릭을 개발한다.
3단계 수업 설계하기	• 수업 활동 설계하기: 학생들이 평가 활동(수행 과제)를 수행할 수 있도록 교사의 수업루틴에 따라 수업활동을 선정 및 조직한다. ★ 수업 루틴: 배움 형성 → 배움 활용

CHAPTER 3

수업에서 평가와 피드백 효과적으로 활용하기

평가와 피드백에 효과적인 수업 문화 만들기

피드백에 대해 가지고 있는 가장 대표적인 오해 중 하나는 교사가 학생에게 주는 것이라는 생각이다. 하지만 교사에게서 학생으로 향하는 피드백보다 학생에게서 교사로 향하는 피드백이 훨씬 중요하다.[67] 학생에게서 교사로 향하는 피드백은 다양한 형태로 교사에게 전달된다. 교사는 질문을 통해 학생들의 학습 수준을 확인할 수 있고, 수업 개선에 필요한 학생들의 의견을 모을 수 있다.

• 수업 내용 중 잘 이해하지 못한 것은 무엇인가요?

- 설명이 더 필요한 것이 있나요?
- 선생님 수업의 좋은 점, 아쉬운 점, 바라는 점은 무엇인가요?

교사가 학생에게 건네는 질문뿐만 아니라 학생의 질문, 신체언어, 행동, 끄덕임, 눈빛과 얼굴 표정, 학습 동기도 학생에게서 교사로 향하는 피드백이다. 학생에게서 교사로 향하는 피드백은 앞서 설명한 비구조적 평가와 많은 부분 일치하기도 하는데, 다시금 비구조적 평가가 중요한 이유를 깨닫게 해 준다. 교사는 학생의 신체언어, 행동, 끄덕임, 눈빛과 얼굴 표정 같은 비언어적 요소의 관찰을 통해 학생들의 학습 수준을 정확하지는 않아도 어느 정도 추론할 수 있다. 교사가 학생들에게 던진 질문에 대한 학생의 답변, 학생이 수업 내용이 어렵거나 궁금증이 생겨서 하는 질문을 통해서도 교사는 학생들의 학습 수준을 파악할 수 있다. 하지만 교사의 질문에 학생들이 답변하지 않고, 반대로 학생들이 질문하지 않으면 교사는 학생의 학습 수준을 파악하기 어렵고 피드백도 잘 이루어지지 않게 된다.

교사와 학생의 질문을 통한 상호작용이 활발하게 이루어지기 위해서는 실패와 질문이 환영받는 수업 문화를 만들어야 한다. 교사가 학생의 학습 수준을 확인하기 위해 던지는 질문에 답변하거나, 어려운 것 또는 궁금한 것에 대해 질문하는 것이 자신의 무지와 부족함을 드러내는 것이라고 인식하게 되면 학생들의 입은 닫혀 버리고 수업 활동에 적극적으로 참여하지 않게 된다. 고학년이 될수록 학생들이 발표를 하지 않고 질문하지 않는 이유는 틀리는 것에 대한 두려움이 커지고, 질문하는 것이 자신의 부족함을 드러내는 것이라는 인식이 생기기 때문이다. 학생들이 틀리는 것과 질문을 하는 것에 두려움을 느끼지 않도록 수업 문화를 만들었을 때 교사는 학생의 학습 수준을 더 정확하게 파악하고 유용한 피드백을 제공하여 학생의 배움과 성장을 촉진할 수 있다.

이와 더불어 주기적으로 학생이 교사의 교육과정과 수업에 대한 피드백을 전달할 수 있는 문화를 만드는 것도 필요하다. 수업의 주인은 학생이고, 수업의 목적도 학생의 배움과 성장에 있다. 학생들이 수업을 통해 더 나은 배움과 성장의 경험을 할 수 있으려면 수업의 주인인 학생의 피드백을 귀하게 여겨야 한다. 수업의 개선을 위해 학생들과 주기적으로 '수업 성장 회의'라는 활동을 해 보고 있다. 수업 성장 회의는 주로 다음 2가지 방법으로 진행한다. 수업의 문제점을 함께 고민하고 해결해 가며 학생들의 의견이 수업에 반영되는 모습을 보면 학생들도 수업 성장 회의에 더 의미를 느끼고 적극적으로 참여하게 되는 모습을 보여 준다. 경험한 수업의 질이 높아지고, 수업 성장 회의를 주기적으로 실행하다 보면 학생들이 수업에 대해 제시하는 의견의 양과 질도 개선된다. 또한 학생 스스로도 자신이 어떤 유형의 수업을 좋아하는지 인식할 수 있게 된다.

좋아바 회의	• 학생들이 경험한 수업의 좋은 점, 아쉬운 점, 바라는 점에 대해서 소그룹 토의를 통해 의견을 모으고 공유하기
사칙연산 토의	• 더 나은 수업을 위해 새롭게 필요한 것(더하기), 빼야 할 것(빼기), 더 발전시킬 것(곱하기), 나누기(기여하고 나눌 수 있는 것)에 대해서 고민하고 공유하기

학생의 배움과 성장에 효과적인 피드백의 조건

효과적인 피드백은 학생의 배움과 성장에 도움이 되는 피드백을 의미한다. 피드백이 학생의 배움과 성장에 필요한 핵심적인 교육활동임은 분명하지만 모든 피드백이 학습에 도움이 되지 않으며, 오히려 학습에 부정적인 영향을 줄 수도 있다. 학생의 배움과 성장에 효과적인 피드백의 조건에 대해서 구체적으로 알아보자.

피드백의 골든타임 = 수업 시간

피드백이 제공되기에 가장 좋은 시간은 수업 시간이다. 교사는 수업 시간에 실행 가능한 구조적·비구조적 평가를 통해 학생의 학습 수준을 확인하고, 학습목표에 도달할 수 있도록 적절한 피드백을 제공해 주어야 한다. 수업이 진행되고 있는 과정 중에 피드백이 제공되어야 학생은 피드백을 자신의 학습 수준을 인식하고 개선하는 데 즉각적으로 활용할 수 있다. 수업 시간에 피드백이 제공되는 것이 효과적이라는 것은 단위 차시의 수업 시간을 의미하는 것이 아니라 교수·학습 과정의 전체적인 맥락에서 제공되는 것이 효과적이라는 의미이다.

그렇다면 피드백은 즉각적으로 제공되었을 때만 효과적일까? 즉각적 피드백과 지연적 피드백 모두 상황에 따라 효과적이다.[68] 대체로 즉각적 피드백이 학생들의 학습에 도움이 되지만, 학업성취 수준이 높은 학생이나 높은 수준의 사고력과 시간을 필요로 하는 어려운 과제의 경우에는 지연적 피드백이 효과적일 수 있다. 학업성취 수준이 높은 학생이 어려운 과제를 해결하는데 교사가 과제 해결에 도움이 되는 피드백을 바로 제공할 경우 학생의 문제해결력이나 사고력을 기르는 데 부정적인 영향을 미칠 수 있다. 또한 학생이 과제를 해결하기 위해 많은 시간과 노력을 투입했는데 교사가 즉각적으로 피드백을 제공하면 교사의 피드백에 성의가 없다고 생각할 수 있다. 오히려 교사가 깊이 고민하고 의미 있는 피드백을 제공했을 때 학생도 선생님이 내가 공들인 과제에 정성을 다해 피드백을 남겨 주었다고 생각하고 피드백을 의미 있게 받아들인다.

수업 시간에 피드백을 제공하는 것과 더불어 피드백을 활용해 보는 기회를 주어야 한다.[69] 피드백을 제공하는 것만으로는 학생들의 피드백 활용을 보장하지 못한다. 학습에 대한 동기가 높은 학생이라면 교사가 제공한 피드백을 적극적으로 활용해 보려고 하겠지만, 그렇지 않은 학생은 피드백을 활용하지 않을 가능성이 크다. 학생들이 피드백을 활용할 수 있도록 하기 위해서는 피드백 활용 경험을 갖도록 수업을 설계해야 한다. 학생이 제공받은 피드백을 토대로 학습을 개선하는 데 활용하는 과정을 관찰하면서, 학생에게 필요한 피드백을 지속적으로 제공해 주어야 한다.

피드백을 제공하는 것도, 활용의 기회를 주는 것도 교수·학습이 진행되고 있는 맥락에서 이루어졌을 때 가장 효과적이다. 이를 위해서는 평가와 피드백을 중심으로 한 교육과정-수업-평가 설계가 이루어져야 하는데, 이를 위한 자세한 방법은 앞에서 백워드 설계를 활용하여 설명했다.

맞춤형 피드백 제공하기

전체 학생을 대상으로 한 피드백과 학생 개인에게 제공되는 피드백 중 효과적인 것은 학습자의 특성과 학습 수준을 고려한 개별화된 피드백이다. 일대일 과외나 강습이 단체를 대상으로 한 교육보다 효과적인 이유는 학생의 학습 수준에 맞는 수업과 피드백이 가능하기 때문이다. 미래교육의 방향이 개별화·다양화에 초점이 맞춰진 이유도 학생 개별화 맞춤형 교육을 제공하는 것이 배움과 성장에 있어서 효과적이기 때문이다. 하지만 교사 1명이 다수의 학생을 대상으로 수업을 하는 현재의 교육 시스템으로는 한계가 있기 때문에 학생의 평가와 피드백을 효과적으로 실행하고 지원할 수 있는 인공지능 활용 교육이 미래교육의 패러다임으로 주목받고 있다. 인공지능을 활용하면 학생의 학습 현황과 수준을 분석하여 개별 학생의 수준과 관심사에 맞는 교육 콘텐츠를 제공하고, 학생 개개인의 평가 결과에 따른 깊이 있는 분석 자료도 제공받을 수 있다. 교육에서 인공지능의 역할이 확대된다면 교사와 학생 모두에게 큰 도움이 될 것이다.

현재의 수업 환경에서 교사가 모든 학생들에게 개별화된 맞춤형 피드백을 제공하는 것에는 한계가 있고, 그러한 이유로 학급당 학생 수가 지금보다 더 줄어야 교육의 질을 높일 수 있을 것이다. 현재의 수업 환경에서 효과적이고 효율적인 개인별 맞춤형 피드백을 제공할 수 있는 방법에는 무엇이 있을까?

첫째, 학생의 학습 수준에 따라 피드백 전략을 다르게 한다.

일반적인 학교의 학급에서 수업에 참여하는 학생들의 학습 수준은 다양하다. 효과적인 피드백을 위해서는 학습자의 학습 수준에 따라 피드백 전략을 다르게 하는 것이 좋다. 브룩스Cam Brooks 외[70]는 학습자의 학습 수준에 따라 학습자에게 제공할 피드백 유형에 따른 피드백 수준을 프롬프트와 전략으로 나누어 표로 제시했다. 학습자의 학습 수준은 연속적인 것으로 보았으며, 학습 수준에 따라 다른 피드백 전략이 필요함을 보여 주고 있다. 학습을 위한 피드백 행렬을 참고하면 학습자 수준에 따라 어떤 피드백이 효과적일지 이해할 수 있다.

학습을 위한 피드백 행렬

학습자 수준	피드백 수준	피드업 (Feeding Up) 나는 어디로 가고 있는가?	피드백 (Feeding Back) 나는 어떻게 가고 있는가?	피드 포워드 (Feeding Forward) 나는 다음을 위해 무엇을 해야 하는가?
초보	과제	피드업 전략 □ 복잡성을 줄인다. □ 예시나 모델을 사용한다. □ 오개념을 확인한다. □ 목표를 설정하기 위해 진단평가를 사용한다.	피드백 전략 □ 오류의 분석을 강조하는 것을 피하기 □ 즉각적 피드백을 제공한다. □ 피드백을 성공 기준에 맞추어 제공한다.	피드 포워드 전략 □ 성공 기준에 있는 단어를 활용한다. □ 비계를 사용한다. □ 피드 포워드는 시의적절하게 사용한다. □ 도전적인 것을 사용한다. □ 목표를 언급한다.
숙달	과정	피드업 전략 □ 그래픽 조직자를 사용한다. □ 비계를 줄인다. □ 복잡성을 높인다. □ 숙달 목표를 사용한다.	피드백 전략 □ 피드백의 양을 늘리기 시작한다. □ 피드백의 복잡성을 높인다. □ 프롬프트나 단서를 사용한다.	피드 포워드 전략 □ 피드 포워드의 양을 늘리기 시작한다. □ 피드 포워드의 복잡성을 증가시킬 수 있다. □ 프롬프트나 단서를 사용한다. □ 도전적인 것을 사용한다.
유능	자기 조절	피드업 전략 □ 예시에 대한 강조를 줄인다. □ 숙달 목표와 수행 목표를 사용한다.	피드백 전략 □ 피드백을 늦춘다. □ 확인적 피드백만 필요할 수 있다.	피드 포워드 전략 □ 피드백을 늦춘다. □ 교사에 대한 의존성을 낮춘다. □ 자기조절 학습자로 발전시킨다.

(Brooks, Carroll, Gilies, & Hattie, 2019 재구성)

둘째, 동료 피드백을 적극적으로 활용한다.

피드백의 주체는 교사뿐만 아니라 학생(동료, 자기)도 될 수 있다. 같은 교육과정을 학습하고 있는 학생들 사이의 상호작용을 통해 주고받는 동료 피드백은 학습에 큰 효과를 발휘할 수 있다. 학습 수준이 높은 학생이 낮은 학생에게 피드백을 전달하는 과정은 두 학생에게 모두 도움이 된다. 피드백을 주는 학생은 친구에게 학습한 내용을 설명하거나 시범을 보이면서 자신의 학습 수준을 다시 돌아볼 수 있고, 배운 것을 인출하는 경험을 통해 완전히 자기 것으로 만들 수 있다. 피드백을 받는 학생도 교사의 피드백보다 동료의 피드백을 훨씬 더 의미 있고 쉽게 받아들이는 경우가 많다. 동료 피드백을 활발하게 사용하면 함께 배우고 성장하는 수업 문화를 만들어 가는 데도 기여한다.

유대인의 교수·학습 방법으로 유명해진 하브루타나 토의·토론도 소통과 협력을 통해 지식과 생각을 나누고 공유하는 과정을 통해 효과적이고 효율적으로 동료 피드백을 실행할 수 있다. 수많은 토의·토론 기법이 존재하는데 결국 토의·토론의 핵심은 지식과 생각을 공유하고 나누는 것이다. 지식과 생각을 공유하고 나누는 자연스러운 동료 피드백 과정을 통해 지식과 생각을 확장하고 정교화할 수 있다.

동료 피드백은 효과적이지만 분명 한계도 있다. 교사도 피드백하는 것이 어려운데 학생 상호 간에 질 높은 피드백을 주고받는 것은 더 어려운 일이다. 효과적인 동료 피드백을 위해서는 협력적 수업 문화가 형성되어야 하고, 동료 피드백을 위한 사전 교육과 연습이 필요하다.

228

한 가지 예로 학급에서 동료 피드백을 위해 '함성새싹 3급 정교사'라는 또래 교수 활동을 종종 활용하고 있는데, 이 활동을 시작하기 전에 유의미한 피드백을 주고받을 수 있도록 사전 교육을 꼭 실시한다.

동료 피드백 교육 자료 예시

피드백을 주는 학생	피드백을 받는 학생
• 친구에게 정답을 알려 주기보다 문제를 해결하는 방법을 알려 주세요. • 가르쳐 주면서 내가 더 많이 배울 수 있어요. • 친구를 존중하고 격려하는 따뜻한 언어를 사용하세요.	• 친구의 말을 경청하고 궁금증이 생기면 적극적으로 질문하세요. • 피드백을 받고 꼭 고맙다는 인사를 전하세요.

동료 피드백은 학생들의 학습 수준에 따라 잘못된 오개념이 형성될 수 있기 때문에 핵심 지식과 기능에 대한 평가와 피드백은 많은 시간이 소요되더라도 교사 주도의 개별화된 맞춤형 피드백을 제공하는 것이 좋다. 학습 수준이 낮은 학생의 경우 동료 피드백보다는 교사의 직접적인 지도와 피드백이 훨씬 더 효과적이기 때문에 앞에서 소개한 '함성새싹 3급 정교사' 같은 또래 교수 활동을 할 때 학습 수준이 낮은 학생은 교사가 직접 피드백을 제공하고 학습 수준이 높은 학생과 중간 수준의 학생들만 매칭시켜 또래 교수 활동을 하도록 한다. 3급 정교사 자격증은 교사가 반드시 학생의 학습 수준을 확인한 후에 전달하고 있으며, 피드백을 받은 학생도 반드시 교사가 최종적으로 확인하는 과정을 거친다. 효과적인 동료 피드백을 위해서는 섬세한 수업 설계와 더불어 교사가 수업 중에 학생들의 동료 피드백 활동 모습을 관찰하면서 필요한 지원을 적절하게 제공해야 한다.

셋째, 자기 피드백을 활용한다.

형성평가와 피드백이 궁극적으로 추구하는 것은 학생이 학습에 동기와 책임감을 가지며, 스스로 자신의 학습 상황을 모니터링하고 조절하는 자기 주도적 학습 역량을 갖춘 학생으로 성장하는 데 있다. 유대인의 오래된 격언 중에 '물고기 한 마리를 잡아 주면 하루를 살 수 있지만, 물고기 잡는 방법을 알려 주면 일생을 살 수 있다.'라는 말이 있다. 학생에게 단순히 지식을 넣어 주는 것보다 스스로 필요한 지식을 채우고 활용할 수 있는 역량을 강화할 수 있도록 피드백이 제공되어야 한다. 자기 주도적 학습 역량을 키워 주기 위해서는 학생이 수업을 통해 도달하고자 하는 목표를 명확히 인식하고, 현재 자신의 학습 수준과 기대하는 목표를 비교해 보충하거나 개선할 점이 무엇인지 확인할 수 있도록 해 줘야 한다. 스스로 배움을 성찰하고 개선 방향을 찾아내 배움을 이어 나가도록 하는 자기 주도적 학습 역량은 학생 스스로 키우기 어려우므로 교사가 꾸준히 관심을 가지고 지도해야 한다.

넷째, LMS Learning Management System 을 활용한다.

LMS는 온라인으로 학생들의 출석, 학습, 평가 등을 관리해 주는 시스템이다. 코로나19를 경험하며 e학습터, EBS 온라인 클래스, 구글 클래스룸, 웨일 스페이스 등의 온라인 학습 시스템을 경험했다. 온라인 수업에서뿐만 아니라 대면 수업에서도 LMS를 활용하면 효과적으로 학생들을 평가하고 피드백을 제공할 수 있다. 개인적으로는 구글 클래스룸이 가장 효과적인 LMS 시스템이라고 생각하고 있는데, 교사와 학생 모두 직관적으로 사용하기가 편리하고, 학생들의 평가와 피드백을 효율적으로 제공하고 기록을 남길 수 있는 시스템을 갖추고 있기 때문이다. 또한 코로나19 이전에도 수학 수업에서 많은 교사들이 활용하고 있었던 칸 아카데미나 1~2학년 학생들의 수학 학습을 지원하기 위해 개발된 똑똑 수학 탐험대도 시도해 보면 좋을 것 같다. LMS를 대면 수업에서도 효과적으로 활용하기 위해서는 학생 개인이 수업 시간에 활용할 수 있는 태블릿 pc나 노트북 같은 디지털 기기와 교내 와이파이 같은 인프라가 갖춰져야 가능하기 때문에 모든 교실에서 적용하기에는 한계가 있다. 또한 저학년 학생들의 경우 디지털 기기를 사용하는 것이 교육적으로 효과적인지에 대한 고민도 필요하다.

피드백 받는 사람이 소화할 수 있는 만큼 제공하기

학창 시절 정말 최선을 다해 학생들을 가르치셨던 선생님이 계셨다. 그 선생님께 논술 지도를 받았는데 내가 쓴 글을 정말 꼼꼼하게 살피고 많은 피드백을 해 주셨다. 논술 실력을 높이고 싶은 의지가 있었기 때문에 처음에는 선생님이 주신 피드백을 활용해 나의 글을 여러 번 수정해 보려고 노력했다. 하지만 그 선생님이 주신 피드백은 나에게는 너무나 어려웠고, 피드백의 양이 내가 따라갈 수 없을 만큼 벅찼다. 그래서 논술 지도가 끝나는 시점에 배움과 성장으로 인한 성취감보다 해방감이 더 컸다.

반대로 내가 수학에 어려움을 겪고 있는 학생에게 도움을 주고 싶어 열정을 다해 보충 지도를 했던 경험이 있다. 열정이 앞서다 보니 학생이 이해하고 받아들일 수 있는 수준의 피드백인지 고려하지 않고 욕심껏 피드백을 제공했다. 방과 후에도 여러 번 지도하고, 쉬는 시간에도 틈틈이 보충 지도를 해 주었다. 이 과정이 그 학생에게 조금 벅차고 힘들 수는 있지만 지나고 나면 배움과 성장으로 인한 성취감이 클 것이라고 생각했다. 하지만 얼마 후 그 학생은 나와 하는 수학 보충 지도가 너무 어렵고 힘들어서 그만하고 싶다고 말했다. 교사의 열정만 앞선 피드백은 학생이 소화할 수 없으면 부담으로 다가가고, 오히려 학습에 대한 동기를 약화시킬 수 있다는 것을 깨닫게 된 경험이었다.

피드백은 학습자의 배움과 성장을 지원하는 것이 목적이다. 학생에게 제공되는 피드백이 학생의 입장에서는 어렵고, 제공되는 양과 횟수가 부담이 된다면 그 피드백은 효과가 크지 않다. 피드백이 효과를 보려면 그 양과 횟수를 학생이 이해하고 활용할 수 있는 정도로 해야 한다.[71] 교사의 기준에는 낮은 계단이 학생에게는 높은 계단일 수 있다. 조금은 시간이 걸리더라도 학생이 한 계단 한 계단 지치지 않고 목표하는 지점까지 도달할 수 있도록 학생의 배움과 성장을 믿고 기다려 주는 시간이 필요하다. 좋은 것을 마음껏 전해 주고 싶은 교사의 마음을 조금 내려놓고 학생이 충분히 소화할 수 있는 피드백을 제공했을 때 학습에 대한 동기를 유지하며 지속적인 배움과 성장을 만들어 갈 수 있다.

배려가 담긴 따뜻한 피드백 전달하기

피드백을 받는다는 것은 나의 현재 학습 수준이 도달해야 할 목표와 비교하여 뭔가 부족함이 있다는 것이다. 부족함을 드러낸다는 것이 유쾌한 일은 아니기 때문에 피드백을 받는 것이 기대되고 기다려지는 일은 아닐 때가 많다. 물론 학생이 배움과 성장에 대한 욕구가 높고, 피드백을 제공하는 사람의 전문성에 대한 신뢰가 높다면 전달받은 피드백을 자신의 배움과 성장을 위해 적극적으로 활용하려고 노력할 것이다. 오디션 프로그램의 참가자들이 심사위원들이 다소 가혹한 피드백을 전달하더라도 자신의 실력을 개선하기 위해 적극적으로 경청하는 이유도 피드백을 받는 사람의 동기가 높고 심사위원들의 전문성에 대한 신뢰가 높기 때문이다.

학습에 대한 동기가 높지 않은 학생들에게 교사의 피드백은 멀리하고 싶을 때가 많을 것이다. 수학을 잘하지 못해 싫어하는 학생에게 교사가 방과 후에 남아서 공부하는 것을 제안하면 당연히 학생은 하기 싫다는 마음이 강하게 들 것이고 피하고 싶은 시간이 될 것이다.

학생에게 반갑지 않은 피드백을 기꺼이 받아들이고 학습의 개선에 활용할 수 있도록 하기 위해서는 학생을 배려하는 따뜻한 피드백이 되어야 한다. 학생의 학습 수준에 대해서 단순히 판단하는 평가적 피드백보다는 학습 개선에 도움이 되는 정보를 제공하는 조언적 피드백이 효과적이고, 부정적 피드백보다 긍정적 피드백의 비율이 높은 것이 좋다. 학습에 어려움을 겪는 학생일수록 부정적 피드백을 경험할 가능성이 높기 때문에 의도적으로 긍정적 피드백을 더 많이 사용하는 것이 효과적이다. 아쉬운 점, 노력할 점, 부족한 것 등의 부정적 느낌을 전할 수 있는 언어보다 좋은 점, 더 좋게 할 수 있는 점, 더 배우고 싶거나 배워야 할 것 등 긍정적 언어를 사용한 피드백을 전달하는 것이 좋다. 피드백은 눈빛, 표정, 말투와 같은 비언어적 요소를 통해서도 전달되기 때문에 피드백을 받는 학생이 편안함을 느낄 수 있는 따뜻한 미소와 온화한 말투를 사용해야 한다.

성장 마인드 셋이 담긴 피드백 전달하기

과거에 배구 강습을 받았던 경험이 있다. 처음에는 코치가 친절하게 공격 동작과 수비 동작의 잘못된 부분을 지적하고는 고쳐야 할 부분에 대해서 피드백을 주었다. 하지만 몇 번을 연습해도 내 동작은 나아지지 않았다. 코치가 몇 번 더 반복하더니 이내 내 운동신경이 좋지 않은 것 같다며 의미 없는 말을 던졌는데, 그 순간 나는 더 하고 싶은 마음이 사라졌고, 그 코치와의 연습은 더 이상 즐겁지 않았다. 물론 코치의 피드백 이전에도 내 운동신경이 좋지 않다는 것을 스스로 충분히 인지하고 있었지만, 코치의 피드백 이후 연습하면 배구 실력이 나아질 것이라는 내 의지는 사라지고 말았다. 코치가 성장 마인드 셋이 아닌 고정 마인드 셋으로 피드백을 제공하는 순간 내 동기가 꺾여 버린 것이다.

캐롤 드웩Carol S. Dweck[72]은 저서 『마인드 셋』에서 인간의 능력에 대한 믿음을 고정 마인드 셋fixed mindset과 성장 마인드 셋growth mindset으로 나누어 설명한다. 고정 마인드 셋은 인간의 능력은 변하지 않는다는 믿음이고, 성장 마인드 셋은 인간의 능력은 성장하고 변화한다는 믿음이다. 고정 마인드 셋을 지닌 사람은 실패를 두려워하고 도전을 회피하려는 모습을 보인다. 반대로 성장 마인드 셋을 가진 사람은 실패에 신경을 덜 쓰고, 도전에 직면할 때면 배움과 성장을 위한 좋은 기회로 여긴다. 앞서 소개한 개인적인 사례처럼 교사와 학생이 가진 마인드 셋에 따라 가르침과 배움을 대하는 마음가짐은 달라지고, 교사의 가르침과 학생의 배움에 많은 영향을 미치게 된다.

마인드 셋에 따른 교사와 학생의 마음가짐

	고정 마인드 셋	성장 마인드 셋
교사	• 이 학생은 머리가 나빠서 가르쳐도 소용이 없을 거야. • 이 지역 학생들은 내가 열심히 가르쳐도 잘 배우지 못할 거야.	• 누구든 열심히 노력하면 성취할 수 있을 거예요. • 가정환경이 어렵고 학습 결손이 누적되었지만 얼마든지 극복할 수 있을 거야.
학생	• 난 머리가 나빠서 노력해도 못할 거야. • 이것을 해내지 못하면 날 똑똑하지 않은 아이라고 여길 것 같아. 그냥 쉬운 걸 해야지.	• 내가 열심히 노력하면 얼마든지 배울 수 있어! • 아직 많이 어렵지만 포기하지 않고 도전해 보겠어.

교사가 고정 마인드 셋을 가지면 학습 수준이 높은 학생들의 경우 똑똑하고 유능하다는 평가를 깨고 싶지 않아 어려운 과제를 피하려고 한다. 또한 피드백 받는 이유가 자신이 부족하기 때문이라고 생각하면서 피드백 받는 것을 부정적으로 바라본다. 학습 수준이 낮은 학생의 경우 지능이나 가정환경 등의 외부 조건을 극복하는 것이 불가능하다고 생각하기 때문에 학습에 대한 의지가 낮게 유지된다.

반면에 교사가 성장 마인드 셋을 가지고 있으면 학생들은 배움과 성장이 지능이나 가정환경에 의해 결정되는 것이 아니라 열심히 노력하면 누구나 향상시킬 수 있다고 생각한다. 이러한 마음가짐을 가지면 어려운 과제도 용감하게 도전하고, 성적이 아닌 배움 그 자체를 목적으로 여긴다. 피드백도 자신의 배움을 개선하는 데 활용하려고 하기 때문에 지속적으로 발전할 수 있다. 교사가 성장 마인드 셋을 가지고 열심히 노력해도 학생이 기대한 만큼 성장이 뒤따라오지 않을 때는 포기하고 싶은 마음과 함께 고정 마인드 셋이 슬그머니 고개를 들 때도 있다. 학생은 교사가 자신의 성장을 진심으로 믿고 있는지, 의심하고 있는지 알고 있다. 교사의 진심은 학생이 배움의 과정에 어려움을 마주했을 때 더 잘 드러난다.

"아, 나는 정말 해낼 수 없는 걸까? 그래도 선생님이 가능하다고 믿어 주시잖아. 힘내서 다시 해 보자."

"아, 역시 난 할 수 없어. 그만하고 싶다."

학생의 성장 가능성을 믿고 기다리는 것은 말처럼 쉬운 일이 아니다. 믿음이 흔들리는 순간을 교사는 수도 없이 마주하게 된다. 2016년 리우올림픽 펜싱 에페 남자 결승전에서 모두가 포기할 때 홀로 '할 수 있다'고 외치며 기적의 역전극을 이뤄 내 금메달을 목에 건 박상영 선수는 우리에게 감동을 주었다. '배울 수 있다. 성장할 수 있다.' 마음속으로 수없이 외치는 교사의 진심이 기적을 만들어 낼 수 있다.

평가와 피드백에 효과적으로 활용할 수 있는 교수·학습 방법

평가와 피드백에 효과적으로 활용할 수 있는 교수·학습 방법을 수업 전·중·후로 나누어 소개한다. 핵심은 교수·학습 과정 중에 다양한 평가를 통해 학생의 학습 수준을 확인하고 피드백을 제공하는 것이다.

평가와 피드백에 효과적으로 활용할 수 있는 교수 · 학습 방법

수업 전	수업 중	수업 후
배움 목표 확인하기	토의 · 토론	설명하기(구두, 글)
입장권 카드	공책 필기	퇴실권 카드
배움 계획표 만들기	배움 신호 보내기 (수신호, 포스트잇 등)	신호등 카드
	루브릭 활용하기	성찰하기

수업 전에 활용할 수 있는 평가 및 피드백 활동

배움 목표 확인하기

수업의 목표를 제시하는 방법은 교사가 구체적으로 설명하고 시범을 보이는 교사 주도의 방법과 학생이 수업을 통해 도달하고자 하는 목표가 무엇인지 스스로 탐구하는 학생 주도의 방법이 있다. 학생 주도로 목표를 탐구하는 방법이 효과를 발휘하기 위해서는 학생이 성취기준과 관련된 수업을 경험했거나 역량을 어느 정도 갖추었을 때 가능하다.

- 교사 주도: 수업을 통해 도달하거나 탐구하고 싶은 배움 목표 또는 과제를 제시한다. 다음 3가지 방법 중 적절한 방법을 활용한다.
- 배움 목표 또는 과제를 학생이 이해할 수 있도록 설명한다.
  (예: 이번 수업의 목표는 영어 한두 문장으로 자기소개를 하는 것입니다. 나의

이름과 좋아하는 것을 영어를 활용해 소개해 봅시다.)

- 배움 목표에 도달했을 경우 기대하는 학습 수준에 대해 시범을
보이거나 모범적인 사례를 제시한다.

(예: 이번 체육 수업을 통해 여러분이 익히고 도전하게 될 동작을 선생님이
시범을 통해서 보여 주도록 하겠습니다.)

- 학생이 수업을 통해서 고민해 보고자 하는 질문을 제시한다.

(예: 지구의 공기는 어떤 역할을 하고 있을까요? 이번 수업을 통해서 함께 고
민해 봅시다.)

• 학생 주도: 학생이 수행해야 할 과제의 특징을 탐구해 보도록 한
다. 우수한 과제를 제시하고 그 특징을 탐구해 보거나 다양한 수
준의 과제를 제시하고 분류해 볼 수 있다.

- 수업을 통해 도달하기를 기대하는 우수한 과제의 특징을 탐구하
고 공유한다.

(예: 작년 선배들이 발표했던 모습을 촬영한 영상 중에 가장 우수한 학생의
모습을 보여 주도록 하겠습니다. 영상을 보면서 어떤 점이 우수한지 구체적으
로 찾아봅시다.)

- 이름과 점수를 제거한 다양한 수준의 과제를 제시하고, 제시된 과
제를 '잘함, 보통, 부족함'으로 분류 후 그 이유를 함께 탐구한다.

(예: 체험학습을 다녀온 후에 작성한 글을 3가지 보여 주도록 하겠습니다. 어
떤 글이 체험한 일에 대한 생각과 느낌을 잘 표현했는지 찾아보고 '잘함, 보

통, 부족함'으로 나누어 봅시다. 분류한 이유도 함께 기록해 주세요.)

잘함	보통	부족함
분류한 과제	분류한 과제	분류한 과제
이유	이유	이유

입장권 카드

수업을 시작하기 전에 학생이 배움 목표와 관련하여 가지고 있는 생각과 질문을 붙임쪽지 또는 온라인 도구에 기록하고 공유하는 활동이다. 배움 목표가 어떤 성격을 가지고 있는가에 따라 교사의 발문이 달라져야 한다.

새로운 지식이나 기능을 습득 및 탐구하는 목표	
(예: 4·19 혁명, 5·18 민주화 운동, 6월 민주항쟁을 통해 우리나라의 민주주의가 발전해 온 과정을 알아봅시다.)	
알고 싶은 내용 기록	배우고 싶은 내용 기록
질문에 대한 생각과 의견을 탐구하는 목표	
(예: 협동의 의미와 중요성은 무엇일까요?)	
질문에 대한 학생들의 생각 기록	

배움 계획표 만들기

과제를 어떤 순서 또는 방법으로 실행할지에 대한 계획을 작성하고 공유하는 활동이다. 구체적이고 실행 가능한 계획을 세우도록 해야 한다. 계획을 수립한 후에는 계획을 공유하며 피드백을 주고받도록 한다. 다음은 행복한 삶을 위해 가치 있는 목표와 계획을 수립하고 실천하기 위해 만다라트 기법을 활용해 배움 계획표를 만들어 보았던 수업 사례이다.

수업 중에 활용할 수 있는 평가 및 피드백 활동

토의·토론과 공책 필기법 활용하기

학생이 수업에 흥미를 느끼고 적극적으로 참여하면서 배움을 자기 것으로 만들어 갈 때 피드백은 더 큰 힘을 발휘할 수 있다. 학생 참여형 수업에 많이 활용되는 토의 · 토론과 구조화된 공책 필기법(마인드맵, 비주얼씽킹 맵)은 평가와 피드백에 효과적으로 활용할 수 있는 교수 · 학습 방법이다.

토의 · 토론의 핵심은 자신의 생각과 지식을 활용해 다른 사람과 소통하고 협력하면서 생각의 폭과 깊이를 더해 가는 것이다. 다른 사람과 소통하고 협력하는 과정은 자연스럽게 동료 피드백을 주고받는 과정이 된다. 수많은 토의 · 토론 기법이 있지만 어떠한 토의 · 토론이든 다음 3가지 과정을 거치면 수업의 과정 중에 자연스럽게 평가와 피드백이 가능하게 된다.

- 토의 주제나 토론 논제에 대한 나의 생각 및 지식을 기록한다.
- 토의 · 토론을 통해 생각 및 지식의 폭과 깊이를 더한다(동료 피드백의 과정).
- 토의 · 토론을 통해서 확장되고 깊어진 생각 및 지식을 말이나 글로 표현하고 교사에게 확인 및 피드백을 제공받는다.

공책 필기는 생각 또는 지식을 정리하고 구조화하면서 학생의 참여를 이끌어 낼 수 있는 교수 · 학습 방법이다. 교사가 제시한 내용을 있는 그대로 옮겨 적는 것이 아닌 학생의 생각이나 수업을 통해 배운 내용을 스스로 정리하고 구조화시켜 기록해 보도록 해야 한다. 구조화된 공책 필기법도 다음의 3가지 과정을 거치게 하면 수업의 과정 중에 자연스러운 평가와 피드백이 가능하다.

- 생각 및 지식을 구조화된 공책 필기법(마인드맵, 비주얼씽킹 맵)으로 정리한다.
- 또래 및 교사와 공유하는 과정을 통해 자연스럽게 평가 및 피드백을 주고받는다.
- 피드백 받은 내용을 토대로 공책 필기 내용을 수정 및 완성하고 교사에게 확인 및 피드백을 제공받는다.

배움 신호 보내기

수업 과정 중 학생이 스스로 자신의 학습 수준을 간단하게 표현할 수 있도록 하면 교사는 학생 개개인에게 맞춤형 피드백을 제공할 수 있고, 학생은 자신의 학습 수준에 대해서 모니터링하고 조절해 가는 경험을 통해 자기 주도적 학습 역량을 함양하는 데 도움이 된다.

구분	수신호	배움 신호등
방법	스스로 생각하는 학습 수준을 손가락 개수로 표현함.	스스로 생각하는 학습 수준을 색(붙임쪽지 또는 종이컵)으로 표현함.
높음	손가락 3개	초록색
보통	손가락 2개	노란색
부족	손가락 1개	빨간색

평가 루브릭 활용하기

구체적이고 깊이 있는 동료 피드백 또는 자기 피드백을 위해서는 평가 루브릭을 학생에게 제공하고 이를 토대로 현재의 학습 수준을 확인하고 무엇을 더 배워야 하는지 고민해 보도록 하면 좋다. 이때 학생에게 제공되는 루브릭은 교사의 평가를 위해 개발된 것이 아닌 학생이 학습에 활용할 수 있도록 학생이 이해하고 활용할 수 있게 만들어져야 한다. 개인적으로 자주 활용하는 방법은 다음과 같다.

- 학생에게 루브릭을 제공하고 함께 확인한다.
- 본인의 수행 과제 또는 친구의 수행 과제를 루브릭에 비추어 좋은 점, 더 좋게 할 수 있는 점을 찾아서 기록하게 한다(아래 예시 참고).
- 피드백을 토대로 과제를 개선한다.

- 아래의 배움 기준표를 토대로 내가 작성한 편지가 어느 수준에 해당하는지 찾아봅시다. 내가 작성한 편지의 좋은 점과 더 좋게 할 수 있는 점을 찾아봅니다.
- 짝이 작성한 편지를 읽고 좋은 점, 더 좋게 할 수 있는 점을 찾아서 이야기해 주세요.
- 피드백 받은 내용을 토대로 편지를 수정하고 선생님의 확인을 받습니다.
- 과제를 수행하는 데 어려움이 있다면 언제든지 선생님의 도움을 요청하세요.

배움 수준	배움 요소	
	글의 내용에 나의 마음을 잘 담았나요?	편지글의 형식을 잘 지키고 있나요?
높음	마음을 드러내는 표현과 그 이유를 구체적으로 기록했어요.	편지글의 형식을 정확하게 잘 지켰어요.
수행	마음을 드러내는 표현과 그 이유를 함께 기록했어요.	편지글의 형식이 대체적으로 잘 지켜졌어요.
노력	마음을 드러내는 표현만 기록되어 있어요.	편지글의 형식이 잘 지켜지지 않았어요.

수업 후에 활용할 수 있는 평가 및 피드백 활동

설명하기

수업을 통해 배운 내용을 글이나 말로 설명해 보게 하는 활동이다. 학생이 새롭게 배운 내용을 정확하게 알고 있는지 손쉽게 확인하는 것은 배운 내용을 자기 언어로 설명해 보게 하는 것이다. 배운 내용을 다른 사람에게 설명할 수 있을 때 제대로 배운 것이다. 배운 내용을 글이나 말로 설명해 보도록 하면 내가 진짜로 알고 있는지 학생 스스로 돌아보는 경험을 제공할 수 있고, 배운 것을 다시 꺼내는 과정을 통해 자기 것으로 만드는 기회를 제공한다. 다음과 같은 순서로 실시할 수 있다.

- 가상의 상황을 제시한다(늦게 온 짝꿍에게 오늘 배운 내용 소개, SNS에 오늘 배운 내용 업로드).
- 학습목표 및 내용과 관련하여 가상의 상황 맥락에서 설명한다.
- 설명을 주고받으며 서로의 설명에 대해 평가하고 피드백을 주고받는다.

퇴실권 카드

학생들이 배운 내용을 다시 꺼내면서 수업을 마무리하는 활동이다. 수업에 대한 감정, 학습 내용 이해 및 수행 여부, 이해하고 수행할 수 있는 학습 내용, 질문을 기록하도록 한다. 퇴실권 카드에 기록된 내용을 토대로 학생들의 학습 수준을 파악하는 것은 물론 적절한 피드백을 제공해 줄 수 있다. 기록한 내용을 토대로 학생 간의 대화를 통해 동료 피드백을 주고받을 수 있고, 교사가 학생 개개인별로 피드백을 제공할 수 있다.

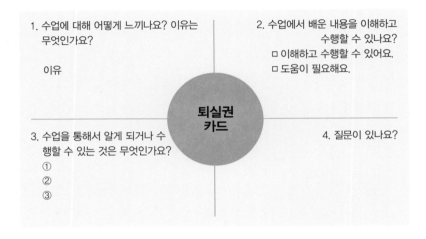

신호등 카드

수업에서 배운 내용을 잘 이해했는지 확인하기 위한 질문을 던지고 그 질문에 대한 스스로의 학습 정도를 붙임쪽지의 색으로 표현하고, 붙임쪽지에 질문에 대한 답을 기록해서 제출한다. 교사는 학생이 제출한 붙임쪽지를 학습 수준에 따라 다시 붙여 준다.

• 수업에서 배운 내용을 잘 이해하거나 수행할 수 있는지, 또는 배운 내용을 삶에 적용 및 활용할 수 있는지 확인할 수 있는 질문을

던진다.

• 질문에 대해 내가 얼마나 자신 있게 답변할 수 있는가에 따라 해당하는 붙임쪽지를 가져간다(녹색: 자신 있음, 노란색: 보통, 빨간색: 자신 없음).

• 선택한 붙임쪽지에 질문에 대한 답을 기록하고 짝과 답변을 공유한 후에 제출한다.

• 교사는 제출한 답변을 확인한다. 잘 학습한 학생은 또래 교수에 참여하도록 한다. 학습이 부족한 학생은 교사나 친구에게 피드백을 받는다.

신호등 카드

1. 질문에 대해 내가 얼마나 자신 있게 발표할 수 있는지 고민하고 해당되는 색의 포스트잇을 가져간다.

2. 내가 선택한 포스트잇에 질문에 대한 답을 기록하고 짝과 대화를 나눈다.
3. 선생님께 포스트잇을 제출하고 최종 확인을 받는다.

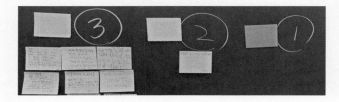

성찰하기

수업에서의 경험을 깊이 되돌아보는 것은 학생의 메타인지를 활성화하며, 배움을 더 단단하게 만들고 새로운 이해를 이끌어 낼 수 있다. 학생들의 메타인지는 사용 기회를 계속해서 제공했을 때 더 발달한다. 단위 차시의 수업은 물론 단원, 주제 통합 수업, 프로젝트 수업이 마무리될 때 학생이 무엇을 배웠고, 무엇을 느꼈는지 질문을 던지는 것은 학생에게 수업을 성찰하는 기회를 제공한다. 학생의 수업 성찰은 교사의 수업을 개선하는 데 귀한 자료가 된다.

- 수업을 통해 무엇을 배웠나요?
- 어떤 과정을 통해 배웠나요?
- 배운 것을 어떻게 적용하고 활용할 수 있나요?
- 수업에서 내가 잘한 점은 무엇인가요?
- 내가 더 노력해야 할 점은 무엇인가요?
- 기억에 남는 수업 장면은 무엇인가요?
- 선생님에게 바라는 점은 무엇인가요?
- 다음 수업에 바라는 점은 무엇인가요?

수업 성찰은 다양한 시기와 방법으로 실행할 수 있다. 한 단위(단원, 주제 통합 수업, 프로젝트 수업)의 수업이 마무리되거나 한 학기 또는 한 학년의 수업이 마무리될 때 학생들과 수업을 성찰하는 시간을 가지고 있다.

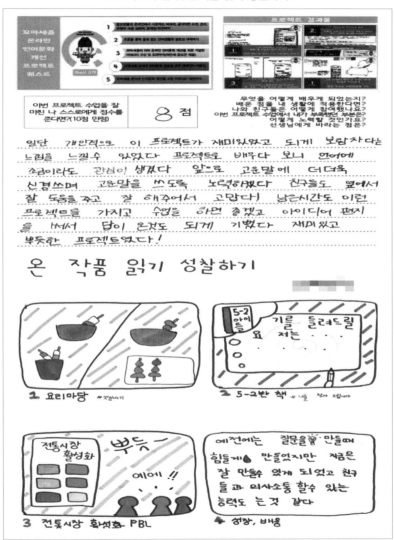

일단 개인적으로 이 프로젝트가 재미있었고 되게 보람차다는 느낌을 느낄 수 있었다. 프로젝트로 배우다 보니 언어에 조금이라도 관심이 생겼다. 앞으로 고운말에 더더욱 신경쓰며 고운말을 쓰도록 노력하였다. 친구들도 옆에서 잘 도움을 주고 잘 해주어서 고맙다. 남은 시간도 이런 프로젝트를 가지고 수업을 하면 좋겠고 아이디어 편지를 써서 답이 온 것도 되게 기뻤다. 재미있고 뿌듯한 프로젝트였다!

온 작품 읽기 성찰하기

1 요리마당
2 5-2반 책
3 전통시장 활성화 PBL
4 성장, 배움

한 학기 수업 성찰하기(손가락 소감 나누기, 써클 맵 활용)

한 학기 수업을 그동안 배웠던 비주얼씽킹을 활용해 돌아보았다. 한 학기 동안 경험했던 수업을 칠판에 함께 정리하고 이를 참고하여 손가락 다짐으로 성찰했다.

1. 5개의 손가락에는 기억에 남는 수업 내용을 기록하고, 그때의 감정을 비주얼씽킹으로 표현한다.
2. 손바닥에는 가장 기억에 남는 수업을 비주얼씽킹을 활용해 표현한다.
3. 빈 공간에 1학기 수업에 대해 좋은 점과 아쉬운 점을 기록하고, 2학기 수업에 바라는 점도 기록한다.

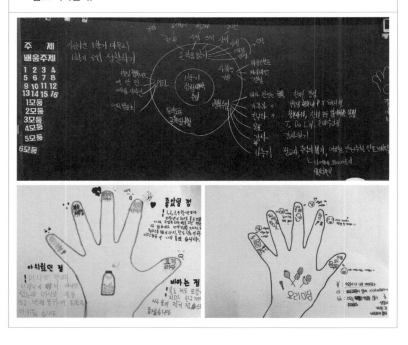

CHAPTER 4

교육과정-수업-평가-기록 일체화, 기록까지?

지금까지 교사 교육과정-수업-평가-피드백 일체화가 학생의 배움과 성장을 촉진할 수 있는 이유와 교사 교육과정-수업-평가-피드백 일체화의 실천 방법을 소개했다. 여기서 한 걸음 더 나아가 기록까지 연결하는 교육과정-수업-평가-기록 일체화의 필요성과 실천 방법에 대한 생각을 나누고자 한다. 여기서 기록은 평가 과정과 결과에 대한 기록을 의미한다. 평가와 기록의 연결이 피드백에 있어서 왜 필요한지, 현재 교육 환경에서 교육과정-수업-평가-기록 일체화를 어떻게 실행할 것인지에 대한 고민과 실천 사례를 나누고자 한다.

과정중심평가는 수업 과정 중의 다양한 평가를 통해 학생의 배움과 성장에 대한 자료를 수집하여 학생의 배움과 성장을 지원하는 피드백을 제공하는 것이다. 평가와 기록이 유기적으로 연결되어 평가 기록이 학생의 피드백을 위한 자료로 활용된다면 학생의 배움과 성장을 촉진할 수 있다. 교사는 성취기준 도달 수준을 확인하기 위해 평가 계획을 수립하고, 수업 과정 중의 평가를 통해 학생의 성취기준 도달 수준을 기록하면 학생 개인별로 현재 어느 수준까지 이해하고 수행할 수 있는지 정확하게 인지하고, 기록을 토대로 학생 개개인에게 적합한 피드백을 제공할 수 있다. 또한 학생들의 학습 수준을 고려한 다음 단계의 수업 설계에 도움이 된다. 기록이 없는 경우 학생의 평소 학습 성취 수준을 토대로 현재 성취기준 도달 수준을 판단하게 되기 때문에 다음과 같은 오류를 범할 수 있다.

- 평소 학업성취 수준이 높은 학생이 현재 배우고 있는 성취기준에 관한 학습 수준이 높다고 판단하는 것(실제로는 제대로 이해하고 수행하지 못함)
- 평소 학업성취 수준이 낮은 학생이 현재 배우고 있는 성취기준에 관한 학습 수준이 낮다고 판단하는 것(실제로는 잘 이해하고 수행할 수 있음)

또한 일제식 정기 고사를 통해서 성취기준 도달 수준을 확인하고 기록하는 경우에도 전체 점수를 통해 각각의 성취기준 도달 수준을 일반화하는 오류가 생길 수 있다.

평가 기록을 학생의 피드백 자료로 유용하게 활용하기 위해서는 각 성취기준과 관련된 수업 과정 중에 수업과 일치된 평가를 실시하고 기록해야 하며, 이 기록을 학생의 배움과 성장을 위한 자료로 수업 과정 중에 활용해야 한다. 평가 기록을 토대로 현재 학생이 얼마나 이해하고 수행할 수 있는지, 무엇을 얼마나 더 배워야 하는지에 대한 정보를 제공하면 학생의 배움과 성장을 촉진할 수 있다. 이런 일련의 과정이 가능하려면 평가를 기록하는 과정이 쉽고 효율적이어야 한다.

하지만 현재 평가 결과를 기록하는 주요한 수단인 학교생활기록부는 학생의 삶에 미치는 영향이 크기 때문에 배움과 성장을 위한 자료로만 활용하기에 어려움이 있다. 또한 학교생활기록부를 기록하고 공유하는 시점이 학기말 또는 학년말이고, 평가를 기록하는 과정이 효율적이지 않아 수업 과정 중에 활용하기 어렵다.

학교생활기록부 기록은 학생의 학업성취도를 비롯한 학생의 학교생활 전반에 대한 기록이 영구 보존되고, 중등 이후에는 진학과 취업 등 학생의 삶에 많은 영향을 미치게 된다. 학교생활기록부가 학생의 삶에 미치는 영향으로 인한 무게와 부담감 때문에 교사는 학생이 학교생활을 통해 무엇을 얼마나 어떻게 배우고 성장했는지에 대한 기록을 주로 남기고 있으며, 무엇을 얼마나 어떻게 더 배워야 하는지에 대해 기록하는 경우는 드물다.

평가를 기록하고 평가 기록이 학생에게 제공되는 시점이 교육과정이 마무리되는 학기말 또는 학년말이기 때문에 수업 및 평가가 실제 실행되는 시점과 기록되는 시점 사이의 간격이 멀어 생생하고 구체적인 기록을 남길 수 없고, 기록되는 내용도 초등의 경우 교과학습 발달 상황에 교과의 영역에 따른 몇 개의 성취기준과 관련된 내용만 기록하기 때문에 학생의 배움과 성장에 대한 온전한 기록이 될 수 없다. 이러한 이유로 학교생활기록부의 기록은 학생에게 학습의 개선에 활용할 수 있는 의미 있는 피드백이 되기 어렵다.

물론 학교생활기록부에 기록되는 내용은 반영하고 전달하기 전까지 얼마든지 수정이 가능하고, 성취기준별로 도달 수준을 입력할 수도 있다. 하지만 '업무포털 접속 → NEIS 접속 → 평가 기록 입력을 위한 각각의 탭 클릭'으로 이어지는 접속 과정과 각 성취기준의 도달 수준을 기록하기 위한 사전 작업이 번거롭기 때문에 실제로 활용하기 쉽지 않다. 또한 학교생활기록부는 교과 간의 경계가 명확하여 교과 융합을 통한 주제 통합 수업이나 프로젝트 수업은 기록을 남기기 어렵다. 이러한 이유로 현장의 많은 교사들은 학교생활기록부와는 별개로 개인적인 평가 기록 템플릿을 만들어 활용하거나 LMS를 활용하고 있다.

평가 기록 템플릿 개발 및 활용

과정중심평가를 위해 평가 템플릿을 개발하여 활용했다. 엑셀을 활용

254

했고, 주제 및 교과-성취기준-평가 기준-수행 과제 및 피드백, 학생의 성취기준 도달 수준으로 구성되어 있다. 월별로 기록하고 있고 앞서 소개한 교육과정-수업-평가 템플릿에 기록된 내용을 엑셀로 옮겨서 사용하고 있다. 학생의 성취기준 도달 수준은 미도달과 도달로 나누고, 도달은 다시 노력(하), 수행(중), 높음(상)의 3단계로 구분하여 총 4단계로 나누어 기록하고 있다. 빠르게 기록하기 위해 0~4의 숫자를 활용해 기록하기도 한다.

미도달(0)	도달		
	노력(하, 1)	수행(중, 2)	높음(상, 3)

출력해서 활용하거나 OFFICE 365 또는 구글 스프레드시트를 사용할 경우 웹상에서 쉽게 기록하고 활용할 수 있다. 데스크탑이나 노트북은 물론 모바일에서도 가능하기 때문에 학생들의 학습 활동을 관찰하면서 수시로 기록하고 수정할 수 있다는 장점이 있다. 평가 기준을 토대로 학생의 성취기준 도달 수준을 구조적 · 비구조적 형성평가를 활용해 수시로 확인하고 기록하면서 총괄평가를 통해 최종 성취기준 도달 수준을 기록한다. 필요에 따라 진단평가 결과를 기록해 두기도 한다. 평가를 통해 확인한 학생의 성취기준 도달 수준을 기록하고, 이를 토대로 맞춤형 피드백을 제공하거나 수업을 조절하면서 학생의 성취기준 도달 수준을 높이는 데 활용한다.

2	주제	교과	성취기준	평가기준	수행과제 및 피드백	학생1	학생2
3	우리가 만드는 도덕 수업	도덕	[4도.03-01]공공장소에서 지켜야 할 규칙과 공익의 중요성을 알고, 공익에 기여하고자 하는 실천 의지를 기른다.	높음 : 공공장소에서 지켜야 할 코로나 19 예방 안전 규칙과 공익의 중요성을 설명할 수 있고 공익에 기여하고자 하는 의지를 기른 수 있다. 수행 : 공공장소에서 지켜야 할 코로나 19 예방 안전 규칙과 공익의 중요성을 파악할 수 있고 공익에 기여할 수 있는 일을 찾아 실천하고자 하는 마음을 표현할 수 있다. 노력 : 공공장소에서 지켜야 할 코로나 19 예방 안전 규칙과 공익의 중요성을 생각해 볼 수 있고 공익에 기여할 수 있는 일을 찾아 실천하고자 하는 마음을 기를 수 있다.	코로나 2차 대유행의 원인 파악 및 공익의 중요성 이해하기/공익 실천 표어로 다짐하기	수행	높음
4	슬기로운 대화생활2	국어	[4국01-04]적절한 표정, 몸짓, 말투로 말한다.	높음 : 다양한 말하기 상황에 맞게 내용 및 상황에 적절한 표정, 몸짓, 말투를 활용하여 효과적으로 말할 수 있다. 수행 : 말하기 상황에 적절한 표정, 몸짓, 말투를 활용하여 말할 수 있다. 노력 : 말하기 상황에 따라 표정, 몸짓, 말투를 일부 활용하여 말할 수 있다.	친구의 두려움에 공감하며 대화하기	수행	높음
5	환경에 따라 다른 삶의 모습	사회	[4사02-01]우리 고장의 지리적 특성을 조사하고, 이것이 고장 사람들의 생활 모습에 미치는 영향을 탐구한다.	높음 : 우리 고장의 자연환경과 인문환경을 조사하여 지리적 특성을 파악하고, 이것이 고장 사람들의 생활 모습에 미치는 영향에 대해 사례를 비교하여 설명할 수 있다. 수행 : 우리 고장의 자연환경과 인문환경을 조사하고 지리적 특성과 관련된 고장 사람들의 생활 모습을 설명할 수 있다. 노력 : 우리 고장의 자연환경과 인문환경의 지리적 특성을 구분할 수 있다.	자연환경에 따른 사람들의 생활모습 설명하기	높음	높음
6	곱셈	수학	[4수01-05]곱하는 수가 한 자리 수 또는 두 자리 수인 곱셈의 계산 원리를 이해하고 그 계산을 할 수 있다.	높음 : (두 자리 수)×(한 자리 수), (두 자리 수)×(두 자리 수), (세 자리 수)×(한 자리 수), (세 자리 수)×(두 자리 수)의 계산을 하고, 그 과정을 설명할 수 있다. 수행 : (두 자리 수)×(한 자리 수), (두 자리 수)×(두 자리 수), (세 자리 수)×(한 자리 수), (세 자리 수)×(두 자리 수)의 계산을 할 수 있다. 노력 : 안내된 절차에 따라 간단한 (두 자리 수)×(한 자리 수), (두 자리 수)×(두 자리 수), (세 자리 수)×(한 자리 수)(세 자리 수)×(두 자리 수)의 계산을 할 수 있다.	(세 자리 수)X(한 자리 수)	높음	높음
7	계절학교	미술	[4미02-06]기본적인 표현 재료와 용구의 사용법을 익혀 안전하게 사용할 수 있다.	높음 : 기본적인 표현 재료와 용구의 올바른 사용 방법을 익혀 능숙하게 사용할 수 있다. 수행 : 기본적인 표현 재료와 용구의 올바른 사용 방법을 익혀 안전하게 사용할 수 있다. 노력 : 기본적인 표현 재료와 용구의 사용 방법을 안다.	수공예 재료와 용구의 사용법을 익혀 안전하게 사용하기	높음	높음
8	생존수영(이론)	체육	[4체05-02]수상활동에서 발생하는 안전사고의 사례를 조사하고 예방 및 대처 방법을 익혀 위험 상황에 대처한다.	높음 : 수상활동에서 발생하는 안전사고의 다양한 사례를 조사하고 예방 및 대처 방법을 익혀 위험 상황에 능동적으로 대처할 수 있다. 수행 : 상황들에서 발생하는 안전사고의 일부 사례를 조사하고 예방 및 대처 방법을 익혀 위험 상황에 능동적으로 대처할 수 있다. 노력 : 수상활동에 발생하는 안전사고의 일부 사례를 조사하고 예방 및 대처 방법을 익혀 위험에 대한 안전에 따라 위험 상황에 대처할 수 있다.	수상활동 안전사고 사례 조사 및 대처 방법 기록하기	높음	높음

... | 6월 과정중심평가 | 7월 과정중심평가 | 8~9월(1학기) 과정중심평가 | 9월 과정중심평가 | 10월 과정중심평가 | 11월 과정중심평가 | 12월~1월 ...

준비

수업 사례 1: 국어

수업 과정 중에 평가 기록 템플릿을 어떻게 활용하고 있는지 몇 가지 사례를 통해 소개하고자 한다.

첫 번째 사례는 국어 수업이다. 관련된 교육과정-수업-평가 설계는 다음과 같다. '문해력 기르기'라는 주제 통합 수업의 소단위 수업으로 문단의 짜임에 대해서 배우는 수업이다. 중심 문장과 뒷받침 문장을 갖추어 문단을 쓰는 것을 배워 나를 소개하는 글쓰기를 수행 과제로 제시했다. 작성한 글은 나를 소개하는 발표로 활용했다.

주제	성취기준	시수	구분	배움(수업-평가 연계) 활동(시수) 범교과(★), 체험(♥)	비고
문단의 짜임	[4국02-01] 문단과 글의 중심 생각을 파악한다. [4국03-01] 중심 문장과 뒷받침 문장 을 갖추어 문단을 쓴다.	10	대면수업	[수행 과제] [평가 활동] – 문단에서 글의 중심 생각 파악하기 – 중심 문장과 뒷받침 문장을 갖추어 글(설명문, 의견) 쓰기 [수업 활동] – 문단의 중요성 느끼기(2) – 문단의 뜻과 특징 파악하기(2) – 문단 파악하기 놀이하기, 글을 읽고 중심 문장과 뒷받침 문장 파악하기(2) – 중심 문장과 뒷받침 문장을 갖추어 문단 쓰는 방법 이해하기(2) – 설명하는 글 조직하고 문단 쓰기(2)	6월 18주 ~19주

중심 문장과 뒷받침 문장을 갖추어 나를 소개하는 글을 쓰기 위해 마인드맵을 활용해 글을 조직하고 글로 옮기도록 했다. 학생들이 작성한 글을 확인해 보니 다른 수업에서 대부분 '높음'의 성취수준을 보이는 학생들이 '수행' 수준에 머무르는 경우가 많았다. 평가를 통해 확인하지 않고 기록으로 남기지 않으면 평소 성취수준을 토대로 잘 배웠다고 넘어가게 될 수 있다. 실제 계획과는 별도로 피드백을 위한 시간이 더 확보되어야겠다고 판단하여 추가적으로 시수를 더 확보했다.

주제	교과	성취기준	평가기준	수행과제 및 피드백	학생1	학생2
문해력(문단의 짜임)	국어	[4국02-01] 문단과 글의 중심 생각을 파악한다.	높음 : 중심 문장이 명시적으로 드러나 있거나 그렇지 않은 다양한 문단과 글에서 중심 생각을 능숙하게 파악할 수 있다. 수행 : 중심 문장이 명시적으로 드러나 있거나 그렇지 않은 문단과 글에서 중심 생각을 파악할 수 있다. 노력 : 중심 문장이 명시적으로 드러난 글에서 중심 생각을 파악할 수 있다.	문단과 글의 중심 생각 파악하기	높음	높음
		[4국03-01] 중심 문장과 뒷받침 문장을 갖추어 문단을 쓴다.	높음 : 중심 문장과 뒷받침 문장을 짜임새 있게 갖추어 내용이 효과적으로 드러나도록 문단을 쓸 수 있다. 중 : 중심 문장과 뒷받침 문장을 짜임새 있게 갖추어 문단을 쓸 수 있다. 하 : 중심 문장과 뒷받침 문장을 부분적으로 갖추어 문단을 쓸 수 있다.	중심 문장과 뒷받침 문장 갖추어 나를 소개하는 글 쓰기	수행	수행

피드백을 위해 확보한 수업에서의 피드백은 다음과 같이 이루어졌다. 피드백을 통해 학생의 성취수준을 모두 높였다.

- 높음 수준 학생의 글 소개하기
- 노력 및 미도달 학생은 교사의 개인적 피드백
- 높음 수준의 학생들의 동료 피드백(또래 교수) 제공

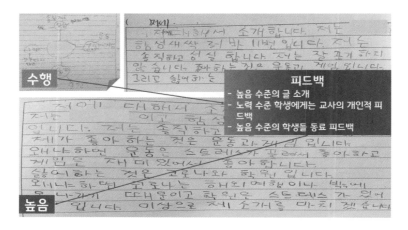

수업 사례 2: 과학

두 번째는 과학 수업 사례이다. 보급형 백워드 설계보다 단계를 조금은 더 구체화시킨 템플릿을 활용해서 설계했다. 과학 교과의 경우 성취기준을 분석하여 핵심 개념과 일반화된 지식을 확인하고, 핵심 개념과 일반화된 지식에 대한 이해를 위한 질문을 중심으로 수업을 이끌

어 가기에 적합한 교과라고 판단했다. 보급형 백워드 설계와의 차이점은 첫째, 성취기준 분석을 통해 내용 요소, 기능, 태도, 핵심 개념, 일반화된 지식, 핵심 질문을 선정했다. 둘째, 평가 설계에서 각 성취기준과 관련된 평가 과제와 평가 기준을 서술했다. 셋째, 성취기준 및 평가 과제와 관련된 수업 활동을 더 구체적으로 설계했다.

함성새싹 교육과정-수업-평가(피드백) 설계 템플릿

주제	자석의 이용	목표	☐ 나를 사랑하기, 자기 주도성 ☐ 행복한 관계 맺기 ☑ 사고력 지페 살 살아가기 ☐ 더불어 행복한 삶 살아가기 ☐ 자기관리역량 ☐ 의사소통역량 ☑ 지식정보처리역량 ☑ 창의적사고역량 ☐ 심미적감성역량 ☐ 공동체역량

	1단계 : 교육과정 설계	2단계 : 평가 및 피드백 설계	3단계 : 수업 설계
성취기준	[4과02-01]자석 사이에 밀거나 당기는 힘이 작용하는 현상을 관찰하고 두 종류의 극을 구별할 수 있다. [4과02-02]나침반의 바늘이 일정한 방향을 가리키는 성질이 있음을 관찰을 통해 설명할 수 있다. [4과02-03]일상생활에서 자석이 사용되는 예를 조사하고, 자석의 성질과 관련지어 그 기능을 설명할 수 있다.	● 성취기준 : [4과02-01] ● 평가과제(배움형성) - 극의 개념과 성질 이해하기 - 관심과 흥미를 가지고 관찰하기 ● 평가기준 - 높음 : 같은 극 사이에는 미는 힘이, 다른 극 사이에는 당기는 힘이 작용함을 알고, 두 종류의 극을 구별할 수 있다. - 수행 : 자석 사이에 밀거나 당기는 힘이 작용함을 알고, 자석에는 두 종류의 극이 있음을 말할 수 있다. - 노력 : 실험을 통해 자석 주위에 힘이 작용함을 말할 수 있다.	● 자석에 붙는 물체는 어떤 것이 있을까요?(2) 70~73 - 입장권 카드, 자석 경험 이야기 나누기 - 자석에 붙는 물체 찾고 성질 예상하기 - 재미있는 자석 인형 만들기 - 자석의 성질을 알아볼까요?(극 찾기)(1) 76~77 - 자석을 철로 된 물체에 가까이 가져다고, 관찰하기 - 자석의 성질을 알아볼까요?(극 찾기)(1) 74~75, 82~83 - 자석에서 물체가 많이 붙는 부분 예상하고, 관찰하기 - 극의 개념 이해하기 - 고리 자석과 동전 모양 자석에서 극 찾기, 설명하기 - 자석 사이에 작용하는 힘 확인하고 정리하기
	내용 요소 ● 자석의 성질 ● 나침반의 성질 ● 자석의 이용 **기능** ● 탐구의 설계 및 수행 ● 분류하기 ● 관찰하기 ● 조사하기 **태도** ● 관심과 흥미 가지기 ● 적극적으로 참여하기 ● 협동하기	● 성취기준 : [4과02-02] ● 평가과제(배움형성) - 자석으로 나침반 만들기 - 나침반의 성질을 자석의 성질과 관련지어 설명하기 - 적극적으로 참여하기 ● 평가기준 - 높음 : 나침반의 바늘이 일정한 방향을 가리키는 까닭을 자석의 성질과 관련지어 설명할 수 있다. - 수행 : 자석으로 나침반을 만들고, 북쪽을 찾을 수 있다. - 노력 : 나침반의 바늘이 일정한 방향을 가리킨다는 것을 말할 수 있다.	● 물에 띄운 자석은 어느 방향을 가리킬까요?(1) 78~79 - 방향 관찰하기, N극과 S극의 이름 이해하기 - 나침반의 성질 알아보기 - 자석의 성질을 어 알아볼까요?(2) 82~85 - 자석을 다른 자석에 가까이 가면 어떻게 되는지 탐구하기 - 자석 주위에서 나침반 바늘이 움직이는 이유 이해하기 - 나침반의 성질 떠올리기, 바늘이 일정한 방향을 가리키는 이유 설명하기
성취기준 분석	**핵심개념** ● 자기 **일반화된 지식** ● 물질과 지구에는 눈에 보이지 않는 힘(자기장)이 존재한다. 이를 자석과 나침반을 통해서 확인할 수 있다. ● 자석의 성질은 삶 속에서 다양하게 이용되고 있다. **핵심질문** ● 자석을 여러 가지 물체에 가까이 가져가면 어떻게 될까? ● 자석을 다른 자석에 가까이 가져가면 어떻게 될까? ● 나침반 바늘은 어느 방향을 가리킬까? ● 생활 속에서 자석은 어떻게 이용될까?	● 성취기준 : [4과02-03] ● 평가과제(배움형성) - 자석이 사용되는 예 조사하고 발표하기 - 자석의 성질과 관련지어 설명하기 - 친구들과 협동하기 ● 평가기준 - 높음 : 자석이 사용되는 예를 친구들과 협동하여 조사하고, 자석의 성질을 이용하였음을 구체적으로 설명할 수 있다. - 수행 : 자석이 사용되는 예를 친구들과 협동하여 조사하고, 이를 자석의 성질과 관련지어 설명할 수 있다. - 노력 : 일상생활에서 자석이 사용되는 예를 말할 수 있다.	● 우리 생활에서 자석은 어떻게 이용되는지 조사하고 소개하기(2) 86~87 - 교실, 집 등으로 나누어 정리하기, 1남고 3가기 - 자석의 어떤 성질이 이용되었는지 확인하고 정리하기 - 동료 평가하기 ● 철로 된 물체에 나침반 만들기(1) 80~81 - 나침반의 성질 복습하기 - 철로 된 물체에 나침반 만들기, 이름 정리하기 ● *자석의 이용 정리하기(1)* - *신호등 카드*

위의 수업 설계 중 소개할 수업 사례는 여러 실험을 통해서 탐구한 자석의 성질과 실생활에서 이용되는 자석의 이용의 예를 찾아본 수업이다. 학생들이 자석의 성질과 이용에 대해서 얼마나 잘 이해하는지

여러 활동을 통해서 확인하고 피드백을 제공했다.

자석의 이용 마인드맵 정리하기(실험관찰 활용)

실험관찰 각 단원의 마지막에 배운 내용을 돌아보고 스티커를 활용해 마인드맵으로 정리하는 활동이 있다. 개인적으로 유용한 교수·학습 활동으로 판단하여 자주 활용하고 있다. 방법은 다음과 같다.

1. 마인드맵을 작성하는 방법에 대해서 소개한다.
2. 붙임 스티커를 활용해 마인드맵을 작성하고 교사에게 확인을 받는다.
3. 마인드맵을 완벽하게 잘 작성하고 단원 내용을 잘 이해한 것으로 확인한 학생은 또래 교수 활동을 한다.
4. 단원의 이해 정도가 부족한 학생(하, 노력 수준)은 교사가 직접 지도하고 피드백한다.
5. 교사와 함께 전체적으로 다시 정리한다.

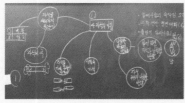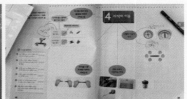

신호등 카드

그동안 실시한 수업과 평가를 통해 학생들이 자석의 성질은 전체적으로 잘 이해하고 있다고 판단하고 기록했다. 자석의 성질이 실제 삶에서 어떻게 이용되는지 알아보고 그 이유를 설명하는 것은 삶과 배움의 연결에 있어서 중요한 수업 활동이다. 핵심 질문을 던지고 그 질문에 대한 스스로의 이해 정도를 포스트잇 색으로 표현하고, 포스트잇에 질문에 대한 답변을 기록해서 제출하도록 했다. 색과 상관없이 교사가 학생들의 답변을 판단하여 '자신 있어요(3), 보통이에요(2), 자신 없어요(1)'로 나누어 붙여 주었다. 머릿속에 있는 지식과 생각을 반복해서 꺼내 보아야 자기 것이 된다. 칠판에 분포된 포스트잇의 색을 보면 학생들 스스로 이해했다고 생각하지만 잘 이해하지 못하는 경우도 있고, 그 반대의 경우도 볼 수 있다.

1. 질문에 대해 내가 얼마나 자신 있게 발표할 수 있는지 고민하고 해당되는 색의 포스트잇을 가져간다.
  – 질문: 일상생활에서 자석의 성질이 어떻게 이용되는지 예를 들어 설명해 볼까요?
2. 내가 선택한 포스트잇에 질문에 대한 답을 기록하고 짝과 대화를 나눈다.
3. 선생님께 포스트잇을 제출하고 최종 확인을 받는다.

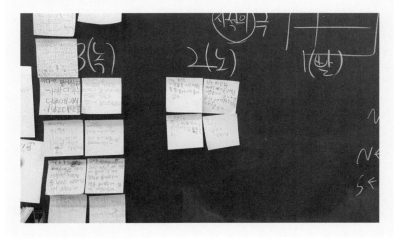

총괄평가 및 피드백

총괄평가 이후에 교사가 피드백이라는 징검다리를 통해 배움과 성장으로 연결해 준다면 총괄평가도 충분히 의미 있는 과정중심평가의 역할을 수행할 수 있다. 신호등 카드까지 마무리한 학생은 과학 교과서에 제시된 단원평가를 해결하고 교사에게 확인받도록 했다. 교사의 확인을 받고 잘 이해했다고 판단된 학생은 또래 교수 활동을 시작하도록 했다.

학생들의 과정중심평가 기록을 확인하며 단원평가 결과를 토대로 최종 성취기준 도달 수준을 기록하고 학생들 개개인에 대한 피드백을 제공했다. 학생들이 전체적으로 잘 이해하지 못하는 부분에 대해서 다시 설명해 주었다.

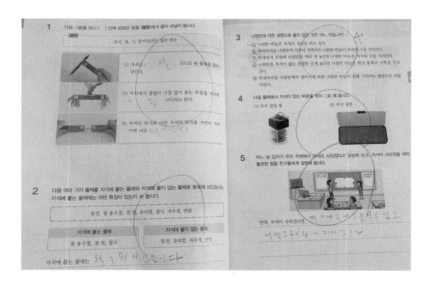

주제	성취기준	평가기준	학생1	학생2	학생3	학생4	학생5	학생6
자석의 이용	[4과02-01]자석 사이에 밀거나 당기는 힘이 작용하는 현상을 관찰하고 두 종류의 극을 구별할 수 있다.	매우 높음 : 같은 극 사이에는 미는 힘이, 다른 극 사이에는 당기는 힘이 작용함을 알고, 두 종류의 극을 구별할 수 있다. 높음 : 자석 사이에 밀거나 당기는 힘이 작용함을 알고, 자석에는 두 종류의 극이 있음을 말할 수 있다. 수행 : 실험을 통해 자석 주위에 힘이 작용함을 말할 수 있다.	3	3	3	3	3	3
	[4과02-02]나침반의 바늘이 일정한 방향을 가리키는 성질이 있음을 관찰을 통해 설명할 수 있다.	매우 높음 : 나침반의 바늘이 일정한 방향을 가리키는 까닭을 자석의 성질과 관련지어 설명할 수 있다. 높음 : 자석으로 나침반을 만들어, 북쪽을 찾을 수 있다. 수행 : 나침반의 바늘이 일정한 방향을 가리킨다는 것을 말할 수 있다.	3	3	2	3	3	3
	[4과02-03]일상생활에서 자석이 사용되는 예를 조사하고, 자석의 성질과 관련지어 그 기능을 설명할 수 있다.	매우 높음 : 자석이 사용되는 예를 친구들과 협동하여 조사하고, 자석의 어떤 성질을 이용하였는지 구체적으로 설명할 수 있다. 높음 : 자석이 사용되는 예를 친구들과 협동하여 조사하고, 이를 자석의 성질과 관련지어 설명할 수 있다. 수행 : 일상생활에서 자석이 사용되는 예를 말할 수 있다.	3	2	3	3	3	3

수업 사례 3: 도덕, LMS 활용

LMS를 활용하면 평가, 기록, 피드백으로 이어지는 일련의 과정을 효율적으로 실행할 수 있다. LMS를 활용하기 위해서는 개별적으로 활용할 수 있는 스마트 기기가 갖춰져야 하므로, 이는 물리적 환경이 갖춰진 경우에만 가능하다. 이 수업의 교육과정-수업-평가 설계는 다음과 같다.

주제	성취기준	시수	배움(수업-평가 연계) 활동(시수) 범교과(★), 체험(♥)	비고
나를 돌아보는 삶 (성찰)	[6도04-02] 올바르게 산다는 것의 의미와 중요성을 알고, 자기반성과 마음 다스리기를 통해 올바르게 살아가기 위한 능력과 실천 의지를 기른다.	4	[수행 과제] [평가 활동] -올바른 삶의 의미와 중요성 이해하기 -성찰 실천하기 [수업 활동] -나는 올바르게 살아가고 있는가?(1)_교과서 47쪽 참고 -올바른 삶과 성찰의 의미와 중요성은 무엇일까요?(아이히만과 노벨)(1) -상처를 준 나의 행동을 성찰해 볼까요?(1) -실천 소감 및 성찰 격언 만들고 소개해 볼까요?(1)	4월

전체 수업 과정 중 상처를 준 나의 행동을 돌아보면서 실제로 성찰을 실천하는 단계의 수업 사례를 소개한다. 교육청 지원 사업으로 모든 학생에게 태블릿 PC가 배부되어 LMS를 활용할 수 있는 물리적 환경이 갖추어졌다. 구글 클래스룸을 중심으로 한 온라인 협업 도구를 활용해서 수업 관리, 과제 생성 및 제출, 평가 기록 및 피드백을 진행했다. 온라인 협업 도구도 수업을 만들 때 연결하거나 스트림에 링크를 활용해 쉽게 연결할 수 있고, 계정이 필요한 협업 도구도 학생들이 구글 클래스룸 참여를 위해 발급받은 계정을 활용해 쉽게 가입할 수 있다. 과거 구글 클래스룸을 사용하기 위해서는 교사가 세팅하기까지 여러 번거로움이 있었지만, 최근 많은 시·도 교육청에서 학교 계정, 교사 계정, 학생 계정을 발급해서 사용할 수 있도록 도움을 주고 있어서 생각보다 쉽게 활용할 수 있다.

이전 수업에서 도덕적 성찰의 필요성에 대해서 함께 고민해 본 내용을 토대로 나의 말과 행동을 돌아보며 도덕적 성찰을 실제로 실천해 보는 수업이었다. 수업 흐름은 총 3단계로 진행되었다.

- 1단계: 노벨과 아이히만의 이야기를 토대로 성찰이 필요한 이유 제출 및 공유
- 2단계: 나에게 상처가 되는 친구들의 말과 행동 공유(익명, mentimeter 활용)
- 3단계: 성찰 실천하기(google presentation 활용)

도덕 ⋮

[?]	올바른 삶을 위해 성찰이 필요한 이유가 무엇일…	5월 31일에 게시됨
[ ]	나에게 상처가 되는 친구들의 말과 행동	5월 31일에 게시됨
[ ]	성찰 실천하기	5월 31일에 게시됨

도덕적 성찰이 필요한 이유 고민하기

노벨과 아이히만의 이야기 또는 나의 경험을 통해 성찰이 필요한 이유에 대해서 고민하고 기록하도록 했다. 서로의 생각을 공유하며 답글로 서로의 의견에 피드백을 남기도록 했다.

상처가 되는 말과 행동 공유하기

친구는 의도하지 않았지만 나에게 상처가 되는 말과 행동을 mentimeter라는 온라인 협업 도구를 활용해 익명으로 제출하도록 했다. 학생들의 삶에 직접적으로 연결되는 주제이다 보니 적극적으로 응답하는 학생들이 많았다.

나에게 상처가 되는 친구들의 말과 행동은 무엇이 있나요?

il Mentimeter

돌아가신 아빠에 관련된 이야기	말하는 도중에 말에 끼어들기 가 싫다	애들이 나한테 ○이라고 놀려서 울었다.
은근히 나의 말을 무시하는 행동	지건찌르기 이런게 싫고 아파서 하지않았으면 좋겠어요.	은근히 키 작다고 비꼬는 말
누구 잘생김이라고 놀린다	자기 마음대로 하는 행동	마스크가 코로 내려갔을때 마스크를 올리려고 할때 친구가 내 얼굴을 보고 이중 여드름이 있다고 외모지적을 했다.

성찰하기

성찰을 실천해 보았다. 평소 나의 말과 행동을 칭찬과 반성으로 나누어 각각의 칸에 맞추어 성찰을 남겨 보도록 했다. 구글 프리젠테이션을 활용해 개별 과제를 제시했고, 구글 클래스룸에 평가 루브릭을 입력해 두어 학생들의 과제를 평가하고 피드백하는 데 유용하게 활용했다.

Part 1. What & Why 교사 교육과정-수업-평가-피드백 일체화는 무엇이고 왜 필요한가

강민정 의원실 보도자료(2020.07.28.). 코로나 수능 학력 중산층의 붕괴.

강충렬, 정광순(2019). 배움 중심 수업. 학지사.

경기도교육청(2016). 배움 중심 수업 2.0의 이해와 실천.

경기도교육청(2021). 2021학년도 초등학교 교육과정 편성 안내.

경상남도교육청(2019). 교사 수준 교육과정: 실천편. 장학자료.

계보경, 김혜숙, 이용상, 김상운, 손정은, 백송이(2020). COVID-19에 따른 초·중등학교 원격교육 경험 및 인식 분석(연구자료 GM 2020-11). 한국교육학술정보원.

교육부 보도자료(2019.12.4.). OECD 국제 학업성취도 비교 연구[PISA 2018] 결과 발표.

교육부(2016). 2015 개정 교육과정 총론 해설 초등학교.

교육부(2016a). 2015 개정 교육과정 총론(일반) 연수자료. 에듀넷.

교육부(2020.04.07.). 코로나19 대응을 위한 원격수업 출결·평가·기록 가이드라인.

교육부, 한국교육과정평가원(2017). 과정을 중시하는 수행평가 어떻게 할까요?. 연구자료 ORM 2017-19-1.

교육부(2021). 교수·학습 지원을 위한 학생 평가의 이해.

김덕년(2017b). '교육과정-수업-평가-기록의 일체화'에 대한 고찰. 한국교육개발원.

김선, 반재천(2020). 학생의 배움과 성장을 지원하는 과정 중심 피드백. 도서출판

AMEC.

김성숙, 김희경, 서민희, 성태제(2015). 교수 · 학습과 하나되는 형성평가. 학지사.

김성지(2021.02.26.). 미네르바 스쿨, 하버드보다 들어가기 힘든 '가장 선택적인 학교'. 디지털 인사이트. https://ditoday.com/%EB%AF%B8%EB%84%A4%EB%A5%B4%EB%B0%94-%EC%8A%A4%EC%BF%A8-%ED%95%98%EB%B2%84%EB%93%9C%EB%B3%B4%EB%8B%A4-%EC%9E%85%ED%95%99%ED%95%98%EA%B8%B0-%ED%9E%98%EB%93%A0-%EA%B0%80%EC%9E%A5-%EC%84%A0%ED%83%9D/

박지현, 진경애, 김수진, 이상아(2018). 과정 중심 평가 내실화를 위한 교사의 평가 전문성 신장 방안 연구(연구보고 RRE 2018-5). 한국교육과정평가원.

반재천, 김선, 박정, 김희경(2018). 교사별 과정 중심 평가에 대한 교사의 인식. 교육과정평가연구, 21(3), 105-130.

서울교육정책연구소(2021). 코로나19 전후, 중학교 학업성취 등급 분포를 통해 살펴본 학교 내 학력격차 실태 분석. 2021-1 현안분석 보고서.

서울특별시교육청(2021). 2021학년도 중학교 학업성적관리지침.

송미나(2021). 공교육 학력 저하 원인 및 실태 분석과 대안(YR 2021-1). (재)여의도연구원.

엄태동(2014). 초등교육 재개념화의 두 가지 길. 초등교육연구, 17(2), 27-51.

엄훈(2012). 학교 속의 문맹자들. 우리교육.

오명호(2020). K-MOOC의 현황과 개선과제. NARA 현안분석 국회입법조사처.

윤형준(2020.11.11.). [Mint] "수퍼스타 아니라면 당장 내보내라" 1등 넷플릭스 비결. 조선일보. https://www.chosun.com/economy/economy_general/2020/10/11/P524HCS7AFBOXEQJQQIBGGP5NM/

이근호, 이미경, 서지영, 변희현, 김기철, 유창완, 이주연, 김종윤, 윤기준(2017).

OECD Education 2030 교육과정 조사에 따른 역량 중심 교육과정 비교 연구(연구보고 CRC 2017-8). 한국교육과정평가원.

이태영, 양은주(2015). 듀이의 철학적 어린이 이해와 '아동중심'의 교육적 의미. 교육사상연구, 29(1), 107~135.

전라북도교육청(2021). 전라북도 초등학교 교육과정 총론.

정시행(2021.03.27.). [NOW] 화상회의 줌 그만… '줌 없는 날' 등장. 조선일보. https://www.chosun.com/international/us/2021/03/27/UKEF6RO2SNAXJE72E7XGHGKTWM/

최인철(2016). 프레임. 21세기 북스.

홍다영(2020.12.22.). 해외에서 통한 비비고 만두, 연매출 1조원 돌파. 조선비즈. https://biz.chosun.com/site/data/html_dir/2020/12/22/2020122201195.html

Daisy Christodoulou(2013). 김승호 역(2018). 아무도 의심하지 않는 일곱 가지 교육 미신. 페이퍼 로드.

EBS(2020). EBS 다큐 프라임 〈다시, 학교〉 1부 가르치지 않는 학교.

Hattie, J., & Timperley, H. (2007). The Power Of Feedback. Review of Educational Research, 77(1), 81-112.

Lalley, J. P., & Miller, R. H. (2007). The learning pyramid: Does it point teachers in the right direction?. Education, 128(1), 64-79.

Letrud, K., & Hernes, S. (2018). Excavating the origin of the learning pyramid myth. Cogent Education, 5(1), 1-17.

OECD(2005). The Definition and selection of key competencies, Executive Summary. OECD(unpublished).

OECD(2019). Korea-Coutury-Note-PISA 2018 Results. https://www.oecd.org/pisa/publications/PISA2018_CN_KOR.pdf

Sinek, S. (2009). How great leaders inspire action. Ted. https://www.ted.com/talks/simon_sinek_how_great_leaders_inspire_action?utm_source=tedcomshare&utm_medium=social&utm_campaign=tedspread

World Economic Forum (2016). New vision for education: Fostering social and emotional learning through technology. Colony/Geneva: World Economic Forum.

Part 2. How 교사 교육과정-수업-평가-피드백 일체화, 어떻게 설계하고 실행할 것인가

강현석, 이지은(2013). 백워드 교육과정 설계 2.0 버전의 적용 가능성 탐색. 교육과정 연구, 31(3), 153-172.

강현석, 이지은, 배은미(2019). 최신 백워드 교육과정과 수업설계의 미래. 교육과학사.

강현석, 이지은, 유제순(2021). 이해 중심 교육과정을 위한 백워드 설계의 이론과 실천. 학지사.

경기도교육청(2017). 교육과정 문해력 이해 자료.

교육부(2016). 2015 개정 교육과정 총론 해설.

교육부(2020). 코로나-19 대응을 위한 교육과정 운영 예시 자료집(성취기준 재구조화, 블렌디드러닝 수업자료).

교육부 보도자료(2021.11.24.). 2022 개정 교육과정 총론 주요사항(시안).

권희경, 김주아, 박경호, 안해정, 최인희, 최은아(2019). 2019 KEDI 학생역량 조사 연구. 한국교육개발원.

김선, 반재천(2020). 학생의 배움과 성장을 지원하는 과정 중심 피드백. 도서출판 AMEC.

박상준(2017). 교사학습공동체의 백워드 설계 실행과정에서 나타난 교사들의 변화. 경인교육대학교 석사학위논문.

유영식(2018). 교육과정 문해력. 테크빌교육.

유영식(2020). 수업을 잘하는 교사는 루틴이 있다. 테크빌교육.

전라북도교육청(2021). (초등)2015 개정 교육과정 성취기준 맵핑 자료. https://www.jbe.go.kr/office/board/view.jbe?boardId=BBS_0000342&menuCd=DOM_000000603003000000&paging=ok&startPage=1&searchOperation=AND&dataSid=773990

조벽(2016). 인성이 실력이다. 해냄.

현주, 임소현, 한미영, 임현정, 손경원, 장가람(2014). KEDI 인성검사 실시요강. 한국교육개발원.

Brooks, C., Carroll, A., Gilies, R. M., & Hattie, J. (2019). A Matrix of Feedback for Learning. Australian Journal of Teacher Education, 44(4), 14-32.

Dweck, Carol S.(2007). 김준서 역(2017). 마인드 셋. ㈜스몰빅미디어.

Hattie, J., & Clarke, S. (2019). Visible Learning Feedback. Oxford, UK: Routledge.

Hattie, J., & Timperley, H. (2007). The Power Of Feedback. Review of Educational Research, 77(1), 81-112.

Wiggins, G., & McTighe, J. (2005). Understanding by design(Expanded 2nd edition). Alexandria, VA: Association for Supervision and Curriculum Development.

Part 1. What & Why 교사 교육과정-수업-평가-피드백 일체화는 무엇이고 왜 필요한가

1 경기도교육청, 2021: 34

2 경상남도교육청, 2019: 14

3 전라북도교육청, 2021: 9

4 경기도교육청, 2021: 34

5 2020년 12월 22일 조선비즈 기사 (https://biz.chosun.com/site/data/html_dir/2020/12/22/2020122201195.html)

6 Sinek, 2019

7 엄태동, 2014

8 Dewey, 1902, 1916/엄태동, 2014 재인용

9 이태영, 양은주, 2015

10 김덕년, 2017: 6

11 OECD, 2019: 3

12 World Economic Forum, 2016

13 엄훈, 2012: 282

14 계보경 외, 2020: 40

15 2020년 7월 28일 강민정 의원실 보도자료

16 서울교육정책연구소, 2021

17 Christodoulou, 2018

18 송미나, 2021: 10-11

19 교육부, 2016

20 교육부, 2016: 135

21 이근호 외, 2017: 21-22

22 교육부, 2016: 39

23 강충렬, 정광순, 2019: 37

24 Letrud&Hernes, 2018

25 Lalley&Miller, 2007

26 이태영, 양은주, 2015

27 Mayer, 2003: 288/강충렬, 정광순, 2019: 37 재인용

28 2021년 2월 26일 디지털 인사이트 기사(https://ditoday.com/%EB%AF%B8
%EB%84%A4%EB%A5%B4%EB%B0%94-%EC%8A%A4%EC%BF%A8-
%ED%95%98%EB%B2%84%EB%93%9C%EB%B3%B4%EB
%8B%A4-%EC%9E%85%ED%95%99%ED%95%98%EA%B8
%B0-%ED%9E%98%EB%93%A0-%EA%B0%80%EC%9E%A5-
%EC%84%A0%ED%83%9D/)

29 계보경 외, 2020: 41

30 오명호, 2020

31 2021년 3월 27일 조선일보 기사(https://www.chosun.com/international/us
/2021/03/27/UKEF6RO2SNAXJE72E7XGHGKTWM/)

32 교육부, 한국교육과정평가원, 2017: 6-7

33 박지현, 진경애, 김수진, 이상아, 2018: 148-149

34 반재천, 김선, 박정, 김희경, 2018

35 김성숙, 김희경, 서민희, 성태제, 2015: 18

36 Hattie&Timperley, 2007

37 김선, 반재천, 2020: 21

38 Sadler, 1989; Brown, 2007; Pollock, 2011/김성숙, 김희경, 서민희, 성태제,
2015: 107 재인용

39 최인철, 2016: 292

40 2020년 11월 11일 조선일보 기사(https://www.chosun.com/economy/
economy_ge neral/2020/10/11/P524HCS7AFBOXEQJQQIBGGP5NM/)

41 김성숙, 김희경, 서민희, 성태제, 2015: 61

42 교육부, 2021: 2

43 서울특별시교육청, 2021: 47

44 김선, 반재천, 2020: 44

45 김선, 반재천, 2020: 97-123 재구성

46 김선, 반재천, 2020: 55-64 재구성

Part 2. How 교사 교육과정-수업-평가-피드백 일체화, 어떻게 설계하고 실행할 것인가

47 조벽, 2016: 67

48 권희경 외, 2019

49 현주 외, 2014

50 교육부, 2020

51 강현석, 이지은, 2013

52 Hattie&Timperley, 2007

53 Hattie&Timperley, 2007

54 강현석, 이지은, 유제순, 2021: 87

55 강현석, 이지은, 배은미, 2019: 139

56 교육부, 2016: 45

57 교육부, 2021: 34

58 교육부, 2016: 91

59 Wiggins&Mctighe, 2005: 22

60 Wiggins&Mctighe, 2005: 22

61 강현석, 이지은, 2013

62 유영식, 2018: 189

63 박상준, 2017

64 강현석, 이지은, 유제순, 2021: 144

65 유영식, 2020: 80

66 경기도교육청, 2017: 9

67 Hattie&Clarke, 2019

68 김선, 반재천, 2020: 85

69 김선, 반재천, 2020: 80

70 Brooks, Carroll, Gilies, & Hattie, 2019

71 김선, 반재천, 2020: 86

72 Dweck, 2017: 24-26

교사 교육과정, 어떻게 만들고 운영할까

1판 1쇄 발행 2022년 2월 28일
1판 2쇄 발행 2023년 2월 28일

지은이 이은총

발행인 송진아
편 집 정지현
디자인 권빛나
제 작 제이오
펴낸곳 푸른칠판
등 록 2018년 10월 10일(제2018-000038호)
팩 스 02-6455-5927
이메일 greenboard1@daum.net

ISBN 979-11-91638-06-6 13370